Le Père Mateo CRAWLEY-BOEVEY
1875-1960

MARCEL BOCQUET SS. CC.

PÈRE MATEO
L'APÔTRE MONDIAL DU SACRÉ-CŒUR

Préface du père Gabriel Phalip, ss.cc.

Nouvelle édition revue et augmentée

Pierre Téqui *éditeur*
82, rue Bonaparte - 75006 Paris

Nihil obstat
Romae, die 23 maii 1963
Georgius de Lepeleere, ss.cc.

Imprimi potest
Romae, die 21 junii 1963
Henricus Systermans, ss. cc.
Superior Generalis

Imprimatur
Ex abbatia S. Mariae Cryptæferratæ, 25 junii 1963
✠ Theodorus Arch. ordinarius

En hommage
au Père Eusèbe Rinkes
Secrétaire général de l'Intronisation
et bras droit du Père Mateo de 1919 à 1960,
sans qui cette biographie n'aurait pu être écrite.

PRÉFACE

Le 24 août 1907, le Père Mateo Crawley-Boevey arrive à Paray-le-Monial.

Il a 32 ans. Il est religieux des Sacrés-Cœurs depuis quinze ans déjà. Il est prêtre depuis neuf ans… neuf années d'une activité débordante qui l'ont conduit à l'épuisement total, la maladie et l'abattement.

Il est en voyage en Europe : pour se reposer, pour retrouver la santé, pour ranimer en lui le zèle et le dynamisme dont il a déjà fait preuve.

Agenouillé dans la chapelle des apparitions du Sacré-Cœur à sainte Marguerite-Marie, il ressent profondément en son corps qu'il vient d'être *guéri*. Il va se lever et se mettre en marche, comme tous les guéris de l'Évangile. La mission qui sera la sienne lui apparaît en pleine lumière. L'Intronisation du Sacré-Cœur dans les familles est née ce jour-là… C'était, il y a cent ans.

Le Père Mateo avait quitté ce monde depuis trois années seulement, lorsque, en 1963, le Père Marcel Bocquet, religieux des Sacrés-Cœurs lui aussi, s'appuyant sur une vaste documentation de plusieurs dizaines de milliers de fiches, publia sa biographie sous le titre de *L'Amour présent au monde, Le Père Mateo*.

La lecture de ce livre est passionnante.

Il est passionnant, en effet, de découvrir la figure et l'œuvre du Père Mateo que le pape Pie XII a qualifié d'apôtre mondial du Sacré-Cœur. Il est passionnant de découvrir le Père Mateo, parcourant inlassablement, en moins d'un demi-siècle, l'Europe occidentale, l'Extrême Orient et l'Amérique du Nord. Il est passionnant de l'accompagner dans son apostolat fulgurant au cours duquel, prêchant en six langues, il visita 22 nations, s'adressa à plus de 100 000 prêtres, suscita un million d'adorateurs et fut à l'origine de plusieurs millions d'intronisations du Sacré-Cœur dans les familles.

La lecture de ce livre

Comment expliquer, en effet, que tant de foules, dans la diversité de leurs races et de leurs cultures, aient accouru pour entendre le Père Mateo ? Comment expliquer « les auditoires en extase » dont parle le cardinal Roncalli, le futur pape Jean XXIII ? Comment expliquer l'empressement de tant de familles pour répondre à l'appel du Père Mateo ?

La lecture de ce livre conduit à la seule explication possible

Les foules se pressent pour entendre le Père Mateo, parce qu'il parle d'Amour, parce que, pour lui, l'Amour n'a qu'un nom : « Jésus », parce que, pour lui, l'Amour n'a qu'un symbole, le Cœur ouvert sur la Croix, le Sacré-Cœur de Jésus.

Le Père Mateo parle de l'Amour qu'il faut rendre présent au monde quand il parle de la Foi et de la Croix. Il parle de l'Amour quand il parle de l'Eucharistie et de l'Adoration, quand il parle de l'Église, de l'apostolat et du Sacerdoce, quand il parle du Règne social du Sacré-Cœur, de la famille et de l'Intronisation.

Quand il parle, il parle toujours de l'Amour !

À l'occasion de la célébration du centenaire de l'Intronisation du Sacré-Cœur dans les familles, il est heureux qu'ait vu le jour une nouvelle édition de l'ouvrage du Père Marcel Bocquet.

Certes, depuis l'épopée missionnaire du Père Mateo, le monde a changé, l'Église a changé.

Mais les chemins où il s'est engagé seraient-ils devenus impraticables ? Sa parole de feu serait-elle devenue, selon sa propre expression, « fossile de musée » ? Le Père Mateo qui a bouleversé tant de foules n'aurait-il plus rien à dire aux hommes de notre temps qui souvent s'avancent inquiets, déçus, abattus, blessés et souffrants sur les chemins de la vie et les chemins de la foi ? Le Père Mateo ne nous inspirerait-il plus, nous qui cheminons, pèlerins d'aujourd'hui attendant, comme jadis ceux d'Emmaüs, une rencontre vraie, une parole forte, un partage fraternel, une lumière qui réchauffe… un changement, une transformation qui nous permettrait de « retourner à Jérusalem » autrement ?

Certes, nous n'avons sans doute pas à répéter le Père Mateo. Mais n'avons-nous pas, comme il sût le faire en son temps, à trouver la manière de toucher le cœur des hommes de ce temps dont les aspirations et les besoins profonds ne sont peut-être pas si différents de ceux des foules qui accouraient pour l'entendre ?

> *– Dans un monde où les guerres, les injustices, les exclusions, les ostracismes… sont trop présents, la grande soif des hommes n'est-elle pas toujours d'aimer et d'être aimé ? N'attendent-ils pas toujours qu'on leur parle d'Amour et que la parole se fasse chair ?*

– Les baptisés dont la Foi tend à devenir un menu à la carte au contenu éclectique, n'ont-ils pas besoin d'une parole simple et vraie, de témoignages forts ?
– Les peuples et les individus qu'écrasent tant de fardeaux, n'ont-ils pas besoin de rencontrer Jésus crucifié pour que, au cœur des ténèbres de la souffrance, une lumière soit présente ?
– Les baptisés qui, en grand nombre, ne perçoivent plus le sens du rassemblement du Dimanche et la grandeur de l'Eucharistie, n'ont-ils pas besoin d'être guidés, accompagnés sur les chemins de ces rendez-vous communautaires avec le « Roi d'Amour » ?
– Les baptisés dont, pour beaucoup, le sentiment d'appartenance à l'Église s'estompe, n'ont-ils pas besoin d'un regard nouveau sur les liens profonds qui les unissent entre eux, membres du même Corps, et au Christ, tête de ce même Corps qu'est l'Église ?
– À l'heure où les prêtres sont souvent fatigués, les militants aussi, le peuple des baptisés tout entier n'a-t-il pas besoin de retrouver l'ardeur de l'apostolat, la passion pour la Mission ?
– Tandis que les puissants de ce monde trop souvent se servent ou se font servir au lieu de servir eux-mêmes, les hommes n'ont-t-ils pas besoin de connaître celui qui est venu pour servir et non pour être servi, ce « Roi d'Amour » qui cherche des amis pour faire de l'humanité un peuple de fils et de frères ? N'est-ce pas cela le Règne social du Sacré-Cœur ?
– La famille, objet de tant d'espérances et si malmenée à la fois, n'a-t-elle pas besoin de retrouver toute sa grandeur en restant ou redevenant le lieu privilégié de l'Amour ?
– L'Intronisation du Sacré-Cœur dans les familles existe toujours, mais n'a-t-elle pas besoin d'un souffle

nouveau, celui de l'Esprit, qui lui redonnera tout son dynamisme ? Ne pourrait-elle pas, aujourd'hui encore, être un moyen privilégié de nous interroger sur la place que nous donnons à Dieu dans notre vie, influencés que nous sommes par un monde qui n'a plus de place pour Dieu ou qui remplace Dieu par toutes sortes de chimères ?

Né le 18 novembre 1875 à Arequipa, au Pérou, le Père Mateo mourut le mercredi 4 mai 1960, à 84 ans à Valparaiso, au Chili.

Le Pape Jean XXIII, dont ses cinq prédécesseurs étaient intervenus une cinquantaine de fois en faveur de l'œuvre du Père Mateo, s'associa au deuil de sa famille religieuse, l'exhortant à suivre son exemple et à continuer à travailler à rendre l'Amour toujours plus présent au monde.

Puisse la célébration du Centenaire de l'Intronisation, qui a actualisé pour nous la figure du Père Mateo, avoir fait grandir en nos cœurs la confiance au Cœur Miséricordieux de Jésus.

Puisse cette nouvelle édition de la biographie du Père Mateo attirer de nombreux lecteurs. Que la découverte ou la redécouverte de la figure du Père Mateo et de son « Œuvre » les aide à « Croire à l'Amour ».

En la solennité du Sacré-Cœur de Jésus, ce 15 juin 2007
Père Gabriel Phalip ss. cc.
(Congrégation des Sacrés-Cœurs de Jésus et de Marie)

En conformité avec le décret d'Urbain VIII, le mot *saint* n'est pas employé au sens canonique, mais au sens commun du terme.

I.

QUI EST LE PÈRE MATEO ?

Le pèlerin de Paray

Le 24 août 1907 arrivait à Paray-le-Monial un jeune pèlerin péruvien, prêtre de la Congrégation des Sacrés-Cœurs. À ne retenir que les jugements contradictoires portés à cette époque, il aurait été difficile de se faire une opinion arrêtée sur lui et de découvrir les raisons de son voyage en Europe.

« Religieux peu régulier » : ainsi l'avait noté le Visiteur canonique délégué par le Supérieur général. « Vrai petit saint, on pourrait l'appeler l'apôtre de la classe dirigeante », avait corrigé son supérieur provincial. Il l'avait vu, à 27 ans, projeter la création d'une Université à Valparaiso, le grand port du Chili, construire la Faculté de Droit, en assurer la direction, le financement, le recrutement des maîtres et des élèves. Orateur né, il savait aussi qu'il devait répondre aux nombreux appels que ses confrères, pour la plupart étrangers au pays et surchargés de besogne, ne pouvaient qu'esquiver. Rien d'étonnant dès lors qu'il ait « séché » quelque exercice de la communauté.

« C'est un touriste, un instable », avait lancé le Procureur qui l'hébergeait à Rome. Ce jeune qui brûlait les étapes, cette université qu'on lançait et qu'on abandonnait aussitôt fondée pour foncer dans une autre direction, ce voyage extorqué, apparement, à ses supérieurs sous couleur d'enquête sociologique, ce soi-disant moribond qui se révélait un voyageur intrépide : tout heurtait cet homme de science et de méthode qui, auteur d'études de morale estimées, n'avait pas hésité, la cinquantaine passée, à conquérir son doctorat de théologie. Du jeune américain il n'avait retenu que son avidité à tout voir de cette Europe, envers qui il se sentait redevable du meilleur qui était en lui. Aussi n'avait-il prêté qu'une oreille distraite à ses plans d'apostolat. Comment aurait-il deviné que sortirait de ce voyage une œuvre de rénovation religieuse et sociale de portée mondiale et qu'un jour un de ses successeurs à Rome devrait porter à ce prétendu touriste une lettre personnelle du Pape « louant le zèle exceptionnellement fécond avec lequel il avait, au cours d'un demi-siècle d'apostolat, exercé le ministère de la Parole, dans les divers continents où la Providence avait conduit ses pas » ?

La lettre de son provincial qui accréditait à Rome le voyageur était cependant formelle : « Ce cher Père, à cause du surmenage par lequel il est passé pour soulager toutes les misères occasionnées par le tremblement de terre, s'est senti tellement épuisé et frappé de neurasthénie que tout travail lui a été interdit par les médecins. Ce que voyant, le conseil provincial a décidé de lui permettre de faire un voyage en Europe ». Ses réalisations et ses talents l'ont si bien mis en valeur qu'au même moment la Nonciature enquête sur lui. « Tous les ministres et le président du Pérou veulent en faire un évêque ». On parle d'Aréquipa, sa ville natale, la deuxième en importance du pays. Évêque à 32 ans, le fait n'est pas si commun. Pour être discuté, le Père Mateo n'en est pas moins tant au Pérou, son pays natal, qu'au Chili, sa patrie d'adoption, un personnage.

Dans ce long périple qui doit le mener d'Angleterre, le pays de son père, en Espagne, la terre de ses ancêtres maternels, en passant par la Belgique, la Hollande, l'Allemagne, l'Autriche, la Hongrie, la Suisse, l'Italie, la France, avec une pointe en Palestine, pourquoi le jeune voyageur a-t-il tenu à faire un crochet vers Paray-le-Monial, en Charolais, pays de Bourgogne, loin des grands itinéraires ? C'est qu'il appartient à une Congrégation dont le but est, selon l'article premier de ses constitutions, « de propager la dévotion au Sacré-Cœur ».

Bien que solidement fondée sur l'écriture sainte, la tradition, la liturgie – ces trois sources de la foi – la dévotion au Sacré-Cœur, « véritable synthèse de toute la religion » suivant le mot de Pie XI repris par Pie XII, ne s'est cependant imposée à l'Église que dans les temps modernes. Parmi les pionniers à qui la piété moderne est redevable de ce notable enrichissement, il faut faire une place spéciale à sainte Marguerite-Marie, religieuse visitandine du monastère de Paray-le-Monial.

Deux siècles plus tôt, Notre-Seigneur Jésus-Christ lui était apparu et lui découvrant son Cœur lui avait fait cette bouleversante révélation : « Voilà ce Cœur qui a tant aimé les hommes qu'il n'a rien épargné jusqu'à s'épuiser et se consommer pour leur témoigner son amour. Pour reconnaissance je ne reçois de la plupart que des ingratitudes. C'est pour cela que je te demande que le premier vendredi après l'Octave du Saint-Sacrement soit dédié à une fête particulière pour honorer mon Cœur ».

Ainsi s'explique que le visiteur, si curieux pourtant des choses de France et de son art, n'ait qu'un regard absent pour la petite ville assoupie dans la chaleur de l'été et sa basilique romane construite aux approches de l'An Mil par les moines de Cluny. Il va droit à la modeste chapelle de la

Visitation. Il ne s'arrête ni à ses proportions modestes ni à sa déconcertante architecture. Il ne voit que l'autel. Il a trop souvent affirmé qu'il y trouva l'illumination de sa vie pour qu'on ne lui cède pas la parole.

« Je vis cet autel, le plus beau, le plus saint après le Calvaire. J'y priai, et soudain je sentis en moi-même comme une secousse étrange. J'étais foudroyé par un coup de grâce, à la fois très violent et infiniment doux. Je me relevai complètement guéri. Prosterné dans le sanctuaire, absorbé dans l'action de grâce, je compris ce que voulait de moi Notre Seigneur. Je conçus ce soir-là le plan de reconquérir le monde, foyer par foyer, famille par famille, à l'amour du Cœur de Jésus ».

Un mémoire adressé au Saint-Siège, douze ans plus tard, complète et retouche ce premier récit. « J'étais subitement guéri dans la chapelle des Apparitions. Le soir, je rédigeais définitivement et à genoux, le plan et le cérémonial de la croisade conquérante des familles que j'avais esquissée pendant mon premier séjour à Rome. Je crus alors obéir à une demande nette du Cœur de Jésus. Il me sembla à ce moment-là, voir à travers une lumière très intime la victoire mondiale qui s'ensuivrait un jour, comme résultat explicitement promis à Paray même, à l'œuvre qui prêche la royauté d'amour.

« Méfiant de moi-même, j'ai gardé pendant les premières années le doute intime de quelqu'un qui avait cru plutôt rêver. C'est seulement après que le succès surnaturel de l'œuvre, me surprenant moi-même, vint me prouver que la réalité des grâces était encore bien plus grande que tout ce que j'aurais pu imaginer ».

Un jour d'épanchement, il confiait cependant que, la chapelle fermant à 5 heures, il s'était retiré dans sa chambre de l'Hôtel du Sacré-Cœur qui avait vue sur le sanctuaire ; c'était pendant qu'il y faisait l'heure sainte que la lumière s'était faite en son esprit.

Sur le carnet intime où il notait alors les faits les plus saillants de ses journées, on lit ces simples mots : 24 août. Départ de Paris pour Paray. Arrivée à 5 1/2 Sanctuaire. Première prière. Rosaire – Ciel – Marguerite-Marie – dimanche 25. Sanctuaire (nuit). Vivat Cor Jesu ».

Le Père Mateo s'est toujours montré d'une extrême réserve sur ce sujet. Malgré les lacunes, voire les contradictions de ces récits et confidences, une triple conclusion se dégage :

- Une mission lui a été confiée par le Sacré-Cœur.

- Sa guérison a été à la fois le signe de la volonté divine et le moyen pratique de l'accomplir.

- L'Intronisation du Sacré-Cœur dans les familles est bien née ce jour-là, le 24 août 1907, à Paray-le-Monial.

Le Père Mateo en discerne nettement le but : établir le Règne social du Sacré-Cœur ; les moyens : procéder foyer par foyer ; les caractéristiques essentielles : œuvre authentique d'évangélisation. L'Intronisation tend à imprégner de l'esprit évangélique la famille et par elle la société tout entière ; œuvre de pastorale, elle cherche à régénérer la famille, cellule constitutive de la société et de la chrétienté ; œuvre de sanctification, elle expose le Sacré-Cœur à la place d'honneur pour mieux réaliser la convivance avec le Roi d'Amour et assurer la réalisation progressive de ses désirs. Les affirmations mille et mille fois répétées du Père Mateo ne laissent planer aucun doute à ce sujet. Un arbre se juge à ses fruits. L'Intronisation porte visiblement la marque du ciel. Les encouragements réitérés des Papes auxquels se joignent les innombrables approbations des évêques des cinq parties du monde ; l'accueil enthousiaste qu'elle a reçu en des millions de familles ; les grâces de conversion, d'approfondissement chrétien, d'appel à l'apostolat qui accompagnent partout l'entrée du Sacré-Cœur au foyer ; ce mot de

Pentecôte de grâces si souvent utilisé pour la caractériser : tout compose en faveur de l'origine surnaturelle de l'œuvre, un faisceau de preuves qu'il est difficile de rejeter. « Mon Père – lui écrivait l'archevêque de Montevideo – ce que j'ai vu, ce n'est pas seulement la résurrection d'un mort, c'est celle de tout un cimetière ». Quant à sa guérison, à défaut de certificat médical, un travail de prédication, poursuivi pendant quarante ans sous toutes les latitudes et vraiment hors de la mesure commune, en est le meilleur garant.

Douze ans plus tôt, il avait fait profession perpétuelle et, la main sur le missel, il avait juré « de vivre et mourir au service des Sacrés-Cœurs ». Le missel était ouvert, suivant la coutume, au 24 août, car l'Évangile y rapporte le choix par Jésus de ses apôtres après une nuit de prières. Par une curieuse coïncidence, voici qu'en ce 24 août ce service prenait pour lui et sa Congrégation une forme et des dimensions nouvelles.

Aux pieds de Pie X

On se tromperait fort à prendre trop à la lettre certaines affirmations du Père Mateo. L'œuvre la plus nouvelle en apparence est en réalité le fruit d'une lente maturation. C'est parce qu'il la portait depuis longtemps en lui que l'Intronisation s'est soudainement imposée à son esprit illuminé par la grâce. Il l'insinue du reste dans son mémoire au Saint-Siège où, grâce au recul du temps, il a pris une plus juste idée de l'enchaînement des événements. Il parle d'une esquisse formée précédemment durant son séjour à Rome.

Rome a fait plus que préparer l'illumination de Paray ; elle lui a donné son plein effet. Nul ne peut se dire investi par le ciel d'une mission tant que celle-ci n'a pas été ratifiée par l'Église. Pour première et transcendante que soit l'action du Christ, elle se retranche toujours derrière celle des chefs qui tiennent sa place. Appel de la grâce, travail obscur de son subconscient ? C'était vers Rome en premier lieu que le pèlerin avait porté ses pas. La bienséance et l'usage auraient voulu que sa première visite fût pour son Supérieur général, alors résidant en Belgique. Mais au départ il avait infléchi la volonté de son supérieur et obtenu la permission de débarquer en Italie, à Gênes, pour participer aux cérémonies de la semaine sainte. À peine arrivé, il demandait une audience personnelle au Pape. Elle lui fut accordée le 5 juin.

Des deux récits que l'on possède de cette mémorable audience, aucun n'est contemporain de l'événement. L'un, d'une belle venue littéraire, est tiré d'une conférence. L'autre a pour auteur son compagnon de voyage Raoul Raveau, jeune avocat chilien. Selon lui, il avait été convenu que le Père Mateo offrirait à Pie X une belle reproduction du célèbre tableau devant lequel le président de l'Équateur Garcia Moreno avait consacré officiellement son pays au Sacré-Cœur, geste de foi qui lui avait valu d'être peu après assassiné. Le tableau avait été placé en pleine lumière dans une pièce attenante au bureau du Pape. Tandis que les deux voyageurs s'absorbent dans une prière, une porte s'ouvre derrière eux et Pie X paraît à l'improviste. Surpris ils se jettent à genoux, mais le Pape les relève, il s'approche du tableau, l'admire, remercie et promet de lui donner une place d'honneur au Vatican. Il introduit les visiteurs en son bureau et après les préliminaires habituels : nationalité, congrégation, situation religieuse et scolaire du Chili, il leur demande l'objet de leur visite. Le Père expose alors comment il voit dans la dévotion au Sacré-Cœur le moyen le plus apte à procurer le règne social du Christ dans les foyers et il explique ce qu'il entend par Intronisation. « Mais alors, poursuit le narrateur, le Père Mateo n'avait encore que des idées générales ou de principe sur cette dévotion. Il les exposa en termes généraux, car il n'avait pas encore arrêté la structure définitive de son projet. Le Pape l'encouragea beaucoup à réaliser cette entreprise et la bénit. »

Il y eut beaucoup plus. Un geste a échappé au témoin. Au dos d'une photographie du Pape le Père avait écrit un acte d'oblation par lequel il s'engageait à consacrer sa vie à l'Intronisation. Il la fit lire à Pie X qui la signa, accompagnant sa signature de ces mots : *Adimpleat Deus quod operatus est in te* (Que Dieu achève ce qu'il a fait en vous). Pour furtif qu'il fût, ce geste donnait à l'audience tout son poids.

Il semble bien qu'au cours de cette audience, le Pape lui ait demandé de préciser sa pensée par écrit. Toujours est-il qu'on le vit multiplier ses démarches, notamment auprès de deux cardinaux de curie espagnols, avec qui il avait la possibilité de s'exprimer dans sa langue maternelle. Il fut reçu à plusieurs reprises par le Cardinal Merry del Val, auprès de qui sa double origine anglaise et espagnole comme le Cardinal, lui fut la meilleure introduction. Le jeune Secrétaire d'État, il l'était à 38 ans, s'était totalement identifié à Pie X, si bien que les chaleureux encouragements qu'il lui prodigua semblèrent au Père Mateo venir du Saint Pontife lui-même. Il était toutefois plus à l'aise avec le Cardinal Vives y Tuto qui connaissait bien l'Amérique du Sud pour y avoir vécu alors qu'il n'était que simple religieux capucin. Le Cardinal insista pour qu'il composât un cérémonial pour l'Intronisation ; il le retoucherait, et le présenterait au Pape. En lui rendant les feuilles corrigées par le Pape lui-même, le Cardinal lui dit avec une sensible émotion dans la voix : « C'est là une œuvre magnifique ; vous devriez y consacrer votre vie ».

Y eut-il une autre audience ? Le Père l'a parfois laissé entrevoir. Son carnet de voyage n'en signale que deux, l'une privée : « Mercredi 5 juin – Audience de Sa Sainteté à 11 heures et demi, dans la pièce où mourut Léon XIII.

Indulgence plénière à la statue du Sacré-Cœur – 250 images – 70 chapelets – 4 signatures ». L'autre semi-publique, qu'il dut à la bienveillance du R. P. Bailly, le fondateur du journal *La Croix* qui s'était pris d'amitié pour lui : « Samedi 15 juin : écrire consécration au foyer – lundi 17 – Cardinal Vivès – J'écris consécration foyer – jeudi 20 – Audience du Pape belle ». Ne faut-il pas admettre de préférence que, plus tard, le Père Mateo ait fait pour le public une sorte de synthèse de ces différents contacts, soit avec saint Pie X, soit avec les deux Cardinaux dont l'un était le confident, l'autre le confesseur du Pape, et qu'il ait brossé ce savoureux tableau.

« Agenouillé aux pieds de Sa Sainteté, je lui dis :

– Saint Père, permettez-moi d'être l'apôtre du Sacré-Cœur, d'aller travailler à Lui conquérir le monde foyer par foyer, famille par famille.

– Non, mon fils.

Je levai les yeux vers le Saint Père, et lui, me serrant sur son cœur, me dit avec ce sourire empreint d'une certaine malice qui lui était personnel.

– Je vous le commande, entendez-vous. Non seulement je vous permets, mais je vous ordonne de donner votre vie pour cette œuvre de salut social. C'est une œuvre admirable ; consacrez-y votre vie entière ».

La comparaison des deux versions de cette audience aboutit à ce curieux paradoxe. Ce récit aux allures de légende, qui appartient plus à l'art oratoire qu'à l'information historique, est cependant plus proche de la vérité que le compte-rendu de son compagnon en apparence plus conforme à la réalité. L'enjeu de l'entrevue a manifestement échappé à ce dernier. L'audience papale n'a été qu'une étape émouvante de son voyage en Europe, alors que pour le Père Mateo elle devait se révéler décisive et commander l'orientation de toute sa vie.

Que le Père Mateo ait reçu de la Papauté le mandat de prêcher le Sacré-Cœur, les actes ultérieurs des Papes Benoît XV, Pie XI et Pie XII ne laissent planer aucun doute à ce sujet. Si le Père s'est toujours plu à y inclure en premier lieu Pie X, et cela dans les documents adressés au Saint-Siège, c'est que le mot : « C'est une œuvre de salut social, vous devriez y consacrer votre vie », remonte bien au Saint Pape Pie X.

En plein accord avec le Supérieur général

Le jeune voyageur connaissait désormais les desseins de Dieu sur lui. Le Chef de l'Église avait confirmé l'appel divin. Il lui restait cependant à franchir une dernière étape avant de passer à l'action. Un religieux ne s'appartient pas. Il est lié par son vœu d'obéissance. Pour disposer de sa personne et de son activité, il lui faut la permission de ses supérieurs. Le Supérieur général était alors le T. R. P. Bousquet, un vieillard de 80 ans, qui gouvernait la Congrégation depuis 37 ans. Son long généralat avait été traversé des plus cruelles épreuves. Il s'était inauguré en 1870 à la veille de la Commune de Paris. Le couvent de Picpus, à Paris, avait été occupé par les Communards. Tous les Pères et les Frères qui l'occupaient avaient été jetés en prison. Quatre d'entre eux, les quatre membres de son conseil, avaient eu le suprême honneur de verser leur sang pour Dieu et pour le sacerdoce.

Trente ans plus tard, en 1903, le Supérieur général était sommé par le ministère Combes d'avoir à dissoudre sa Congrégation. Pères et Frères étaient contraints de quitter les huit établissements qu'ils possédaient ou dirigeaient en France.

Aussi le T. R. P. Bousquet accueillit-il à bras ouverts le jeune Père qui venait de cette Amérique du Sud qui pour lui représentait le salut, l'avenir. Sur son carnet, il a noté :

« 28 avril. J'ai causé longuement avec le Père Mathieu, le petit Lacordaire du Chili. C'est un sujet très intelligent ». Sans entrer peut-être à fond dans ses projets encore en gestation, il se montra paternel, lui manifestant la plus entière confiance, l'encourageant de cette parole chaude et éloquente qui avait su émouvoir à Paris ses propres juges. Pour n'être pas aussi décisive que celle de Paray et de Rome, cette étape belge de Braine-le-Comte où était la maison-mère, lui laissa la forte impression d'être en plein accord de pensée avec ses supérieurs et dans la ligne exacte de la spiritualité de sa Congrégation.

D'ordinaire, ce n'est que longtemps après les événements, à la lumière de l'expérience, qu'on peut discerner clairement les principales étapes d'une fondation. Mais la logique de la vie n'est pas toujours celle de la raison. En plaçant au point de départ de son activité l'illumination de Paray et en la faisant suivre de son audience avec Pie X, puis de sa rencontre avec son Supérieur général, le Père Mateo était dans le vrai, encore qu'il ait franchi ces étapes à rebours. Il voulait moins écrire l'histoire de son œuvre que marquer le lien entre les événements et souligner leur importance respective. La liberté de mouvement que lui avait laissée son Supérieur général le rendait disponible pour s'engager dans la voie que lui montrerait le Pape. Mais le but à poursuivre et les moyens à employer ne se révéleraient à lui en pleine lumière qu'à Paray.

Peu à peu son champ de vision s'élargit. À Braine il n'envisage encore que la possibilité de rayonner davantage autour du centre de Valparaiso, auquel il est attaché. À Rome, son regard s'étend déjà à tous les pays où est établie sa Congrégation. Il sent que dans la consécration solennelle des familles il y a un magnifique champ d'action à cultiver. Il voudrait en réserver le monopole à sa Congrégation et il presse son Supérieur général de faire une démarche en ce sens auprès du Saint-Siège. À Paray, il embrasse désormais le monde entier. C'est une œuvre d'Église, une œuvre essentiellement catholique qu'il veut fonder ; elle requiert la collaboration de tous ; sa Congrégation n'y aura qu'une place d'animation.

Elle est bien finie la crise de neurasthénie qui inquiétait si fort son entourage. La joie l'habite. Ses manifestations parfois induisent en erreur ceux qui l'observent. Il semble ne vouloir rien perdre de ses vacances romaines. Il part résolument à la découverte de la Rome antique et chrétienne, s'enchante des mille visages de la Ville Éternelle. Au retour de Belgique il s'attarde à Paris. S'il tient à assister à une ordination d'une ampleur inconnue à son pays, il ne manque ni le concert d'orgues ni d'aller voir la célèbre tragédienne Sarah Bernhardt jouer « L'Aiglon ». Il s'arrête plusieurs jours à Milan, à Venise, à Florence, fait les pèlerinages d'Assise, de Lorette.

Les villes d'art ne lui font pas pour autant oublier ses préoccupations apostoliques. Une courte halte à Courtrai lui a suffi pour convaincre un confrère belge, le P. Ladislas, qui s'attelle sur le champ à une brochure sur la consécration des familles au Sacré-Cœur. Au lendemain de Paray il se joint à un grand pèlerinage en Palestine. Sur le bateau il prend à part les pèlerins, les exhorte instamment à se faire les apôtres de l'Intronisation. Il distribue à chacun une grande image sur laquelle il a fait graver ces mots :

« Prions au Calvaire pour que le règne du Sacré-Cœur arrive, pour qu'il fasse la conquête des familles, des sociétés, des peuples. Le Cœur de Jésus exige de nous l'apostolat d'amour de son Cœur. Nous lui en faisons la promesse à sa Crèche et à son Tombeau. *Adveniat Regnum Tuum !* »

« L'Amérique du Sud ne peut-elle être missionnaire ? »

Ces mots, les premiers qui lui échappent après l'illumination de Paray, nous dévoilent le secret de son existence. La prière du Pater : Que votre Règne arrive ! deviendra sa devise. Toute son activité désormais convergera à promouvoir le Règne social du Sacré-Cœur. L'Intronisation elle-même ne sera qu'un moyen, privilégié sans doute, mais un moyen de faire reconnaître de façon théorique et pratique l'absolu domaine du Cœur de Jésus sur toute la famille humaine. Certes le fait d'avoir été, par sa naissance et son éducation, au confluent de trois grandes civilisations, espagnole, anglaise et française, l'a prédisposé à son apostolat mondial, mais il n'en reste pas moins que sa personnalité, si absolument hors série et si déconcertante par certains côtés, ne s'explique elle aussi que par son dévouement total au règne du Sacré-Cœur.

Qui aurait pu penser que l'Amérique du Sud, qui souffre d'une telle pénurie de prêtres malgré son profond enracinement chrétien, donnerait à l'Église de notre temps un de ses plus grands missionnaires ?

À plusieurs reprises le Père Mateo s'est élevé avec véhémence contre le sort de parent pauvre où l'on confine trop souvent ce continent. Le Pérou a été au siècle d'or une florissante chrétienté ; de toute l'Amérique il est le seul à posséder des saints authentiques, des saints canonisés (Rose de Lima, Martin de Porres). Est-il donc à jamais condamné à tendre la main sans avoir le droit de faire l'aumône ? Ne peut-il distraire quelques-uns de ses fils pour les envoyer planter ailleurs l'Église ?

Ce n'est pas la moindre leçon de cette existence de nous faire entrevoir tout ce que notre Vieux Monde peut attendre du Nouveau, dès qu'il commence à s'ébranler. Après le continent sud américain, le Père Mateo parcourrait pendant vingt ans l'Europe occidentale. Il sillonnerait ensuite l'Extrême-Orient pour une prédication réservée au clergé missionnaire et indigène, devenant ainsi le missionnaire des missionnaires. Il passerait de là aux États-Unis et au Canada et achevant dans la prière et la souffrance une longue vie de 85 ans, ne rentrerait dans son pays que pour mourir. Prêchant avec un égal bonheur en six langues, il atteindrait vingt-et-une nations, avec une prédilection spéciale pour les prêtres, les religieuses, les élites laïques. Il toucherait personnellement 80 000 prêtres, peut-être cent mille, chiffre jamais encore atteint jusqu'ici par un prédicateur. Il ne s'arrêterait que vaincu par la maladie, « sentant encore sous la neige des cheveux blancs les ardeurs de lave de cet inoubliable Misti », volcan au pied duquel il était né.

À l'ambassadeur du Pérou qui au nom de son gouvernement présentait la candidature du Père Mateo à l'archevêché de Lima, le Pape Pie XI répondait avec autant d'humour que de justesse : « C'est une milice volante, ce n'est pas une garnison de forteresse : sa vocation est d'être missionnaire ». À la voix du Pape a répondu la voix du peuple : « Le Père Mateo a un charisme ; le charisme du Sacré-Cœur ».

II.

1875 – 1890

Arequipa la Volcanique

Pour le voyageur montant à l'assaut de la Cordillère des Andes, après avoir longé sur des centaines de kilomètres ce paysage lunaire qu'est la côte péruvienne en bordure du Pacifique, la ville d'Arequipa paraît un enchantement. Trois volcans la cernent : le Misti, le Chachani, le Pichupichu. Leurs cimes neigeuses, dressées à plus de 6000 mètres dans l'azur incomparable du ciel, lui composent sous l'éclairage changeant du soleil un fantastique décor. La cité blanche comme on l'appelle, semble posée dans un jardin. Ses maisons n'ont qu'un étage à cause de la fréquence des tremblements de terre, mais elles sont contruites avec soin d'une belle pierre blanche, arrachée au volcan, et souvent voûtées. La plaine a conservé le système d'irrigation et de culture en terrasse, mis en place par les Incas. Située à 16 degrés seulement de l'Équateur, mais à 2 329 mètres d'altitude, elle jouit d'un climat tempéré, plutôt sec. Elle mérite bien le nom que lui a donné son fondateur, le célèbre conquérant espagnol, Pizarro. Arequipa en quetchua signifie : Qu'il fait bon ici !

Avant que les récents tremblements de terre de 1958 et de 1960 ne la détruisissent en partie, Arequipa était avec ses 120000 habitants (160000 avec la banlieue) la seconde ville du Pérou. Au milieu du siècle dernier elle n'avait guère plus de 20000 habitants. Elle était loin pourtant d'être une cité morte.

Elle formait le principal débouché du haut pays andin, dont les richesses minières ont fait la fortune et la légende du Pérou. Elle servait encore de lien entre la côte et la Bolivie, qui n'avait pas alors d'autre accès à la mer. Son importance s'était accrue depuis l'ouverture en 1871 d'une ligne de chemin de fer, chef-d'œuvre de technique, qui grimpait à plus de 4000 mètres. Aussi possédait-elle une Cour suprême de justice, une université et toute une parure de vieux palais, de façades historiées, et surtout d'églises et de couvents, souvenirs de la domination espagnole. D'où son surnom de « Rome du Pérou ».

Arequipa était le siège d'un évêché (aujourd'hui métropole), l'un des plus anciens d'Amérique et des mieux pourvus en prêtres et en communautés religieuses. La plupart se concentraient en ville dans les collèges, laissant les campagnes à l'abandon. La coupure avec l'Espagne, lors de l'Indépendance, avait tari le recrutement et les classes aisées cédaient trop souvent aux métis le soin d'assurer le culte. La population cependant gardait une foi vivace, sinon toujours éclairée. Le respect humain était inconnu. Lorsqu'à neuf heures du matin la cloche de la cathédrale annonçait l'élévation de la messe, toute circulation s'arrêtait dans les rues, les conversations cessaient, les gens tombaient à genoux et inclinaient la tête respecteusement. Les mêmes scènes se renouvelaient à l'Angelus du soir.

De commerce agréable, traditionnaliste, routinier même, l'Aréquipan a parfois des réveils violents, à l'image du volcan Misti. C'est en effet d'Arequipa que sont parties la plupart des révolutions du Pérou. Les Péruviens de souche espagnole n'étaient qu'une petite minorité, d'ailleurs sans cesse renouvelée. On s'y piquait d'y parler un castillan très pur, avec toutefois un léger accent créole. Si l'apport de sang et de vitalité de la mère-patrie avait cessé, les Anglais et les Américains étaient venus prendre la relève, s'y étaient établis et y avaient fait souche. La classe dirigeante était jalouse de ses privilèges, mais conduisait bien ses affaires et celles de la cité.

Derrière les façades richement sculptées, elle menait une vie patriarcale, servie par un nombreux personnel de métis, tandis qu'au-dehors accroupis à même le sol dans leurs minables ponchos, les Indiens quetchua demeuraient immobiles et silencieux des heures durant.

Au confluent de deux races

Don Bernardino Murga comptait parmi les notables les plus distingués de la ville. Il était Aréquipan de naissance, comme sa femme Doñia Mercedes Murguia. Mais leur ascendance à tous deux était espagnole, toute proche chez lui, plus lointaine chez elle. Son père né en Espagne était venu au Pérou au titre militaire. Don Bernardino lui, avait fait carrière dans la magistrature. Il avait exercé les fonctions de juge à la Cour d'appel et de président à la Cour supérieure de justice, et occupé plusieurs charges municipales.

Il habitait près de l'église de la Merced une vaste demeure à la façade ouvragée, aujourd'hui transformée en couvent, où s'ébattaient à l'aise ses huit enfants. Don Bernardino était un homme de devoir et de foi profonde. Un trait le peint. Un ami a son couvert mis chaque dimanche à la table de famille. Il lui advient un jour d'arriver en retard. Il s'excuse, invoque un motif futile. « Et la Messe ? » s'informe son hôte. Un geste évasif montre le peu d'importance qu'il attache à cette omission. « En ce cas, je ne puis inviter à ma table quelqu'un qui manque à ses devoirs envers Dieu », lui jette le juge maîtrisant mal son indignation. Et l'ami doit se retirer, héberlué d'une pareille intransigeance, si éloignée du conformisme ambiant.

Comment ce chrétien exigeant fut-il amené à donner deux de ses filles en mariage à des protestants anglais ? L'inclination de ses filles y fut pour beaucoup ; sans doute aussi le besoin que ressentent les cercles trop fermés de s'élargir. Mais certainement les qualités des jeunes hommes pesèrent sur le consentement. L'avenir devait justifier ce choix. L'un d'eux deviendrait le père de Édouard Crawley-Boevey, en religion le Père Mateo. L'autre le grand père de l'actuel Primat du Pérou, le Cardinal Landázuri Ricketts.

Charles-Octave Crawley-Boevey représentait depuis peu à Arequipa la célèbre firme Gibbs et Cie de Londres. Il était le cinquième des sept enfants d'une famille de la gentry britannique. L'héritage passant avec le titre nobiliaire à l'aîné, il avait dû se frayer lui-même un chemin dans la vie et avait choisi de s'expatrier en Amérique du Sud.

Sa famille avait hérité vers la fin du XVIIIe siècle d'un titre de baronnet, qui existait dans la parenté. Mais elle était déjà entrée un siècle plus tôt dans l'histoire littéraire. Deux marchands belges originaires de Courtrai, les frères Boevey, avaient acheté aux confins du pays de Galles, non loin de Gloucester, une ancienne abbaye cistercienne tombée en ruines, depuis que la Réforme en avait chassé les moines. Ils l'avaient aménagée selon le goût fastueux du temps et décorée de tapisseries et de tableaux, chefs-d'œuvre de l'école hollandaise. Le manoir de Flaxley-Abbey devint bientôt le rendez-vous des écrivains et des artistes du temps. Pope, Steele, Addison et d'autres y venaient attirés par la beauté non moins que par l'esprit « en rien inférieur à celui du plus savant des hommes » dit la chronique, de Catherine Boevey. La jeune et riche veuve était de surcroît la providence des pauvres de la contrée. Ces titres lui vaudront un monument en la nécropole nationale de Westminster. Elle avait légué le manoir et ses biens à l'un de ses cousins, un certain Crawley, originaire du comté de Bedford, à la condition qu'à son nom patronymique de Crawley fût ajouté celui de Boevey.

Le noble étranger fut accueilli avec ferveur dans la famille Murga où déjà l'un des gendres était anglais. La plus jeune des filles, Maria, était d'une remarquable beauté. Très brune, elle avait le type espagnol le plus pur. Soixante ans plus tard une visiteuse pouvait écrire à son fils que, « malgré les ravages des années, elle restait très belle et n'avait rien perdu de son port magnifique ». Charles-Octave se hasarda à demander sa main, malgré la différence de religion qui les séparait. Dans une famille aussi foncièrement catholique, il ne pouvait être question de mariage mixte. L'Église les tolère, mais ne les encourage pas. Une seule solution : l'abjuration du protestantisme. Charles-Octave choisit ce parti, plus par amour que par conviction. Il fut rebaptisé sous condition et son futur beau-père lui servit de parrain. Quelques jours après, le 2 septembre 1871, ils se mariaient à l'église de Santiago, desserte de la cathédrale. Lui avait 24 ans, elle 19.

Issus tous deux de famille nombreuse, ils continuèrent la tradition. Onze enfants devaient naître de leur union : trois garçons, huit filles. Trois naquirent à Arequipa : Charles, Marguerite, Édouard. Quatre en Angleterre : Alfred qui ne vécut pas, Mary, Rose-Inés, Lily. Quatre autres au Chili à Valparaiso : Léonore, Blanca, Ella, Hilda, ces deux dernières alors qu'Édouard avait déjà pris la soutane.

« Partez, je me charge de l'enfant »

Édouard Maxime naquit le 18 novembre 1875. Ses grands-parents étaient partis passer l'été, qui dans l'hémisphère sud correspond à notre hiver, dans leur maison de campagne de Tingo, petit village renommé pour ses eaux thermales à une lieue d'Arequipa. Et c'est au cours d'une visite que leur faisait leur fille que, selon la propre expression de Doña Maria, « d'une façon rapide et inattendue » le petit Édouard vint au monde. Il fut baptisé le 22 dans la belle église de style colonial de Sachaca, située sur l'autre rive de la rivière Chili, dont dépendait alors Tingo. Un frère et une sœur de la mère, le capitaine Don Millan Murga et Juana Rosa Murga lui servirent de parrain et de marraine. En l'absence de tout représentant de la famille, le père voulut marquer un point et imposa à son fils le nom d'Édouard, en souvenir du Prince de Galles, le futur Édouard VII.

Le père souffrait du mal du pays, sensible à ce que les Aréquipans nomment la « nevada ». Soudain le ciel toujours pur se couvre de nuages, l'atmosphère se charge d'électricité. Un malaise, qui chez certains va jusqu'à l'angoisse, s'empare des gens. Charles-Octave était aussi désireux de montrer à ses parents sa jeune femme et ses trois enfants. Il décida donc en avril 1877 de regagner l'Angleterre.

Édouard, à 18 mois, était un enfant chétif et malingre. Le brusque passage en quelques heures de l'air vif des Andes à la chaleur étouffante de la côte provoqua une crise aiguë, accompagnée de convulsions. Le médecin de bord refusa de le prendre, affirmant qu'il ne supporterait pas le voyage. La jeune mère hésitait sur le parti à prendre. Le grand-père, qui les avait accompagnés jusqu'au bateau, brusqua la décision :

– Partez, leur dit-il, je me charge de l'enfant.

Il y eut un court instant de lutte chez Doña Maria. Le cœur gros, elle se sépara d'Édouard. Devina-t-elle le stratagème du juge ? Avec Édouard en otage, c'était la certitude que le jeune ménage ne s'attarderait pas dans la protestante Angleterre. Leur absence cependant devait durer plus de sept ans.

Sa tante et marraine lui servit de mère. Tia Jeanne s'attacha si bien à l'enfant que plus tard, au retour des parents, elle ne pouvait se défendre d'un sentiment de jalousie en voyant son filleul aimer sa mère plus qu'elle. L'affection de l'enfant était grande cependant et même déjà tyrannique. Une photo le représente assis sur les genoux de son grand-père, l'air quelque peu bougon, comme s'il venait de pleurer. Sa tante a dû le laisser seul pour accueillir des visiteurs, Édouard aussitôt de pousser des cris en signe de protestation et pour attirer l'attention sur lui. Tante Jeanne ne cède pas. De guerre lasse l'enfant se tait. Les cris rassuraient la tante, son silence l'inquiète. Elle accourt.

– Alors, Eduardo, tu as fini de crier ?

– Non, je me repose.

Il eut très tôt, comme on le voit, le don de la réplique.

La grande admiration de l'enfant allait toutefois à son grand-père. « Il avait, dira-t-il plus tard, le regard profond qu'avait aussi ma mère. Je lui dois les trois-quarts de ma vocation. Il rayonnait son âme de chrétien ». Le Père aimait rappeler dans sa vieillesse l'impression durable que lui avaient laissée le Benedicite ou les Grâces récitées par lui à haute voix. On déjeunait tôt à la maison vers dix-heures et demie. L'ancien magistrat se dirigeait ensuite vers la place d'Armes, l'orgueil d'Arequipa, mais avant de deviser avec les notables sous les Arcades, il ne manquait jamais d'entrer à la cathédrale ; souvent il prenait Édouard avec lui. Il priait longuement debout devant le tabernacle. L'enfant était, lui, attiré par le dragon ailé qui décorait la chaire monumentale. Sa gueule entrouverte le fascinait et l'horrifiait à la fois. Il voulait l'attaquer, car il personnifiait le diable, mais il craignait qu'il ne lui saute dessus et ne l'emporte en enfer. S'enhardissant enfin, il prenait la canne à pommeau d'or du magistrat et la lui enfonçait dans la gueule. Le lendemain le retrouvait à nouveau hésitant devant lui et se demandant si ce diable de dragon resterait toujours aussi passif.

Édouard avait huit ans quand ses parents revinrent de Londres. Le Père Mateo a toujours regardé comme une faveur de la Providence de n'avoir pas suivi sa famille en Angleterre et d'avoir été ainsi soustrait en sa première enfance à l'influence protestante. Il se fondait, pour porter ce jugement, sur la foi longtemps chancelante de son frère aîné, qu'il attribuait à la fréquentation jusqu'à l'âge de 11 ans des écoles anglaises. Par contre il semble bien que la religion de sa sœur Marguerite s'y soit épanouie. Elle devait mourir trois ans plus tard dans des sentiments admirables de piété.

Plus vraisemblablement ce jugement reflète les craintes qu'avaient si souvent exprimées devant lui ses grands-parents et sa tante, tandis que se prolongeait outre mesure l'absence des parents. Il trahit aussi la déception générale de voir revenir Charles-Octave Crawley plus anglais et protestant que jamais. Il faut y ajouter les heurts que ne manquèrent pas de provoquer ses idées arrêtées sur l'éducation. Féru du système britannique, il avait engagé une institutrice anglaise, protestante naturellement, et imposé l'usage de la langue anglaise pendant les repas. Les deux aînés élevés en Angleterre s'en accommodèrent aisément. Édouard qui ne savait pas un traître mot de cette langue en fut atterré. Il se réfugia dans un silence obstiné. Il eut vite fait de se forger dans sa petite tête un motif noble de résistance. Tous les Anglais qu'il connaissait étaient protestants. Anglais devint pour lui synonyme de protestant. Il éprouva dès lors une aversion instinctive pour tout ce qui était protestant, sentiment assez répandu dans les pays de langue espagnole et dont il eut beaucoup de mal à se défaire par la suite.

Édouard, toute sa vie l'a démontré, avait reçu en naissant le don des langues. On ne s'explique pas ce refus de l'anglais sans un choc de sa sensibilité. Cette irruption soudaine dans sa vie d'une famille qu'il ne connaissait pas, l'a troublé profondément. Il était jusqu'ici le fils unique, choyé, dorloté, celui autour de qui tout était ordonné. Et voici que lui tombaient du ciel un frère et quatre sœurs qu'il ne connaissait pas. Il n'était plus que le numéro trois sur six enfants. Et pour comble de malchance ce père qu'il se découvrait, qu'il était tout disposé à aimer, lui imposait de s'exprimer dans une langue étrangère. Il y avait vraiment de quoi arrêter tout élan.

À travers le drame de l'enfant se devine le drame de ce mariage par ailleurs si uni. Deux êtres qui s'estiment et qui s'aiment ont, du seul fait de leur religion différente, une conception divergente de la vie et du foyer et journellement s'affrontent.

Le drame d'un foyer uni par l'amour et divisé par la religion

Quelle importance Charles-Octave Crawley a-t-il attachée à son abjuration ? Il l'a vue sans doute à travers le sourire de sa fiancée, comme l'unique moyen de s'unir à celle qu'il aimait. Nouveau venu en Amérique du Sud, il l'a considérée comme une de ces adaptations auxquelles il faut se plier. Ne connaissant encore que très imparfaitement l'espagnol, il n'a pu recevoir une instruction religieuse poussée. Il a dit compter sur le temps. Il a sous-estimé les différences qui opposent protestantisme et catholicisme. Il n'y a pas eu de vraie conversion qui entraîne un changement de mentalité et d'attitude. Il était catholique de nom, il ne pratiquait pas.

Il avait bien tenté d'aller plus loin. Il avait accompagné l'une ou l'autre fois sa femme à la messe. Il y fut offusqué par le comportement du prêtre qui célébrait avec une absence totale de dignité et de piété, comme on se débarrasse d'une corvée au plus vite. Il en fit la remarque à la sortie. « Ou bien ce prêtre croit à ce qu'il fait et c'est alors un criminel ; ou il ne le croit pas et c'est un comédien. » Cette malheureuse expérience retarda longtemps sa conversion.

Sa conscience répugnait à faire le pas décisif, mais il était la droiture même. Il respectait fidèlement le double serment qu'il avait prêté de laisser toute liberté de pratiquer à son épouse et d'élever ses enfants dans la religion catholique. Ce faisant il s'engageait plus qu'il ne le pensait. Maria Crawley était d'une piété profonde. Chaque matin, elle se rendait à la messe et, chose rare à l'époque, elle communiait tous les jours. Le soir elle réunissait enfants et servantes pour la récitation en commun du chapelet.

Dans une petite ville cancanière, l'absence habituelle d'un notable aux offices était commentée. Toute l'habileté de Maria était impuissante à le cacher aux enfants, qui ne voyaient jamais leur père prendre part aux prières du foyer. La comparaison avec le foyer de son grand-père s'imposait trop naturellement à Édouard pour qu'il ne devinât pas le malaise qu'on tentait de lui dissimuler.

Son père dut le sentir, car il était très fin. Il était non moins jaloux de son autorité. Or il n'était qu'à moitié maître chez lui, puisqu'il logeait chez son beau-père et qu'il le voyait par le fait de sa situation de premier plan dans la cité, de la langue, sans compter la question religieuse, prendre sans cesse le pas sur lui. Aussi ne s'attarda-t-il pas longtemps à Arequipa. Vers la fin de l'année 1884 il quittait non seulement la ville, mais le Pérou, pour aller s'établir à quelque 2000 kilomètres plus au sud, dans la république voisine du Chili, à Valparaiso où la maison Gibbs lui offrait un poste de direction. Là du moins il pourrait être lui-même et donner un style plus personnel à son foyer.

Édouard quittait sa ville natale et son pays pour toujours. Il n'y ferait jamais que de rares et fugitives apparitions pour y ramener sa mère à son veuvage ou prendre congé d'elle. Il n'avait encore que neuf ans. Cependant Arequipa l'avait marqué pour toujours. Une double vision le hanterait désormais : celle d'un foyer que la présence du Christ emplit de sa chaleur et de sa vie ; celle aussi d'un foyer où le refus d'un seul de recevoir le Christ crée un malaise et complique l'existence. Peu à peu germerait en lui la résolution de consacrer sa vie à la rédemption de la famille en lui donnant le Christ. Il apporterait dans cet apostolat une fougue et une puissance qui feraient reconnaître en lui un fils de cette cité qui a pris pour emblème (et parfois pour programme) le volcan Misti.

Valparaiso, vallée du Paradis

Valparaiso devait son nom et son importance à son port d'escale. Avant le percement du canal de Panama, il fallait, pour passer de l'Atlantique au Pacifique, contourner l'Amérique du Sud et affronter les redoutables tempêtes du Cap Horn. Au terme de cette longue et pénible traversée, Valparaiso, avec sa vaste baie, ses maisons en amphithéâtre, sa couronne de verdure apparaissait aux navigateurs comme la « Vallée du Paradis ».

Lorsque la famille Crawley vint s'y établir à la Noël 1884, la ville était en pleine croissance. Les entrées et les sorties des navires venus de toutes les mers du monde, les chantiers navals, les entrepôts en faisaient l'un des ports les plus actifs du Pacifique. De 5 000 au début du siècle, elle était passée à 100 000 habitants et ne tarderait pas à doubler. Trop à l'étroit sur la mince langue de terre qu'enserraient les collines, elle avait escaladé les hauteurs ou Cerros. Au Cerro Alegre qu'habitait la famille, les beaux chalets enfouis dans une végétation luxuriante se mêlaient aux maisons de bois hâtivement élevées à la suite des tremblements de terre, qui dévastaient périodiquement la contrée.

Une grande ville cosmopolite lui permettrait de mener une vie indépendante, plus conforme à ses goûts et à ses habitudes, en même temps que de mieux assurer l'éducation et l'établissement de ses nombreux enfants. Ainsi pensait Charles-Octave Crawley en acceptant l'offre avantageuse de la firme qui l'employait. Il était loin de se douter que ce choix dicté au fond de lui-même par son protestantisme encore bien vivace, ferait de Valparaiso la terre d'élection, d'où naîtrait et rayonnerait sur l'Église catholique entière un puissant mouvement de rénovation familiale. Encore moins pouvait-il prévoir que son fils Édouard en serait l'initiateur.

Toute l'éducation d'Édouard, lui semblait-il, était à reprendre. Il n'était que de le comparer à Charles, élevé à l'anglaise. Autant l'aîné se montrait brillant, autant le cadet paraissait terne. Le premier était hardi comme un page, le second timide comme un novice. Il fuyait les jeux bruyants, sauf la nage où il excellait. Il n'aimait pas non plus jouer avec ses sœurs. Elles ne pensaient qu'à danser, dira-t-il plus tard. Il allait s'asseoir aux pieds de sa mère. C'était sa place préférée.

Les tendances mystiques d'Édouard n'étaient pas non plus sans donner quelque inquiétude à son père. Il avait transformé sa chambre en oratoire où il exposait toute une collection d'images pieuses et de statues. Rien ne lui plaisait davantage que d'y « dire » la messe. Il s'était vite avisé du parti qu'il pourrait tirer de la présence de ses sœurs pour rehausser les cérémonies. Elles lui servaient d'enfants de chœur. Il leur distribuait la communion: aux sages des hosties de pâte, aux autres de papier. Celles-ci se vengeaient en buvant tout son vin de messe.

Mieux encore ses sœurs lui composaient l'auditoire dont il avait besoin, car déjà il ne concevait pas la messe sans le sermon. Il ne souffrait pas qu'elles rient. Pas de crainte non plus qu'elles ne lui échappent. Il avait eu la précaution de fermer la porte à clef : elles devaient subir le sermon jusqu'au bout. En quête d'un public plus docile, il s'adressa aux trois servantes. Il leur distribua généreusement son argent de poche. Assuré ainsi de leur fidélité, il entreprit de les évangéliser. Il se heurta cette fois à son père : défense lui fut faite de descendre à l'office.

L'apprenti prédicateur ne se tint pas pour battu. Il chercha un appui auprès de sa mère que ce zèle naissant ne laissait pas d'émouvoir. Elle imagina une ingénieuse solution. Elle permit aux servantes de se réunir le soir, autour de son lit, et il put ainsi tout à loisir les édifier. Il feignait parfois la fatigue pour monter se coucher plus tôt et leur prêcher plus longtemps.

L'une d'elle lui était particulièrement attachée. Il en fit sa complice et acheta même son silence. Elle lui procura une planche qu'il glissait dans son lit afin de faire pénitence. Le jeudi soir elle devait l'éveiller à 23 heures et lui monter la lourde planche à repasser. Chargé de sa croix il parcourait à genoux autour de sa chambre le chemin du calvaire. Une nuit il se prend les pieds dans sa longue chemise de nuit, trébuche et va heurter un meuble avec sa planche. Le fracas réveille son père qui couche dans la pièce voisine : « Que fais-tu donc, Édouard ? » Édouard avait soufflé la bougie et faisait le mort. Jusqu'à ce que ses parents se rendorment.

Il ne semble pas que les institutrices anglaises et les méthodes britanniques aient mieux réussi auprès d'Édouard à Valparaiso qu'à Arequipa. On en vint à croire dans la famille que décidément Édouard était peu doué. Un seul des professeurs eut quelque succès : celui de musique qui lui enseigna les premiers rudiments de la cithare, sorte de harpe portative. Désormais la cithare sera la confidente, non de ses chagrins et de ses déceptions, car s'il est un enfant secret, il n'est pas replié sur soi, mais de ses rêves de vie plus haute et plus conquérante.

Le collège des Pères Français

Devant ces résultats décevants, Charles-Octave changea de méthode. À la rentrée suivante Édouard était inscrit au collège des Sacrés-Cœurs, qui passait pour le mieux tenu de la ville. Il avait été ouvert cinquante ans plus tôt par des missionnaires venus de France pour fonder une mission en Océanie. Valparaiso était alors le seul port de relâche pour les rares navires qui se hasardaient vers ces îles mystérieuses dont la splendeur ne compensait ni la pauvreté ni la réputation de férocité des naturels. Ils y avaient d'abord établi une procure pour y héberger les missionnaires de passage. Puis devant les demandes instantes des familles, qui en l'absence de tout établissement aussi bien civil que religieux ne savaient comment faire instruire leurs enfants, ils y avaient annexé un collège.

Il portait toujours le nom de « collège des Pères français », bien que le Supérieur et la moitié du corps professoral fussent d'authentiques Allemands. Le français du reste y était en honneur.

On y enseignait les humanités modernes, sans latin. De ses origines, le collège avait conservé un souci missionnaire qui lui permettait d'atteindre, au-delà des élèves, leurs familles et la ville entière. Les professeurs doublaient leurs classes d'un ministère actif.

À la rentrée de l'année 1886, qui au Chili se faisait en mars, Édouard, âgé de dix ans et demi, entrait donc dans la classe préparatoire à la première, correspondant chez nous à la septième. On sait peu de choses sur ses années de collège. Au témoignage d'un de ses confrères, plus tard supérieur de l'établissement, « sa conduite et sa piété furent exemplaires, comme ses notes hebdomadaires en font foi. Elles prouvent aussi son peu de goût pour les mathématiques et des dispositions assez minimes pour l'écriture. (Il ne s'est d'ailleurs pas amélioré par la suite). Par contre il fit preuve de très bonnes dispositions pour les lettres ». Ses camarades l'avaient surnommé le *gringo*, c'est-à-dire fils d'étranger.

Il fut profondément marqué par sa première communion. Il y avait été préparé par une âme d'apôtre, le P. Paul Drinot, un Péruvien comme lui, alors simple diacre. « Lorsqu'il nous parlait du péché mortel et de la persévérance, il pleurait à chaudes larmes et nous avec lui. Pablito (petit Paul) est un saint, disions-nous avec admiration. Il me canonisa à son tour en m'appelant « son excellente canaille ». Édouard demanda comme une faveur de faire partie des enfants de chœur. Dès lors, chaque matin, il faisait un kilomètre à pied pour servir la messe de sept heures et communier.

Sa piété gardait toujours une allure apostolique et l'attrait pour la prédication. Témoin ce jugement de sa mère : « Sa timidité l'empêchait de briller ; il ne se distinguait que lorsqu'il parlait du Sacré-Cœur ». À douze ans, il prêche une retraite en règle à l'une de ses sœurs pour la préparer à la première communion. La même année, dans une famille amie où il était accueilli comme l'enfant de la maison, il propose de prêcher le mois de Marie et le mois du Sacré-Cœur. Connaissant ses dons précoces, on accepte d'autant plus volontiers que le chef de famille, protestant, se meurt et a refusé toutes les affectueuses avances des siens. Au cours d'une de ses pieuses exhortations, la clochette du malade se fait entendre. La servante qui a répondu à l'appel, revient aussitôt : « Vite, monsieur se meurt. » La famille accourt, tombe à genoux et a la surprise d'entendre le moribond déclarer: « Je veux mourir catholique, je veux être baptisé ». On court chercher un prêtre: la maison curiale est vide. Édouard connaît le catéchisme: en danger de mort, tout chrétien peut et doit baptiser. Il prend donc une éponge et la pressant sur le front du malade, il prononce les paroles sacramentelles: « Je te baptise au nom du Père et du Fils et du Saint-Esprit ». Édouard est rentré à la maison plus tard que de coutume. On l'interroge. Et tandis qu'il fait son récit, son père ne peut cacher son émotion. On a toujours pensé dans la famille que ce fait fut décisif pour sa conversion.

Il faut souligner que la dévotion au Cœur de Jésus et au Cœur de Marie, Édouard l'a puisée en premier lieu dans sa famille, comme aussi celle à saint Joseph, car on avait l'habitude d'y réciter la longue prière des sept joies et des sept allégresses. Peut-être la forte résistance de Charles-Octave Crawley venait-elle simplement de la crainte de se laisser entraîner trop loin, vers un catholicisme dont le caractère expansif le déroutait, non moins que son exigence à pénétrer toute la vie, ce à quoi son éducation ne l'avait guère préparé ?

Une certaine détente s'était opérée dans les relations entre le père et le fils. On faisait confiance davantage à Édouard. On lui confiait la garde des enfants.

« Ouvre la fenêtre pour que je regarde les passants », lui disait une de ses sœurs, toute vivacité et toute ardeur, qu'on avait consignée à la maison. Elle revenait à la charge:

« Ouvre-moi, je te payerai pour que tu m'ouvres la fenêtre ». Mais Édouard restait incorruptible.

« Joue-moi plutôt l'ouverture N. 43 de Mendelssohn », lui demandait-il. Sa sœur docile se mettait au piano.

« Recommence et tâche de bien rendre les deux notes: il y en a une délicate et fine, une autre forte et passionnée ».

À la cinquième ou sixième reprise, sa sœur bondissait du tabouret: « Si toi tu es un artiste, moi je ne le suis pas », et elle le plantait là.

Sa valeur s'imposait peu à peu. On demandait même au cadet de veiller sur son aîné. Mais celui-ci connaissait plus d'un tour pour déjouer la vigilance de son ange gardien. Il lui arriva même de le ficeler à un arbre, tandis qu'il partait en expédition avec ses camarades.

L'éveil d'une vocation

Le Père Mateo s'est plaint parfois de n'avoir pas été encouragé dans sa vocation par ses professeurs. Il faut dire à leur décharge qu'à part de rares et remarquables exceptions, leurs tentatives de recrutement sur place leur avaient causé bien des déboires et qu'il leur faudrait encore un demi-siècle de présence au Chili pour y enraciner solidement la Congrégation. Ils en avaient beaucoup connu de ces enfants dont la piété donnait les plus belles espérances: la crise de la jeunesse survenant, elles étaient restées sans lendemain. Édouard paraissait encore bien jeune; résisterait-il mieux que les autres, lui qui aurait encore à vaincre la répugnance, sinon l'opposition de son père?

Un seul des professeurs crut vraiment à sa vocation, son confesseur, le P. Romuald Lindermann. Mais cette référence même le desservait. Le P. Romuald était un médecin bavarois qui avait abandonné sa carrière pour se faire missionnaire. On en avait fait un professeur d'anglais. Il manquait d'autorité et partant de prestige. Il avait un faible pour Édouard. « C'était mon confesseur, avouait celui-ci, non parce que je l'avais choisi, mais parce qu'il m'avait choisi comme pénitent ». En l'entendant écorcher les mots anglais de son fort accent bavarois, Édouard ne se gênait pas pour le reprendre en classe. « Papa prononce comme ça », lançait-il avec une naïveté qui faisait la joie de ses camarades. On le priait de passer à la porte, en punition de son impertinence, mais la rancune du professeur ne durait guère. « Édouard vous mène par le bout du nez », lui disaient ses confrères. Ce qui n'empêchait pas Édouard de faire des infidélités à son père spirituel et d'aller se confesser en grand mystère au P. Donat Loir. « Plus que ses douces paroles, ce qui me fascinait en lui, c'était un rayonnement qui sortait de lui, spécialement lorsqu'il disait son bréviaire et faisait son adoration ».

Le Père Donat dirigeait alors l'Association Extérieure des Sacrés-Cœurs. C'est le nom qu'on donne au Tiers Ordre de la Congrégation. Elle s'adresse aux fidèles qui veulent mener une vie plus chrétienne sous la direction et dans l'esprit de la Congrégation. Elle veut être pour eux une école de prière, de sanctification et d'apostolat, toute orientée vers la dévotion aux Cœurs de Jésus et de Marie et l'adoration du Saint-Sacrement. Assez souple dans ses modalités, elle vise davantage à être une direction qu'un règlement de vie. Sans avoir les effectifs de celles des Dames, la section des hommes en groupait cependant un nombre respectable. Hardiment le jeune Édouard posa sa candidature. On l'accueillit avec un sourire amusé. « C'est réservé aux Caballeros, aux hommes, on n'est pas caballero à 14 ans ! » Il fallut que le P. Donat usât de ses privilèges de directeur pour le faire admettre. Déjà la porte du sanctuaire s'ouvrait pour lui.

Dans ses *Mémoires du Cœur,* écrits durant un repos forcé en Océanie, il signale aussi à l'origine de sa vocation « l'exemple des vertus rares et parfois extraordinaires du groupe, alors nombreux des frères convers, presque tous vétérans de la vie religieuse. J'eus l'occasion de leur parler et de découvrir les trésors de vertus qui se cachaient sous une forme simple et quelque peu rustique. J'étais frappé du calme et de la paix qu'ils respiraient, du bonheur intime qui débordait de leurs âmes lorsqu'ils parlaient, riaient, priaient comme de véritables grands enfants. Le dimanche à 4 heures, je les accompagnais au chemin de croix vociféré par le frère Paulin ».

En avril 1889 s'éteignit à Molokai le Père Damien, victime de la lèpre. Sa mort héroïque souleva l'admiration du monde entier, notamment celle des protestants anglo-saxons. L'attention fut attirée sur la Congrégation des SS. Cœurs et son apostolat missionnaire. On en parla au foyer Crawley, d'autant qu'Édouard avait été fortement impressionné par les causeries d'un de ses compagnons de souffrance, le P. Albert Montiton, le convertisseur des îles Tuamotu, aux savoureuses histoires et dont la longue barbe blanche rehaussait encore le prestige. À une dame qui prophétisait à la maman : « Votre fils sera curé », il répliqua : « Non pas curé, je serai missionnaire ». Sa résolution était déjà prise. Restait à obtenir le consentement de ses parents. Il voulut s'y prendre méthodiquement et chercha à s'assurer d'abord l'appui de sa mère.

C'était la coutume au foyer des Crawley de fêter solennellement l'anniversaire de la maman, le 4 octobre. L'aîné, Charles, brillant, sûr de lui, avait annoncé qu'il réciterait une pièce de vers de sa composition. Édouard avoua qu'il n'avait préparé qu'un simple compliment en prose. Les deux frères se taquinaient, le poète inspiré méprisant le vulgaire prosateur, quand parut la maman. L'aîné commence, hésite, se reprend, puis s'arrête, l'inspiration coupée. Un rire fuse, celui d'Édouard. « On verra bien quand ce sera ton tour », lui lance Charles, dépité. Édouard est tranquille : ce n'est que de la prose et il a son papier en main. Il s'en tire avec brio. Il présente alors à sa mère le cadeau qu'il a préparé : une belle image de Notre Dame des Sept douleurs. Il y a joint une feuille sur laquelle il a écrit : « Comme cadeau de fête je m'engage à laisser Édouard entrer au couvent quand il aura

15 ans ».

– Tu veux bien signer, Maman ? demande-t-il.

– Signer quoi ?

– Lis et signe.

Sa mère lit, pleure et signe. Triomphant, il emporte son trophée, l'encadre sous verre et l'expose en évidence dans sa chambre. Cette scène le peint sur le vif : calcul et idéalisme, naïveté et maturité, délicatesse et exigeance.

Restait à obtenir le consentement de son père. Celui-ci ne semblait voir en tout cela qu'un enfantillage. Il fallut que sa femme lui ouvrit les yeux. « Que signifient tous ces projets, demanda-t-il un jour à son fils en mauvais espagnol, indice chez lui d'une forte émotion. Tu me parais encore bien jeune. Des décisions de ce genre ne se prennent pas à la légère. Je suis incompétent en ces choses. J'irai parler à tes professeurs. Si ces messieurs disent oui, je dirai oui, moi aussi. Demande-leur quand ils pourront me recevoir ».

L'entretien dura trois heures. Édouard s'enferma dans sa chambre pour prier. En vain ses sœurs qui ne croyaient guère à sa vocation s'efforçaient-elles de le tirer de sa retraite. Son père revint. « Ces messieurs m'ont dit oui ». En prenant sur lui cette décision le Père Provincial croyait se faire l'interprète du corps professoral. Sans doute Édouard était bien jeune, il finissait juste sa troisième, il n'avait pas fait de latin. Mais le Père Provincial avait discerné ses qualités exceptionnelles d'esprit et de cœur. Pourtant un de ses professeurs, celui de mathématiques, fut irréductible : « Quel service pouvait rendre un sujet qui ne savait même pas compter ? » Et il mit un haricot noir dans l'urne, lors du scrutin d'admission. En avouant sa parfaite nullité en mathématiques et son peu d'application à la vaincre, le Père Mateo déclarait plus tard : « Je ne sais toujours pas compter. Je crois tout de même avoir rendu quelques services dans ma vie ».

Le Père Provincial crut sage de brusquer la décision. Les vacances étaient à peine commencées depuis huit jours, qu'Édouard était invité à entrer au noviciat. Le dernier jour de l'année 1890, avant de se rendre à son bureau, M. Crawley entre dans la chambre d'Édouard et calmement, presque froidement lui dit, en anglais cette fois : « Mon fils, tu vas nous quitter pour te faire religieux. Je te laisse volontiers partir, mais à une condition. Si tu veux devenir prêtre, je veux que tu sois un saint prêtre ». Il l'embrasse, lui pose les mains sur la tête en signe de bénédiction et quitte la pièce.

Une demi-heure plus tard, croyant son père sorti, Édouard entre dans sa chambre pour y déposer une lettre d'adieu. Il ouvre brusquement la porte et voit son père sanglotant sur le sofa comme un enfant. Édouard dépose sa lettre sur la table et sort sans bruit. Ce fut sa mère qui se chargea de le conduire toute en larmes au collège et de le remettre entre les mains du Provincial. Le malaise, qui longtemps avait pesé sur les relations du père et du fils, s'était peu à peu dissipé. Mais il fallut cette brusque séparation pour leur révéler à l'un et à l'autre leur attachement mutuel. Son père s'était lié d'amitié avec le confesseur d'Édouard. L'ancien médecin bavarois avait, pendant ses études universitaires, beaucoup fréquenté les milieux protestants et savait se montrer pour eux respecteux et compréhensif. Il avait aidé le fils à comprendre son père, le père à découvrir son fils.

Aussi le Père Mateo ne force-t-il pas la note quand il trace dans ses *Mémoires du Cœur* ce tableau idyllique : « Mon foyer était un sanctuaire de paix et de bonheur familial. C'était la vie intime d'une famille nombreuse : trois garçons, huit filles. Que de fois nous avons chanté : *Home, sweet home*.

« Dans ce nid de chaleur et d'affection, je ne sentais pas

le prurit d'amusements extérieurs. On sortait, oui. On se promenait ensemble : cheval, pique-niques, etc. Mais, parents et enfants, nous revenions à la maison y trouver paix du cœur et repos de l'esprit. L'intérieur de notre vie de famille était sérieux, mais aussi très gai et très ensoleillé. On y vivait au grand air et parfaitement épanouis, sans la moindre contrainte ».

On lit encore ces lignes dans un opuscule sur sa vocation : « Ma vocation est née au parterre chéri du foyer. Je crois pouvoir discrètement affirmer que l'aurore de la raison et le soleil de la grâce ont presque simultanément éclairé mon esprit. Cela dès que j'ai commencé à projeter mon avenir, quand j'avais neuf ou dix ans. Je ne me rappelle pas avoir jamais eu un autre idéal que celui d'être religieux ».

III.

1891-1898

Un novice de quinze ans

Édouard venait tout juste d'accomplir ses quinze ans, quand il frappa à la porte du noviciat. « Mais c'est un bébé », ne put s'empêcher de remarquer le cocher du couvent qui était venu le chercher à la gare.

Le noviciat durait alors dix-huit mois. Ce long temps de probation était nécessaire. On ne faisait pas comme de nos jours des vœux temporaires qui ménagent un second temps de réflexion et d'épreuve, tant au religieux qui s'engage, qu'à l'Institut qui l'accueille. Le noviciat achevé, le novice prononçait des vœux perpétuels de pauvreté, de chasteté et d'obéissance, qui le liaient irrévocablement à la Congrégation des Sacrés-Cœurs.

On avait affecté au noviciat une maison de campagne, située à mi-chemin des collèges de Valparaiso et de Santiago. Mais pour permettre aux professeurs d'y passer les grandes vacances de janvier et de février, les novices leur cédaient alors la place et gagnaient la maison de Santiago, vide de ses hôtes habituels. C'est donc à Santiago, la capitale du Chili, que le Père Auguste Jamet conduisit le jeune postulant. Un mois après, le 2 février 1891, fête de la Présentation de Jésus au Temple, Édouard Crawley-Boevey prenait l'habit sous le nom de frère Joseph Stanislas. Le changement de nom signifiait le renoncement au monde et le commencement d'une vie nouvelle.

La cérémonie terminée, alors que les novices se répandaient dans le jardin et devisaient gaiement, le frère Stanislas se faufila à la chapelle et passa le reste de la matinée au prie-Dieu de l'adoration. Il était heureux de revêtir pour la première fois le manteau rouge, que le religieux porte pour faire l'adoration, et qui symbolise à la fois l'amour qui doit l'embraser et les âmes des pécheurs dont il se charge pour en offrir réparation aux Cœurs de Jésus et de Marie.

Dans son allocution, le maître des novices, s'inspirant de la fête du jour, avait félicité le nouveau frère de vouloir consacrer les prémices de sa vie au Seigneur et d'entrer dans la Terre promise avant même d'avoir goûté aux oignons d'Égypte. On imagine les scènes muettes que provoquait par la suite toute apparition d'oignons au réfectoire. Son confesseur, le P. Romuald, avait tenu à être présent à la cérémonie. Un malin confrère ne manqua pas de lui appliquer l'antienne qu'on chantait à l'office ce jour-là « Le vieillard portait l'enfant, mais l'enfant conduisait le vieillard ».

L'ambiance était, on le voit, gaie et familiale. Le P. Provincial, Auguste Jamet, donnait le ton. Débordant de vie et de gaieté, il aimait à venir prendre un bain de jeunesse avec les novices. Il animait les conversations d'histoires savoureuses ; plus souvent de sa voix magnifique il leur chantait le répertoire classique. Telle était sa réputation que les fidèles accouraient rien que pour l'entendre chanter la Préface.

Il y avait une quinzaine de novices : deux Péruviens, cinq ou six Équatoriens et neuf Français. Si les Équatoriens avaient été choisis sans grand discernement, en revanche les

Français : Bretons, Aveyronnais et Lozériens étaient d'anciens élèves des Pères des Sacrés-Cœurs, qui malgré la persécution menaçante avaient demandé à partager l'idéal et la vie de leurs maîtres. Menacée d'être expulsée de France, la Congrégation des SS. Cœurs avait opté pour une solution héroïque : elle avait transporté son noviciat en Espagne, puis en Amérique. Aux jeunes gens qui frappaient à sa porte, elle demandait de s'expatrier. Ils y gagnaient de s'initier très tôt à la langue et aux coutumes du pays. Mais du même coup ce départ les tenait éloignés pour longtemps de leurs familles : vingt, trente ans et plus. Pour prendre une telle décision à dix-sept ans, avec pour toute perspective d'être professeur dans un collège, il fallait une foi bien trempée, une générosité naturelle et même le goût du risque.

Le frère Stanislas tombait donc dans une année d'une excellente « cuvée ». Il chevaucherait trois cours : les premiers et les derniers ne passeraient que quelques mois avec lui, les autres une année entière. Certains marqueraient profondément les œuvres de la province américaine. Au Pérou, le P. de Méringo, comme professeur de philosophie au collège, puis à l'Université de Lima ; le P. Couffignal, comme directeur de l'Association Extérieure. Au Chili, le P. Deltor dirigerait les collèges de Santiago et de Valparaiso, et le P. Jaffuel, avant de devenir provincial, ferait une brillante carrière dans les sciences naturelles. À noter que le P. Deltor et deux de ses compagnons avaient pris l'habit sur le bateau même qui les amenait en Amérique. Si le Droit Canon avait subi quelque entorse en la circonstance, le pittoresque n'y avait rien perdu.

L'hacienda de Los Perales

Les vacances des professeurs terminées, les novices regagnèrent le noviciat de Los Perales. C'était une immense hacienda de près de 3 000 hectares, ceinturée de hautes montagnes. On y avait autrefois trouvé l'or qui servait à payer le tribut à l'Inca tout-puissant. La vallée de Marga-Marga n'était pour lors qu'une exploitation agricole. On y avait aménagé un vignoble renommé, qui fournissait en vin de messe une partie du pays, et un verger où les orangers, les amandiers voisinaient avec les pêchers, les pommiers. Les professeurs s'étaient faits planteurs et déjà se dressaient les hautes futaies d'eucalyptus, de hêtres, de chênes, non loin des *boldo* et *belloto* centenaires.

Sur un mamelon, un grand quadrilatère composé de bâtiments vétustes et disparates : c'était le noviciat. Le confort laissait à désirer. On s'éclairait encore à la chandelle, il fallait puiser l'eau au puits, les combles étaient devenus le quartier-général des chauves-souris ; volets et fenêtres grinçaient la nuit au moindre vent.

Le frère Stanislas était resté enfermé deux mois au collège de Santiago sans qu'il lui en coûtât. Derrière les murs, il sentait bruire toute une ville. Plongé soudain dans ce site que chacun proclamait enchanteur, il se sentit comme perdu. C'était un enfant de la ville ; il n'avait jamais vécu à la campagne. Le silence lui donnait l'impression du vide. Quelqu'un avait joliment défini Los Perales : la trappe au Paradis terrestre. Pour l'instant le Paradis lui était fermé, mais la trappe pesait de tout son poids sur ses quinze ans.

« La solitude s'abattit sur moi comme une nuit épaisse qui m'opprima l'âme, me désespéra. À la tombée de la nuit, avec une simple bougie pour toute lumière, le silence de la campagne, le silence de la maison me donnaient l'impression d'être en prison. Tout me faisait peur. Je regardais autour de moi et du matin au soir je ne voyais que du vert, rien que du vert. Dans ce désert j'avais le vertige du vert.

« Je n'étais pas l'enfant des champs et les promenades m'épuisaient. Petit de taille, paraissant douze ans à peine, enfant à côté de ces hommes, je ne pouvais prendre leur pas et devais courir à côté d'eux. Les escalades de chèvre dans la montagne, rendues plus pénibles encore par le port de la soutane, me mettaient à bout.

« Les travaux manuels me déconcertaient, comme les soins à donner à la vigne ou la confection des cloisons de torchis. Je balayais les cloîtres avec un balai plus haut que moi et naturellement fort mal. Quand venait mon tour de faire l'adoration de nuit, je ne parvenais pas à me réveiller. Le Père qui me précédait s'amusait à discuter avec moi et riait de bon cœur. Il m'aspergeait d'eau le visage et je reprenais peu à peu mes esprits. Il m'attendait pour me conduire à la chapelle, car je mourais de peur dans les couloirs la nuit ».

L'inadaptation physique n'était que le signe et la mesure de son désarroi moral. Le jeune frère souffrait d'être privé subitement de la tendresse de sa mère, de la chaude affection de ses sœurs. Il n'avait personne à qui s'ouvrir. Le seul aspect du Maître des novices, homme austère et exigeant, le glaçait. Le P. Alphonse Macaire était cependant un homme capable. On admirait en lui une profonde connaissance de la Sainte Écriture, dont il faisait son unique lecture depuis de longues années. On appréciait sa parole jaillissant spontanément de la méditation prolongée des mystères chrétiens. Malheureusement une surdité précoce dont il ne se rendait pas encore compte et qui l'obligerait sous peu à donner sa démission ne favorisait pas l'ouverture de conscience. Une confidence se chuchote, elle ne se trompette pas.

Sa vocation faillit sombrer. Il passa les quatre premiers mois dans un état de tristesse extraordinaire. Il tenta bien de réagir. Mais sa réaction fut celle d'un débutant inexpérimenté : gaieté forcée, exubérance factice. Au cours d'une partie de canotage ne s'avisa-t-il pas de faire chavirer la barque ? Ses compagnons, moins bons nageurs que lui, évitèrent de peu la noyade. Le maître des novices se décida à intervenir. Il lui suffit de quelques mots : « Mon enfant, il y a quelque chose qui ne va pas : dites-le moi », pour que se dénouât la crise.

Sorti du tunnel, le frère Stanislas chercha à rattraper son retard et à mettre les bouchées doubles. Ce fut pour tomber dans un autre excès. Il voulut rivaliser avec les pénitences des Pères du désert, dont on lisait les exploits en lecture spirituelle. Il obtint de se donner la discipline, à condition d'en demander chaque fois la permission. Mais il rusa. Toute nouvelle pénitence s'ajouta aux précédentes : le nombre de coups de discipline atteignit un total impressionnant. Faisant un jour l'inspection du dortoir, le maître des novices remarqua des taches suspectes sur les rideaux qui délimitaient les cellules : « Il y a tant de moustiques ! » lança négligemment le novice.

Un soir le crochet de la chaînette qui maintenait les petites boules de fer s'engagea sous l'omoplate. Il ne put le dégager. Force lui fut donc d'aller demander le concours d'un confrère charitable et discret, et de traverser les couloirs, le bras levé, à demi-dévêtu. La leçon porta. Il comprit qu'il faisait fausse route. Avant tout comptait la mortification intérieure, qui ne donne prise ni à l'orgueil ni à la singularité, ou encore celle qu'on ne cherche pas et qui cingle d'autant mieux l'amour-propre, le tout caché sous un extérieur affable et joyeux.

L'essor après la crise

Ces excès avaient eu du moins l'avantage de révéler sa vraie nature : nature généreuse, qui avait plus besoin d'être contenue et dirigée que stimulée. Il s'était aguerri, il avait mûri. Le chemin déblayé, il pouvait désormais donner tous ses soins au travail spécifique du noviciat : se pénétrer de l'esprit propre de la Congrégation des Sacrés-Cœurs où il désirait entrer.

Comme son nom l'indique, celle-ci a pour but de pratiquer et de propager la dévotion aux Cœurs de Jésus et de Marie. Fondée en pleine Terreur, sous la Révolution française à Poitiers par le Père Coudrin et la Mère Henriette Aymer de La Chevalerie, elle a gardé de ses origines une double préoccupation et orientation.

Il importait d'abord de déterminer ce qu'était la dévotion au Sacré-Cœur, qui à cette époque n'avait pas encore droit officiel de cité dans l'Église et ne pouvait s'appuyer ni sur le Magistère ni sur la Liturgie. Aussi les Fondateurs avaient-ils précisé que leur Congrégation devait retracer les quatre âges de la vie de Notre-Seigneur : son enfance, sa vie cachée, sa vie apostolique et sa vie crucifiée. Pour eux le Sacré-Cœur n'était pas telle ou telle pratique de piété alors en usage, mais le Christ tout entier, envisagé sous l'angle de son amour, l'amour étant la seule explication satisfaisante de ce qu'on sait sur sa personne et sur son œuvre.

De plus, en un temps où le culte était aboli, les églises fermées, les prêtres expulsés ou emprisonnés, le travail apostolique limité, un devoir s'imposait : offrir à l'amour outragé la compensation d'une fidélité accrue, suppléer au petit nombre d'adorateurs par une adoration continue. De là l'importance donnée à la réparation et à l'adoration perpétuelle du Saint Sacrement.

Se consacrer à l'Amour et se faire l'apôtre de la Charité divine, construire sa vie et son action sur la Personne divine de Notre-Seigneur, préparer le travail apostolique par l'adoration silencieuse : telles étaient les idées maîtresses qui étaient offertes à sa méditation et à son apprentissage.

Les compagnons de noviciat du frère Stanislas ont surtout retenu de lui son affabilité, son esprit de pénitence, son amour de l'Eucharistie et de l'adoration, ses dispositions pour l'éloquence. L'homme qu'il sera se révèle déjà. Tout frère doit faire chaque jour une demi-heure d'adoration et chaque semaine une heure d'adoration de nuit, de manière que l'adoration soit sinon perpétuelle, quand le nombre des adorateurs le permet, du moins continue. Le Frère Stanislas était toujours volontaire pour prendre la place d'un adorateur fatigué ou défaillant. Un des jeunes novices qui faisait l'adoration en même temps que lui, l'entendant une nuit pousser des gémissements, s'approcha de lui et lui demanda s'il était souffrant. Pour toute réponse, le frère Stanislas lui fit mettre la main sur son cœur : il battait à tout rompre. Devant son mouvement d'effroi : « C'est ainsi, lui dit-il, chaque fois que je reste longtemps devant le Saint Sacrement ».

Selon l'usage du temps les novices ne communiaient que trois ou quatre fois par semaine et à jour fixe. Mais comme d'autre part chaque jour l'un d'eux était délégué pour faire la communion réparatrice, le frère Stanislas s'arrangeait pour que son tour arriva un jour sans communion et lui permit ainsi de communier plus souvent. C'est là encore un trait de son caractère : sa piété est ardente mais industrieuse. Héritage sans doute de son éducation familiale où son grand souci était de ne point blesser son père.

Il semble bien que les six derniers mois de son noviciat aient été les plus profitables. Le P. Donat Loir succédait au P. Macaire. Le frère Stanislas retrouvait avec joie son confesseur des grandes occasions, qu'il évoque ainsi dans ses *Mémoires du Cœur* : « Il n'avait ni le rare talent ni l'érudition de son prédécesseur, mais il possédait un heureux ensemble de qualités tant d'esprit que d'exquises manières qui en firent un maître des novices idéal. Très attentif aux détails et pratique, observateur au plus haut point, mais avec un comportement toujours simple et paternel. D'une piété angélique, religieux exemplaire et d'une expérience consommée. D'une amabilité exquise, mais intransigeant sur le devoir ». Le rayonnement du P. Loir s'étendit à toute une partie de l'Amérique du Sud, au Pérou, à la Colombie, à l'Équateur, à la Bolivie, au Chili, où il multiplia les chœurs d'adorateurs et d'adoratrices. Le secret de la fécondité de son apostolat était sa vie pénitente.

Le frère Stanislas faisait profession perpétuelle le 11 septembre 1892, dans l'Église des Sacrés-Cœurs de Valparaiso. Une grande joie lui était donnée, celle de voir son père venir peu à peu à la pratique religieuse.

La veille, le P. Provincial écrivait au Supérieur général: « Demain profession d'un jeune novice péruvien, charmant enfant, modèle de piété, de pénitence et de bon caractère. C'est ce que nous avons eu de meilleur depuis que le noviciat a été fondé en Amérique. Il a fait beaucoup de bien aux six novices venus dernièrement de France ». Et peu auparavant: « Nous avons un petit saint, les anges seuls sont meilleurs et plus innocents que cet enfant ».

Étudiant en théologie et professeur d'anglais

Son noviciat achevé, le frère Stanislas commençait aussitôt son scolasticat: c'est le nom que, dans les ordres religieux, on donne au grand séminaire. Il n'avait pas de temps à perdre. À la difficulté de passer de la troisième à la philosophie s'en ajoutait une plus grande, celle d'avoir à étudier le latin. Il semble s'en être tiré avec honneur. Pour ce qui est des sciences exactes, il resta désespérément nul.

Le premier trimestre écoulé, il recevait la tonsure. C'est alors sans doute, que pour éviter toute confusion avec un Père du même nom, il abandonna le nom de Stanislas pour prendre celui de Mathieu, en espagnol Mateo. Ce choix lui fut dicté par la reconnaissance envers le Père Mathieu Leblanc, tout cassé par l'âge mais perdu en Dieu, à qui il aimait à attribuer l'orientation décisive de sa vocation à l'époque de sa première communion. Il aura désormais pour patron l'Apôtre dont Notre-Seigneur loue dans l'Évangile (Luc 5, 29) la généreuse hospitalité, l'Évangéliste aussi que célèbre la Liturgie (secrète) pour ses magnifiques prédications qui ont enseigné l'Église.

Le changement de provincial (on appelle ainsi le supérieur d'un groupe de maisons) allait l'année suivante bouleverser la marche de ses études et le mettre vis-à-vis de sa famille dans une situation délicate.

Le Père Auguste Jamet en imposait par sa prestance, sa culture, sa parfaite possession de la langue espagnole, non moins que par sa rondeur et son amabilité. De tous les Pères français qui ont travaillé au Chili pendant un siècle, il est certainement celui qui a le plus marqué. Prévoyant le développement futur de la capitale et comptant sur son ascendant pour trouver les concours nécessaires, il avait projeté d'élever en annexe du collège de Santiago une magnifique salle de fête. Pour donner une idée de sa splendeur, elle servit quelques années plus tard aux délibérations du Congrès des députés, après que leur propre salle eût été détruite par un tremblement de terre. On ne lui ménagea pas les éloges et moins encore les critiques. Certains prirent peur devant les dettes et lui reprochèrent d'avoir vu trop grand. Tant et si bien qu'on lui donna un successeur. Le P. Romain Desmarais avait exercé la charge avant lui et grand bâtisseur lui aussi avait mené à bien la construction de la grandiose église des Sacrés-Cœurs.

On ne pouvait trouver hommes plus dissemblables. Grand, sec, le parler rocailleux, « homme au froid raisonnement pour qui la règle était le code inflexible et infaillible. Grand cœur certes, mais défendu par le rempart d'une figure intraitable, d'une paire d'yeux inquisiteurs et des manières de juge intransigeant ». Après ce portrait fortement buriné, le

Père Mateo nous laisse le récit de son premier contact :

« Alors vous avez peur de moi ? me dit-il à brûle-pourpoint, en me perçant de son regard scrutateur.

– Oui, mon Père, répondis-je sans hésiter, épouvanté.

– Mais pourquoi donc ?

– Parce qu'on dit que vous êtes très sévère, répondis-je en baissant les yeux.

Il fit alors un effort pour esquisser un sourire et se montrer très aimable. Avant que je ne quitte sa chambre, il réussit à m'inspirer une certaine confiance. Il fut avec moi relativement paternel. Cela ne manqua pas d'être remarqué, car il ne l'était pas avec tous. Je parvins à l'admirer et même à l'aimer ».

Le nouveau provincial imagina pour se procurer des ressources de transformer ses séminaristes en professeurs et surveillants. Il transféra donc le scolasticat de Los Perales à Valparaiso. Et puisque le frère Mateo avait la chance d'avoir un père anglais et de parler cette langue en famille, il le bombarda professeur d'anglais, sans se douter de son aversion invétérée.

L'année suivante, il le chargeait en plus de faire le catéchisme dans une école enfantine, avec mission de les préparer à la communion. Le frère Mateo se donna de toute son âme à cet apostolat. C'est là sans doute qu'il puisa cet art de parler aux enfants, qui étonnait plus tard chez ce grand remueur de foules.

Dans quelle mesure cette façon réaliste de comprendre le scolasticat comme une préparation immédiate à la vie réelle qui attendait les religieux a-t-elle nui à l'étude des sciences sacrées ? Il est difficile de se prononcer. Certes le manque de temps et les fatigues des longues classes ne prédisposaient pas à creuser et à assimiler les thèses difficiles de la philosophie, de la théologie et de l'Écriture sainte. Le Père Romain n'était cependant pas homme à faire des concessions. Les cours avaient lieu régulièrement et les examens trimestriels contrôlaient le travail sans excès d'indulgence. De plus, en égard au temps perdu on prolongeait fréquemment la durée des études. C'est ainsi que le frère Mateo resta six ans au scolasticat, alors que le Droit Canon n'en exigeait que quatre et que la coutume les réduisait à trois. Si l'on ajoute ses dix-huit mois de noviciat, cela fait huit ans de préparation au sacerdoce. On voit que la mesure était bonne pour un élève doué comme lui.

Quel était le niveau des études ? Plus élevé que ne le laisserait supposer l'organisation assez fantaisiste des programmes et la formation improvisée des maîtres. Grâce à la fondation des Universités catholiques, les études sacrées en France étaient alors en pleine renaissance, comme allaient en témoigner les Grands Dictionnaires mis en chantier. De même en Belgique et en Allemagne. La Congrégation des Sacrés-Cœurs n'était pas restée en marge de ce mouvement : à Rouen, cinq des professeurs étaient licenciés de Louvain et publieraient des manuels estimés : les Pères Calmes, Malige, Prével, Bund. Par les cours des maîtres français et allemands et plus encore par le biais des livres de consultation mis à la disposition des étudiants, un réel courant de renouveau touchait le petit scolasticat de Valparaiso, d'où sortiraient deux fondateurs d'université.

Toutefois cette situation irrégulière n'était pas sans préoccuper le Supérieur général, qui pensa y remédier en appelant en Europe quelques sujets d'élite pour les instruire à Louvain. Il désigna nommément le frère Mateo. Le provincial s'y opposa craignant sans doute de le perdre à jamais. Ses éloges renchérissent encore sur ceux de son prédécesseur : « C'est un ange de piété, un jeune homme très aidé de Dieu ». Ce qui ne l'empêchait pas de le mener à sa manière, c'est-à-dire inflexiblement.

Avec un grand sens de l'humain, le P. Auguste avait assoupli en faveur du frère Mateo le règlement qui, à cette époque, ne prévoyait pas de vacances en famille pour les religieux. Vers le milieu de l'année scolaire, son père avait été frappé coup sur coup de plusieurs attaques cérébrales. L'épreuve était d'autant plus cruelle pour sa mère qu'elle attendait un enfant (deux filles, Blanca et Ella naîtraient pendant son temps de séminaire). Le frère Mateo avait donc été autorisé à plusieurs reprises à faire de courts séjours parmi les siens. Le cas était assez rare pour que l'abus ne soit pas à craindre, d'autant que l'ensemble des pères et des étudiants étaient étrangers.

Tel ne fut pas le point de vue du nouveau provincial. Il supprima les séjours en famille et limita strictement les parloirs. Le père du jeune étudiant ressentit vivement cette mesure. Il ne comprenait pas qu'un supérieur défendît au nom de la religion ce qu'un autre supérieur accordait au nom de cette même religion. Il n'était pas loin d'en rendre responsables les tendances mystiques de son fils, car celui-ci avait eu la délicatesse de couvrir son supérieur.

On ne peut proprement parler de crise, mais plutôt d'épreuve. On mesure mieux dans cette circonstance ses progrès spirituels. De sa douloureuse expérience du noviciat, le frère Mateo a retenu qu'il n'y a de salut que dans l'ouverture de conscience. S'armant donc de courage, il prend le parti de s'adresser à son Supérieur général, qui réside en Europe et qu'il ne connaît pas. Son père, protestant converti, sensible, délicat, a été profondément peiné de la conduite que son fils a dû observer envers sa famille. La ferveur qui l'animait s'est ressentie de ce qu'il croit être une inconsidération. Il ne voit qu'une solution : s'expatrier, quitter le Chili, gagner l'Espagne où il rejoindra le Père Auguste. Ses parents accepteront plus facilement une séparation que de vivre si près de lui sans pouvoir le voir et le recevoir. Sa lettre s'achève sur un cri d'angoisse : « Ô Père ! Père ! si vous vous trouviez à ma place ! ». Il a écrit le 30 juin 1894. Il revient à la charge le 17 septembre, le 12 octobre, le 30 novembre. Il réfute les objections possibles : ses études, son professorat, sa santé. Il écarte les demi-solutions : partir à Santiago, à Lima. Il a consulté : il n'agit pas inconsidérément. Il est convaincu de faire la volonté de Dieu, « à l'accomplissement parfait de laquelle, ajoute-t-il, je me suis obligé par un vœu particulier ». Il revient par deux fois sur ce vœu spécial qui semble s'apparenter au vœu du plus parfait. Et il conclut fermement : « Voilà donc toute la raison de ma demande : vouloir être ce à quoi je me suis engagé par vœu, à savoir être un saint et vrai religieux ».

Malgré ses appels réitérés, l'affaire en resta là, en raison de l'opposition du provincial.

Le tableau du Sacré-Cœur de Garcia Moreno

Le P. Romain tenait si peu à se séparer du frère Mateo qu'il en avait fait son homme de confiance, et l'avait chargé de classer ses papiers et ses documents. Un jour qu'il s'acquitte de ce soin, il découvre au fond d'une malle, soigneusement enveloppée, une toile représentant le Sacré-Cœur. Les yeux levés au ciel comme pour offrir l'humanité à son Père, le regard empreint de miséricordieuse tendresse, Jésus tient dans sa main droite le sceptre royal, de l'autre il soutient le globe terrestre qu'un rayon jailli de son Cœur inonde de clarté. Tandis que le frère Mateo admire la toile, le provincial lui en retrace l'histoire.

Le tableau a été commandé par Garcia Moreno, Président de la République de l'Équateur, à l'occasion de la consécration solennelle qu'il fit de son pays au Sacré-Cœur en 1873, en présence du Conseil des Ministres, des Chambres et des divers Corps de l'État. Deux ans après, Garcia Moreno était assassiné : c'était un premier vendredi du mois, au sortir de la cathédrale où il venait de faire son adoration accoutumée. La haine de la foi avait inspiré le meurtre, plus que la passion politique. On le vit à l'acharnement mis à détruire son œuvre et à poursuivre sa mémoire. La toile, œuvre hâtive de circonstance du peintre équatorien Salguero, ne manquait pas de mérite. Devenue relique insigne d'un martyr et souvenir national, il fallait la sauver de la profanation. La famille la confia à un père des Sacrés-Cœurs de passage à Quito, qui la fit passer au Chili et la remit à son provincial.

Ce tableau jouerait sous peu un rôle capital dans la vie du frère Mateo. Il en ferait comme l'étendard de l'Intronisation.

Il joint à ses études et à ses classes une activité de plus en plus envahissante. Il s'autorise de son entrée dans les Ordres sacrés pour réclamer une part plus grande à l'apostolat de la maison. À peine a-t-il reçu le diaconat le 2 avril 1897, qui lui donne le pouvoir de prêcher, que le P. Zozime Duval l'aborde mystérieusement un premier vendredi du mois : « Mon cher petit frère, je viens de donner aujourd'hui mon dernier sermon. À partir d'aujourd'hui vous prendez ma place aux réunions des associés ». Son provincial pouvait témoigner cette année : « Il est toujours prêt à prêcher ».

Le vieux lutteur avait bien perdu de son intransigeance. Le P. Romain craint pour la santé du jeune frère et l'autorise à aller se reposer en compagnie de son compatriote le P. Paul Drinot, chez une famille amie qui possède un domaine en haute montagne. Le P. Paul était un fin causeur et un apôtre. Souvent las de parler, il demandait à son jeune compagnon de prendre la relève. « À toi maintenant de faire l'accompagnement. Sers-nous le café et dis-nous quelque chose ». Vingt ans plus tard un de ses jeunes auditeurs devenu le P. Carlos Monge, futur provincial, remerciait le P. Mateo « d'avoir conquis alors son âme rebelle et mesquine. Il avait découvert le premier germe de sa vocation à son aube, il avait su le nourrir, le cultiver et surtout le ressusciter quand il était sur le point d'être étouffé ».

Une cruelle épreuve l'attendait à son retour. Il faisait sa retraite au couvent de Valparaiso, quand le portier pénètre dans sa cellule et lui annonce sans ménagement : « Un homme vient d'arriver à cheval de chez vous. Il dit que votre père est mort subitement ». Charles-Octave Crawley-Boevey avait succombé à une attaque d'apoplexie, frappé en pleine église peu après la communion, tandis qu'il faisait son action de grâces. Sous l'action du P. Romuald, l'ancien confesseur de son fils devenu son ami, il était peu à peu venu à une pratique religieuse régulière et fervente de la religion catholique. Le malaise qui l'avait momentanément dérouté après la suppression des visites de son fils s'était dissipé. Il avait mieux compris la valeur de son sacrifice et avait voulu y joindre le sien.

À la fin de l'année scolaire, le Père Mateo recevait le 17 décembre 1898 l'ordination sacerdotale à la cathédrale de Santiago. Malgré un programme chargé, il n'avait pas pour autant diminué le temps consacré à la prière : sur ses instances on avait même devancé son appel au sous-diaconat et depuis vingt-et-un mois déjà, il était astreint au bréviaire.

La coutume voulait que la première messe fût solennellement chantée. Il dut, n'étant pas le seul ordonné, attendre la nuit de Noël pour la célébrer en l'église des Sacrés-Cœurs, « l'église unique au monde qui avait vu sa première communion, sa profession religieuse » et qui abriterait sa sépulture. Aux côtés de sa mère et de ses aînés, sa sœur Blanca faisait sa première communion. Un Chilien, un Français, un Allemand assistaient à l'autel le nouveau prêtre péruvien, préfiguration déjà de son apostolat mondial. Faisant part de son ordination au P. Romain retourné en Europe, il lui demandait un souvenir « pour ce jeune prêtre, dont le seul désir est d'être un saint et de faire connaître et aimer jusqu'à la mort, les Sacrés-Cœurs de Jésus et de Marie ».

IV.

1899 – 1907

Le Centre Social

L'effort qu'il a dû fournir pour mener de front études, professorat, ministère a ébranlé sa santé. Aussi ses supérieurs l'envoient-ils, au lendemain de son ordination, respirer l'air des hautes altitudes. Le nouveau prêtre a une façon particulière de se fortifier les bronches et de prendre des vacances. Il donne à la petite cité des Andes une mission que suivent communion générale, résurrection de l'Association Extérieure des SS. CC., implantation de la Sainte Enfance et d'une association de jeunes.

Le Père Mateo a 23 ans. Ses huit années de formation, remplies par la prière, l'étude, la souffrance non moins que par l'enseignement et le ministère, lui ont donné une maturité précoce qui contraste avec cette apparence d'extrême jeunesse qu'il conservera si longtemps. Une forte personnalité apparaît déjà dans la lettre qu'il adresse au P. Romain peu après son ordination.

Il se fait certes un excellent travail dans les collèges. Mais, remarque-t-il, il leur manque un père spirituel, à la manière des jésuites. Il aurait pour charge exclusive de s'occuper des âmes des élèves. Il faudrait toutefois le décharger de toute classe et lui laisser la liberté indispensable et le temps nécessaire.

La Congrégation des Sacrés-Cœurs, fidèle à sa mission de promouvoir le culte du Sacré-Cœur et de l'Eucharistie, a bien établi un réseau d'Associations. La spiritualité en est belle et efficace. L'assistance, fréquente sinon quotidienne à la messe, l'adoration journalière établie de manière à assurer une présence continuelle des fidèles devant le Tabernacle, tout cela crée un perpétuel mouvement autour de l'église qui devient ainsi le centre animé de la paroisse. Mais les obligations en sont lourdes. Les chœurs, c'est le nom donné aux Centres paroissiaux, ne tardent pas à tomber en veilleuse, si on ne les visite et ne les ranime de temps à autre. Il consacrerait volontiers à cette visite ses vacances et ses jours de congé.

En passant il fait remarquer qu'une sélection plus rigoureuse s'imposerait dans le choix des professeurs : certains n'empruntent guère à l'Amérique que les libertés américaines.

Ce double rêve de direction spirituelle des jeunes et de réanimation de l'Association Extérieure allaient prendre, avant même que l'année ne s'achève, une orientation et une ampleur qu'il ne pouvait encore soupçonner.

Le provincial poussait à créer à Valparaiso un Centre Social, comme il venait de s'en fonder un à Santiago. « Le directeur est tout trouvé, informe-t-il le Supérieur général le 22 novembre 1899. C'est le Père Mathieu, qui a un empire incomparable sur tous ces messieurs pour les attirer au bien et les faire se confesser. C'est l'homme des Sacrés-Cœurs ».

La situation religieuse et sociale du pays et de la ville montre la nécessité urgente de cette fondation. Pour une étendue grande comme une fois et demie la France, le Chili compte alors moins de trois millions d'habitants. Bien que les ressources, principalement minières, soient abondantes :

nitrate, fer, cuivre, or, le niveau général de vie est peu élevé. Les richesses et le pouvoir sont aux mains d'une minorité, active d'ailleurs, intelligente, cultivée. L'instruction populaire est inexistante. Le pays est catholique dans sa totalité, mais le clergé est clairsemé, malgré l'aide des religieux plus nombreux qu'absorbent en grande partie les collèges et les pensionnats.

À Valparaiso même, la situation est critique. La ville est passée en trois-quarts de siècle de 5000 à 100000 habitants. La construction, retardée par la fréquence des tremblements de terre, n'a pas suivi au même rythme. La population ouvrière s'entasse trop souvent dans les taudis. Travaillée par les partis de gauche qui lui prêchent la haine et la révolte, elle échappe en grande partie à l'influence de l'Église. Pour la reprendre en main, il faudrait lui donner les moyens de se sortir de la misère, c'est-à-dire créer des œuvres sociales pour parer au présent, ouvrir des écoles pour préparer l'avenir.

C'est ce qu'a compris son confrère et compatriote, le P. Drinot. Après un premier essai à Valparaiso, il a ouvert à Santiago, la capitale, un Centre Social qui cherche d'une part à assurer la persévérance des élèves après leur sortie des collèges en les réunissant dans des cercles, et d'autre part les initie à l'apostolat en leur confiant des responsabilités réelles.

Le Père Mateo voit tout le parti qu'il peut tirer de semblable organisation. Le collège, à ses yeux, n'est pas une œuvre passagère, mais une véritable entrée dans la vie chrétienne. Il importe donc de jeter dans les âmes des jeunes les semences d'une foi profonde. C'est une nécessité pour eux de juger leurs problèmes de vie, au fur et à mesure qu'ils les découvrent, à la lumière de l'Évangile. Ainsi seulement auront-ils une foi personnelle, vivante. Ce sera le rôle des

Académies, où ils se regroupent suivant leurs affinités et leurs goûts : littérature, musique, beaux-arts, sciences, bricolage. Ils y trouveront de plus, avec une honnête détente, un complément de culture humaine.

Il n'importe pas moins de leur inspirer un amour vrai et agissant pour le Christ, qui s'est identifié avec le prochain, notamment avec celui qui souffre. Il faut utiliser la générosité naturelle des jeunes, canaliser, guider leur besoin d'action. Leur concours s'impose d'autant plus que la pénurie du clergé est grande et la misère plus étendue. Il n'est pas mauvais non plus que les futurs patrons, cadres et dirigeants découvrent les lacunes de l'organisation sociale dont ils sont les bénéficiaires et demain seront les responsables. Aussi lance-t-il coup sur coup patronages, cours du soir, bureau de placement, conférences de Saint-Vincent-de-Paul.

La musique, l'art dramatique, l'éloquence à laquelle sont si sensibles les Chiliens, tiennent une place importante dans ces réunions, qu'il veut vivantes et exaltantes. Mais il veille à ce que l'humain et le social ne masquent ni n'étouffent le chrétien. À la base de son action, il a mis la prière eucharistique. Académies et œuvres sociales s'enracinent profondément dans l'Association Extérieure des Sacrés-Cœurs. Inlassablement il leur répète dans sa conférence hebdomadaire que la messe, la communion, l'adoration réparatrice, le culte du Cœur de Jésus et du Cœur de Marie sont l'âme de leur mouvement. L'apostolat n'a de valeur que s'il est le prolongement de la vie intérieure et comme la fine fleur de leur amour pour le Christ.

Pour être appréciée à sa valeur, cette fondation doit être replacée dans son milieu et son époque. Le Père Mateo court au plus pressé. Il veut donner à la jeunesse dorée, éduquée dans les collèges religieux de sa congrégation, une formation humaine, sociale et chrétienne qui fera d'elle cette armature solide dont le pays et l'Église ont le plus grand besoin. Du même coup, avec son concours, il procure à la jeunesse abandonnée d'un grand port une éducation chrétienne et une instruction élémentaire, qui lui permettra de mieux faire face à la vie. Il s'inspire visiblement de l'expérience française qu'il connaît par ses confrères et les journaux ou livres français. Son apport propre est un très vif souci, nouveau alors, de faire de ces futurs conducteurs du peuple des apôtres, dont la parole s'appuie sur la prière et le témoignage de vie.

Ainsi en peu de temps le *Centre Social* est-il devenu l'âme du mouvement catholique de Valparaiso. « Il y a des âmes avides de conquérir d'autres âmes et qui, à la rue, au bureau, dans les familles, partout où elles vont, sont à la recherche zélée d'une âme de plus pour le Divin Cœur », dit-il dans un rapport. Ce que confirment ceux de son provincial. « Une bonne soixantaine de jeunes, soit la moitié, assiste fidèlement aux réunions hebdomadaires… Ses conférences de la Semaine Sainte ont attiré une grande assistance d'hommes et de jeunes gens pendant huit jours. Il a été très goûté et en a fait revenir beaucoup et de fameux… Excellent prédicateur et directeur. Il a l'esprit des saints et de la Congrégation ».

La renommée du Centre Social ne tarde pas à franchir les limites de la ville. Le délégué apostolique du Saint-Siège, qui réside à la capitale, annonce sa visite. Le Père Mateo dispose ses troupes le long des différentes stations et lui-même va avec le supérieur et le bureau directeur l'attendre à la gare de Viña-del-Mar. L'évêque ne cache pas tout le bien qu'il a entendu raconter du Centre. Il demande à saluer le directeur. Sa surprise est grande d'apprendre que c'est ce jeune prêtre qu'il a pris pour un séminariste. Il l'embrasse, tandis que les jeunes du bureau auxquels se joignent des voyageurs gagnés par leur enthousiasme, crient: *Vive le délégué du Pape Roi,* cris que répètent aux stations suivantes les jeunes étudiants et les jeunes ouvriers fraternellement mêlés.

Le Cours des Lois

Les Pères des Sacrés-Cœurs éduquent dans leurs collèges la classe dirigeante du pays. Aussi bon nombre d'élèves poursuivent-ils leurs études à l'Université. Chargé d'assurer leur persévérance, le Père Mateo n'a pas été sans remarquer qu'entre tous, les étudiants en Droit connaissent des crises de conscience où risque de sombrer leur foi. Cela tient à l'histoire des dernières décades. Au Chili les partis politiques se sont constitués avant tout selon leurs conceptions religieuses et ont choisi pour terrain de lutte l'école et la question sociale. Parvenue au pouvoir la gauche a mené une brutale campagne de laïcisation à outrance, qui vise surtout à émanciper la famille de la tutelle de l'Église et préconise les mariages civils, les cimetières laïques. Les catholiques ont repris la direction des affaires, le Président de la République a même choisi le noviciat de Los Perales pour y passer une convalescence. Malgré cela, l'Université, et particulièrement la Faculté de Droit, reste la citadelle du laïcisme militant. L'enseignement y est matérialiste, voire antichrétien. On y affirme couramment qu'il existe une opposition radicale entre la religion et le progrès scientifique.

Alors que beaucoup autour de lui attendent le salut de mesures politiques, le Père Mateo voit dans le laïcisme le mal profond qui ronge la société moderne. En prônant l'indépendance de la raison humaine vis-à-vis de Dieu et sa capacité à résoudre seule toutes les questions qui intéressent la conduite des hommes, le laïcisme prend le contre-pied du catholicisme qui affirme au contraire que l'Évangile doit pénétrer la vie entière des chrétiens: publique, professionnelle, privée.

Le Père Mateo propose de mener le combat sur le terrain choisi par l'adversaire. Il faut prendre en main la formation intellectuelle des étudiants, fonder une Université catholique et en premier lieu une Faculté de Droit où de vrais catholiques appuieront solidement leur enseignement sur les principes du Droit, fondés sur les droits de Dieu et les devoirs de la conscience chrétienne. « Ce sera, il ne craint pas le mot, un centre de combat où l'on formera un groupe résolu et solidement catholique d'avocats, qui deviendront des hommes d'influence dans un avenir proche » (rapport de 1905).

Il se met aussitôt en campagne. Il connaît une pieuse veuve, dont la générosité égale la richesse. Elle a fondé divers établissements charitables : écoles, orphelinats, dispensaires et les soutient de ses deniers. Le Père lui fait part de ses projets, lui en explique l'importance, l'urgence même, plaide chaleureusement la cause de la Faculté de Droit, lui demande son aide financière. L'accueil est des plus froids. L'excellente dame a ses œuvres, ses misères à soulager. Bien plus elle croirait manquer à ses pauvres, si elle distrayait quoi que ce soit de ses largesses pour une école dont elle ne comprend pas la nécessité et qui de plus ne serait fréquentée que par des fils de familles aisées, sinon riches.

Peu après une grève éclatait à Valparaiso. Des milliers de grévistes forçant les barrages de la police se lançaient à l'assaut des ateliers et des demeures, brisant, saccageant tout sur leur passage. La somptueuse résidence de Madame Ross de Edwards n'était pas épargnée. Une grêle de pierres faisait voler en éclats vitres, glaces, bibelots.

Le Père Mateo paie d'audace. Le lendemain il est chez elle.

– Rendez grâce à Dieu, Père, que je sois encore vivante.

– Rendez plutôt grâce à Dieu de vous avoir, avec ces vitres brisées, opérée de la cataracte, réplique-t-il non sans cruauté. Vous comprendrez maintenant, j'espère, la nécessité de donner une formation chrétienne aux futurs conducteurs du peuple. Au nom du Sacré-Cœur je vous conjure de nous aider à élever notre Cours de Droit.

Femme de cœur, Madame Ross de Edwards était aussi une chrétienne au caractère fortement trempé. Elle comprit la rude leçon et ne tint pas rigueur au jeune prêtre de sa brutale franchise. Elle fit élever, aux lieu et place de la vétuste bâtisse qui bordait l'église des Sacrés-Cœurs, les superbes bâtiments des *Cours des Lois*, que complétait une généreuse dotation destinée à assurer le traitement des maîtres et le fonctionnement des services.

Le Père Mateo se révèle en ces circonstances tel qu'il sera par la suite : sûreté du coup d'œil, audace intrépide, magnétisme conquérant, vues surnaturelles. Rien ne l'arrête : ni la hardiesse de l'entreprise, ni sa jeunesse. À 28 ans fonder une Université sans autre appui que ceux qu'il doit se découvrir aurait paru à tout autre une folie. Le P. Löhr avait tenté l'aventure en 1894, mais une forte opposition l'avait obligé à y renoncer dès l'année suivante. Le Père Mateo reprend la fondation à pied d'œuvre en 1903. Il commence modestement dans les locaux que met à sa disposition le collège où il continue à donner des leçons d'anglais. L'année suivante le chiffre des étudiants atteint la quarantaine. Sous peu ils seront une centaine, répartis sur cinq ans conformément au programme officiel, avec seize professeurs. Il est allé au plus pressé : il a ouvert un *Cours de Droit*, qui dans sa pensée n'est que l'embryon d'une future Faculté et d'une Université. La fondation ne va pas sans tâtonnements et sans à-coups. Dès le début toutefois la ligne à suivre est nettement tracée. Il a voulu d'abord fonder une école supérieure préparant à la profession d'avocat et aux examens qui y donnent accès. Son originalité a été d'y joindre, chose nouvelle alors, des exercices pratiques : les Académies et le Centre Social offrent aux étudiants l'occasion de prendre la parole en public. Mais surtout il a ouvert un foyer de culture religieuse. Il a été bien spécifié que « l'enseignement y serait donné en parfait accord avec les immuables principes du droit divin et de la morale catholique ». Des conférences fréquentes présentent en outre les grands problèmes de l'heure à la lumière des encycliques et des penseurs chrétiens. Le Père Mateo assume la charge de recteur et enseigne le droit naturel. Que valent son enseignement et sa direction ? Certes il n'a pas d'autre formation juridique que celle assez rudimentaire qu'il a reçue au scolasticat. Il y suppléera par un travail acharné qu'aidera une rare faculté d'assimilation. Il s'arrête surtout aux grands principes directeurs. Il faut croire que son enseignement n'était pas dépourvu de valeur, car quelques années plus tard il éblouira à la lettre les étudiants et les professeurs de l'université naissante de Milan, et le P. Gemelli, son fondateur, le chargera de la délicate mission de faire comprendre au grand public italien la nécessité et le bienfait d'une Université catholique.

« Il jouit de la confiance absolue des maîtres et des élèves, affirme son provincial (25 novembre 1904). On pourrait presque l'appeler l'apôtre de Valparaiso pour la haute classe de la société. Je fais ce que je peux pour lui conserver ses sentiments de simplicité religieuse ».

Le tremblement de terre

Il n'y a pas de fondation solide dans les œuvres de Dieu, qui ne repose sur la croix.

Mince ruban de terre coincé entre l'océan Pacifique et la Cordillère des Andes, le Chili peut se comparer à une route taillée dans une falaise : il en a la fragilité. Les tremblements de terre sont fréquents, parfois terrifiants. Le 16 août 1906, vers les huit heures du soir, la communauté prend sa récréation accoutumée dans le jardin du couvent. Soudain une violente secousse ébranle le sol et donne l'éveil. Les gens quittent en hâte leur maison et se massent au milieu de la chaussée. Les secousses se succèdent et augmentent de violence. La terre s'entrouvre. Les maisons s'effrondrent. L'enveloppe terrestre semble se soulever comme les vagues de l'Océan. Des rangées entières de maisons s'abattent comme des châteaux de cartes. Des éclairs sillonnent le ciel. Puis tout à coup la ville est plongée dans l'obscurité. Les canalisations de gaz ont sauté, les lignes de force sont coupées. Des lueurs rouges s'élèvent en direction du port. Des incendies se déclarent dans le quartier des affaires. On n'entend partout que des cris déchirants, des clameurs qui montent vers le ciel demandant pardon et miséricorde. Les secousses sismiques n'ont duré que quelques minutes et déjà Valparaiso n'est plus qu'un monceau de ruines.

La tour de l'église des Sacrés-Cœurs s'est effondrée et de sa masse a écrasé le *Cours des Lois*. L'étage supérieur a disparu, le premier a perdu sa façade et offre à l'œil ses ouvertures béantes, le rez-de-chaussée montre des murs lézardés, des plafonds crevés. Des bâtiments flambant neufs, brillamment inaugurés six mois plus tôt, il ne reste plus qu'un amas de décombres. Mais le temps n'est pas aux regrets, il faut agir.

« La terre encore tremblante, (ces détails comme les précédents sont empruntés aux journaux du temps), sautant pardessus les ruines, à la sinistre lueur des incendies, le Père Mateo encourage les habitants terrorisés qui, à la parole éloquente de ce jeune prêtre, reprennent courage. Impossible d'expliquer autrement comment, au milieu de cette mer d'amertume et de douleur, on entend des exclamations au Sacré-Cœur ».

Seuls ou presque de la ville le couvent et le collège ont été épargnés. Le Supérieur, le P. Castro, a tenté de sauver sa vieille mère : elle est morte dans ses bras. Surmontant sa douleur, il ouvre sa maison aux sinistrés. On en compte bientôt 1400. Les frères creusent une tranchée dans le jardin, y jettent du bois, y placent les marmites, et pommes de terre, haricots, viandes, volailles mijotent pêle-mêle. Dans son désarroi, un cuisinier bénévole y mit deux poules sans les plumer, racontera plus tard le P. Mateo qui prend à charge le ravitaillement de cette multitude. Un comité péruvien de secours se forme, un comité anglais, d'autres encore : il s'en fait l'animateur. « Il est infatigable pour quêter. Sa charité s'étend à tous. On compte par milliers les personnes qui ont recours à lui ». Mais voici le témoignage le plus significatif, emprunté à la *Union* du 18 novembre 1906. Il existait une tension entre le Chili et le Pérou. « Le courant de franche sympathie et de reconnaissance qui depuis quelque temps se manifeste au Chili pour le Pérou est dû en grande partie au Père Mateo. Impossible de ne pas estimer hautement la patrie d'un ami aussi cher ».

Une double consolation lui était réservée au milieu de cette épreuve. De sa chambre il n'était resté qu'un pan de mur, celui auquel était attaché le Sacré-Cœur de Garcia Moreno. Escaladant les ruines, non sans péril, le frère Pascual sauvait la précieuse relique et la lui remettait toute couverte de platras, mais intacte. Le Sacré-Cœur ne fait pas les choses à moitié. Son insigne bienfaitrice, Madame Ross de Edwards lui promettait de reconstruire à nouveau le *Cours des Lois*.

À son insu une page de sa vie était tournée : ce tableau du Sacré-Cœur miraculeusement préservé de la destruction allait orienter désormais son apostolat dans une toute autre direction.

Un beau voyage

Le Père Mateo avait été un enfant chétif, délicat. Il était sujet aux bronchites et avait longtemps souffert d'une laryngite persistante. « Si Notre-Seigneur veut faire de toi un prêtre et un prédicateur, lui disait sa mère, il sera obligé de faire un miracle, car dans ton état actuel tu ferais un prêtre muet ou presque ; et il le fera », ajoutait-elle avec confiance. Ses notes de séminaire le signalent « de santé délicate ». Par deux fois ses supérieurs l'envoient soigner ses bronches en haute montagne.

Pendant ses huit premières années de sacerdoce, il ne s'est pas ménagé. Comment a-t-il pu mener à bien sa double fondation du Centre Social et du *Cours des Lois*, sans abandonner pour autant le professorat, la prédication, la visite des Centres de l'Association ? Il fallait qu'il fût d'une rare résistance et d'une énergie peu commune. Parfois cependant la nature demande grâce, et, après les épuisantes veillées nocturnes en compagnie des jeunes, il prolonge son repos le matin. Le Père Prat chargé de la visite canonique des Maisons du Chili lui rappelle la Règle qui prescrit le lever à 4 heures et demie et note dans son rapport : « peu régulier ». C'est la seule note discordante de cette époque, qu'expliquent aussi bien la santé de fer du visiteur que son ignorance des exigences de l'apostolat de la jeunesse étudiante ou ouvrière d'une grande ville. Ce jugement sévère fait toutefois pressentir le drame.

Le tremblement de terre a surmené le Père. Accosté jour et nuit par les sinistrés, s'astreignant pour eux à de multiples démarches sans prendre même le temps de manger et de dormir, il est arrivé « à un épuisement total. Il est sans réaction et tombe dans un état de prostration qui le maintient dans la quasi impossibilité de penser, de parler et même de dire la messe ». Le diagnostic des docteurs est formel : tout travail lui est interdit pendant un an.

Pour le sauver, le P. Auguste, redevenu provincial, n'hésite pas à l'envoyer en Europe pour un long voyage d'agrément et d'information, que toujours généreuse et délicate, Madame Ross de Edwards s'offre de prendre à sa charge. L'itinéraire comprend la France, l'Angleterre, la Belgique, la Hollande, l'Allemagne, l'Autriche-Hongrie, la Suisse, l'Italie, l'Espagne, la Palestine et en Amérique l'Argentine à l'aller, les États-Unis et le Pérou au retour. À une époque où même les missionnaires perdus dans la brousse ne reviennent en Europe qu'au bout de quinze ou vingt ans, un tel circuit est une faveur inouïe. Craignant sans doute qu'on le taxe de faiblesse, le provincial s'en explique, s'en défend plutôt auprès du Supérieur général. Le Père est surmené, épuisé, frappé de neurasthénie. Les docteurs ont prescrit le voyage. Le conseil l'a approuvé. Un élève de l'École de Droit l'accompagnera.

Mission d'Église

C'est trop peu dire que ce voyage l'a marqué profondément, il fut le tournant décisif de sa vie : le Père Mateo y reçut sa mission d'Église.

Le prétexte officiel en était une enquête à mener sur l'organisation de l'enseignement supérieur catholique et sur les diverses œuvres sociales créées en faveur des jeunes. Le but réel était la guérison et la récupération d'un malade dont on connaissait le zèle et le dynamisme. Le Père Mateo laissait dire et faire : il avait son plan personnel secret. Il voulait d'abord exposer à cœur ouvert à son Supérieur général résidant à Braine-le-Comte en Belgique ses vues sur l'apostolat que pourrait exercer au Chili la Congrégation des Sacrés-Cœurs. Il comptait ensuite obtenir du Pape à Rome l'approbation et la bénédiction de ses projets. Il tenait plus encore peut-être à faire le pèlerinage de Paray-le-Monial et prier au sanctuaire où le Sacré-Cœur s'était révélé à Marguerite-Marie. Sans doute mettait-il quelque lien entre ces trois visites, Braine, Rome, Paray. Ce n'est cependant que plus tard, à la lumière des premières réalisations et plus encore devant l'évidence d'un succès qui dépassait sa pauvre personne, qu'il y verra comme les trois étapes d'un itinéraire spirituel où la Providence le menait par la main.

La chronologie de ce voyage est assez difficile à établir. Le Père Mateo est un Américain du Sud pour qui les frontières de nos petits États européens ne comptent guère. Son itinéraire est fantaisiste : il fait deux séjours en Italie, trois en France, deux en Belgique. D'où la difficulté qu'on rencontre notamment à fixer sa mémorable audience de Pie X. Les documents de l'époque sont rares et obscurs. Ceux de sa vieillesse sont sujets à caution quant aux dates. Il ne reste que les improvisations colorées et dramatiques de ses discours pris au vol et qui visent plus à convaincre ses auditeurs de vivre leur christianisme que de fournir des informations aux historiens. Publiés du reste à son insu, ces récits se colportent sur son passage et créent autour de lui une sorte d'auréole mystérieuse qui sert trop son apostolat pour qu'il s'attarde à les rectifier ou les démentir. Tout orateur est magicien. Le principal est qu'il plaise et soit suivi sans trahir la vérité. Or la vérité pour lui n'est pas tel ou tel événement de sa vie personnelle, mais l'Évangile, la seule réalité.

Les faits essentiels sont cependant hors de doute. À la maison mère de Braine-le-Comte où il a passé une quinzaine, son Supérieur général a pleinement approuvé l'action qu'il compte mener non plus seulement auprès des jeunes, mais auprès des familles, dont il a pu mesurer à quel point elles peuvent favoriser ou combattre l'influence du prêtre.

À Rome il a été reçu par le Pape Pie X au moins une fois en audience privée et à trois reprises par son secrétaire d'État, le Cardinal Merry del Val, ainsi que par le Cardinal Vives y Tuto. Il a dû repenser son œuvre, en préciser le but et les méthodes. Il a mieux saisi l'importance de premier plan que revêt la famille pour toute évangélisation profonde et durable, comme aussi l'affinité naturelle qui existe entre la famille et la dévotion au Sacré-Cœur, toutes deux fondées sur l'amour. Les consignes du Pape : « Sauver la famille, c'est sauver la société. C'est une œuvre de salut social que vous entreprenez-là, consacrez-y votre vie », ont retenti profondément dans son cœur et donné une dimension nouvelle à l'œuvre qu'il entrevoit.

Mais c'est à Paray-le-Monial que s'est faite la pleine lumière. Les éléments épars jusque-là dans ses essais, ses projets, les consignes reçues, il les voit pour la première fois réunis comme un faisceau. Il perçoit désormais clairement le but à atteindre : promouvoir le règne social du Sacré-Cœur ; le moyen : conquérir les familles une par une en intronisant à demeure le Sacré-Cœur en chacune d'elles et en leur apprenant à vivre en convivance avec le Christ. Les dimensions ne sont plus celles d'un groupe, d'un milieu, mais embrassent le monde entier. Il a la certitude d'en avoir reçu la mission explicite de Jésus lui-même. Il en tient la preuve dans sa guérison.

Avant de quitter Paray, il fait placer sur la porte d'entrée de la chapelle des Apparitions un ex-voto de marbre rouge sur lequel il a fait graver deux inscriptions l'une en latin, l'autre en espagnol :

« Voici le sanctuaire du divin amour, voici la source inépuisable de la vie. Il nous a suffi de venir une fois vers le Cœur très doux de Jésus pour dire qu'il fait bon vivre ici. »

« Voici la porte mystérieuse par où l'on parvient au paradis de ton Cœur de Roi, de Frère, d'Ami, ô très doux Jésus. Dans le ciel Tu as déjà inscrit nos noms en caractères indélébiles. Fais que, cachés dans cette blessure intime, nous Te soyons unis éternellement en vie de sainteté, en soif de gloire, en amour de réparation. 1er septembre 1907 ».

Le voyage de Palestine qui suit l'illumination de Paray n'est pas un hors-d'œuvre, une simple détente, dans sa carrière. Il se propose de faire vivre la famille selon l'esprit de l'Évangile, de transformer les foyers en autant de Nazareth et de Béthanie. Il veut que sa prédication soit avant tout évangélique, qu'elle prenne son inspiration et sa forme, non dans les livres de dogme, si bien faits soient-ils et qu'il étudie, mais directement dans l'Évangile. Or rien ne prépare mieux à comprendre le livre sacré qu'un séjour en Palestine. Désormais les mots Calvaire, Thabor, Sinaï, Nazareth, Bethléem auront sur ses lèvres une saveur particulière, non seulement parce qu'il aura approfondi le contenu, mais parce qu'il en aura gravé l'image enchanteresse dans ses yeux.

Tâtonnements

Une question se pose. Comment concilier les affirmations constantes du Père Mateo que l'Intronisation est née à Paray le 24 août 1907, avec d'autres affirmations non moins solidement établies que l'Intronisation existait bien avant cette date ?

En février 1907, au moment de son départ de Valparaiso, un de ses collaborateurs laïques lui exprime « ses regrets et plus encore ceux de ces foyers où le Père était reçu avec des explosions de joie comme le plus aimé de la famille, où même les enfants essayaient de balbutier avec tendresse le nom du conseiller de leurs parents, du consolateur de leurs peines ». Le 17 juin, soit deux mois avant Paray, il écrit en effet à son Supérieur général qu'il a composé au Chili un tout petit cérémonial. Ce cérémonial, il l'a présenté à Pie X qui, toujours selon ses dires, l'a légèrement retouché et l'a approuvé.

Ainsi son apostolat était-il déjà orienté depuis quelque temps vers la famille et déjà axé sur le Sacré-Cœur, comme en fait foi ce récit du tremblement de terre qu'il a inséré dans *Jésus, Roi d'Amour* (p. 50) :

« La terre tremblait encore, le ciel était rouge comme la colère de Dieu, les incendies dévoraient les ruines des quartiers entiers. J'arrive à cette heure pathétique en face d'une maison toute en ruines. Dans la rue, à genoux par terre, la famille. "Père, me dit la femme me reconnaissant à la lueur des flammes, voyez ce qui reste de la maison, rien. Mais je me sens dans une telle paix, un tel courage, que j'oserais même à cette heure chanter le *Magnificat*. Vous l'avez dit le jour de l'Intronisation : tout passe un jour, tout, excepté Béthanie et Jésus de Béthanie. Oui, il nous reste, Lui et en Lui notre paix, que rien ni personne ne pourra nous ravir" ».

Mais tout cela n'était encore qu'une ébauche de son œuvre future. Simple religieux attaché à la Maison de Valparaiso, tenu à la résidence, astreint à un dur labeur de professeur, de directeur, de prédicateur, le Père n'était libre ni de son temps ni de sa personne. L'Intronisation ne pouvait être qu'un moyen d'atteindre le cercle restreint des familles dont il avait pris la responsabilité. L'idée même ne pouvait l'effleurer de lancer de l'Amérique du Sud une croisade de portée mondiale, destinée à grouper toutes les familles de la Chrétienté dans le but avoué d'établir la royauté du Christ sur la société tout entière.

L'action divine se superpose à la nature, mais ne la détruit pas. L'œuvre soudainement éclose à Paray avait, comme toutes les entreprises, été précédée d'une longue gestation.

Le Père Mateo était attendu avec impatience à Valparaiso. L'année scolaire était commencée, on manquait de personnel et sa longue absence s'était fait cruellement sentir. Dans ces conditions on l'imagine mal invoquant une mission reçue du ciel pour se soustraire à la tâche commune, abandonner des œuvres à peine mises sur pied et se lancer dans une direction nouvelle. Ses supérieurs et ses confrères auraient douté de sa guérison et de son équilibre.

Plus encore que les autres il avait à se convaincre lui-même. Comme il le dit dans son *Mémoire* déjà cité, « il gardera pendant plusieurs années le doute de quelqu'un qui a cru rêver. Ce fut seulement quelques années plus tard que le succès surnaturel de l'œuvre, le surprenant lui-même le premier, vint lui prouver que la réalité des grâces était encore plus grande que tout ce qu'il avait pu imaginer ». Le charisme qui accompagnait sa mission, c'est-à-dire le don de toucher les cœurs les plus endurcis, n'apparaîtrait que dans l'action. Et puisque sa guérison était le signe de sa mission, ne devait-il pas mettre à l'épreuve ses nouvelles forces ?

Il reprit donc ses occupations premières : classes d'anglais, cours de Droit, fonction de recteur de faculté et d'animateur du Centre Social. Chacun vantait l'ambiance familiale qu'il avait su établir. Mais quelques-uns reprochaient à la nouvelle École de Droit un certain laisser-aller : la ponctualité faisait défaut chez les maîtres et l'assiduité chez les élèves. Aussi lui donna-t-on un second qui, en même temps qu'un chef à poigne, était un savant de premier ordre. Élève de l'école biblique de Jérusalem, le P. Calmes avait publié à 35 ans un commentaire sur saint Jean, qui faisait autorité. Soupçonné de modernisme, il s'était vu contraint, malgré la caution des Pères Lagrange et de Grandmaison, à renoncer à ses chères études et à accepter une chaire de Droit. Le P. Calmes se donna entièrement à sa nouvelle tâche. Son enseignement marqua profondément les élèves. Le Père Mateo se félicitait d'avoir trouvé l'homme capable de dépasser le stade d'une école professionnelle pour créer et animer un vrai foyer de culture supérieure. À nouveau les soupçons de modernisme réduisirent le P. Calmes au silence. Le P. Mateo, qui lui faisait confiance et profitait de sa science biblique, fut atterré. Mais il n'éleva pas une plainte contre cette décision. Dans ses *Mémoires* il trace du P. Castro, l'auteur de cet ostracisme, ce portrait :

« Ce fut une tête et un caractère. Il lui manqua une certaine souplesse, revers de la médaille de sa qualité dominante, la fermeté. Il fut toujours droit et sincère ».

Les prédications l'absorbaient de plus en plus : « Jamais au-dessous de six fois par semaine et souvent jusqu'à cinq fois par jour », dit son provincial. Et cependant il les préparait soigneusement. On possède de nombreux manuscrits de cette époque : quarante conférences aux hommes avec 618 pages de texte, trente-deux conférences et cinq retraites aux dames et jeunes filles, deux retraites à ses confrères dont l'une de 781 pages de texte, etc.

Il inaugurait la prédication de l'Heure Sainte. « Ce genre tout nouveau de prière publique, en même temps que de prédication indirecte, reçut un accueil chaleureux ». On en sollicita la publication. Il le fera en 1914 sous le titre : *Douze exercices pour l'Heure Sainte,* et il pourra affirmer dans l'édition anglaise, car elles seront éditées en dix langues, « qu'il les pria une centaine de fois avant d'essayer de confier au papier ces vibrations de son âme ». L'archiconfrérie de l'Heure-Sainte, affiliée à Paray-le-Monial, fut érigée dans l'église des Sacrés-Cœurs et il en fut nommé directeur.

V.

1908-1915

Au berceau de l'Intronisation

Au milieu de cette dévorante activité, le Père Mateo n'a pas perdu de vue sa mission. Dès le mois d'août 1908, cinq mois après son retour, paraît une petite brochure qu'il intitule prudemment *Consécration solennelle*. Il n'ose pas encore mettre le mot Intronisation dans le titre, mais il le glisse dans le texte. Avant deux ans, le mot aura acquis droit de cité dans l'Église.

Au mois d'octobre il fait l'Intronisation solennelle dans la demeure de l'insigne bienfaitrice, à qui il doit et la construction du *Cours des Lois* et le voyage de Paray-le-Monial. Pour cette première cérémonie il se sert du tableau de Garcia Moreno, qui deviendra sous peu comme le drapeau de sa croisade. Le Père n'a pas été sans remarquer l'impression profonde qu'elle a produite, aussi se décide-t-il à renouveler ce geste dans quelques familles de ses collaborateurs.

Il fonde bientôt le premier secrétariat et en recrute les membres parmi les dames et les jeunes filles de l'Association Extérieure des Sacrés-Cœurs, dont il a déjà utilisé l'appui dans ses précédentes fondations. Il ne les cantonne pas dans la seule distribution de brochures, de tracts, d'images ni dans la recherche des adhésions. Il leur demande d'expliquer en quoi consiste l'intronisation, de convaincre les familles de la faire, de les préparer à la cérémonie. À l'apostolat direct il les engage à joindre celui de la correspondance. Talonnées par leur directeur qui paie d'exemple et abat à lui seul un courrier énorme, elles rivalisent d'ardeur pour propager l'œuvre nouvelle, saisissant toutes les occasions, utilisant leurs relations personnelles, notamment le réseau de l'Association qui s'étend sur tout le pays et plusieurs États voisins.

C'était une chose toute nouvelle alors de confier à des laïques et surtout à des femmes des tâches proprement d'Église. Qu'on mesure l'audace de ce jeune prêtre qui proclame que l'homme n'est pas seulement créé pour connaître, aimer et servir Dieu, mais aussi pour le faire connaître, aimer et servir. C'est poussé par la nécessité qu'il devance son temps, mais aussi poussé par l'esprit de Dieu. En même temps qu'il fonde une œuvre nouvelle, il forge un instrument nouveau, le secrétariat, ancêtre de l'Action Catholique.

Des familles, l'Intronisation s'étend aux communautés religieuses, aux collèges, aux hôpitaux. Elle est assez répandue pour que l'année suivante deux journaux, *El Chileno* et *La Union* intronisent le Sacré-Cœur dans leurs bureaux.

L'Intronisation faite au début de 1909 chez sa maman, qui depuis la mort de son mari s'est retirée au pays natal, à Arequipa, n'est pas un intermède. L'œuvre nouvelle n'est pas restée longtemps confinée à Valparaiso. En même temps que des familles elle s'est étendue aux groupements, elle passe du plan local au plan régional, national, voire international.

Il a l'ingénieuse idée d'envoyer sa brochure aux curés, et pour lui donner plus de poids il veut l'accompagner d'une lettre personnelle, écrite à la main. Il compose un modèle et le confie au secrétariat. Celui-ci est bientôt sur les dents, car il apporte une seconde lettre pour les directeurs de revues et de journaux, une autre encore pour les Évêques d'Amérique, en attendant, annonce-t-il, de s'adresser à ceux du monde entier.

Il sent la nécessité d'un organe qui insufflera la flamme apostolique, entretiendra la ferveur, donnera directives et nouvelles. Il ne va pas chercher loin. Ses confrères, les Pères des Sacrés-Cœurs ont lancé au début de 1910 une revue mensuelle : *El Primer Viernes* (Le Premier Vendredi) destinée à leurs associées. L'année ne s'écoule pas qu'elle est devenue également l'organe de l'Intronisation. Il ne tarde pas à s'y tailler la part du lion : de 8 au début, ses articles se chiffrent à 33 en 1912, à 50 en 1913.

Le Père Mateo est là tout entier. Il se fera parfois taxer plus tard d'accapareur. Il fait mieux, il absorbe. Cela naturellement, sans calcul, à plus forte raison sans dessein d'écraser, comme une force de la nature, comme un fleuve absorbe et boit les rivières qu'il rencontre en chemin. Il lui suffit simplement d'écrire beaucoup, non seulement sur son œuvre, mais aussi pour les autres sur les sujets qu'on lui propose. Les directeurs, toujours en mal de copie, acceptent avec reconnaissance sa collaboration et s'aperçoivent un peu tard qu'il les a éclipsés. En revanche, donnant vie et rayonnement à tout ce qu'il touche, il leur apporte le succès.

Rien ne vaut cependant le contact personnel, l'action directe. Il entreprend une tournée de prédication à Santiago, la capitale, où il établit un second secrétariat, et un autre à Concepción, troisième ville en importance au Chili. Il visite aussi les localités de moindre importance.

Il ouvre en 1911 la longue série de ses circulaires annuelles aux familles. Il dresse le bilan des trois premières années. Il estime, d'après les rapports reçus, à 120 000 le nombre des Intronisations effectuées. L'œuvre a pénétré dans la plupart des nations d'Amérique du Sud, ainsi qu'aux États-Unis, en Palestine, à Constantinople. Et déjà elle se signale par ce qui sera sa grâce propre : les conversions.

« Amiral, mettez-vous à genoux »

Celle de l'amiral Latorre ne fut pas l'une des moins retentissantes. L'amiral était regardé par les Chiliens comme une gloire nationale, depuis la mémorable défaite qu'il avait infligée au Pérou, lors de la guerre du Pacifique. Il avait accepté par condescendance pour les siens, excellents chrétiens, qu'on fît l'Intronisation chez lui. Et depuis ce jour le Père était devenu l'ami du foyer. Après avoir longuement prié et fait prier, il résolut de prendre d'assaut cette âme. Presque d'entrée il porte droit au cœur le premier coup.

– Savez-vous, amiral, pourquoi je suis venu chez vous ?

– Pour me faire le plaisir de vous voir, j'imagine, et vous reposer chez moi, chez vous.

– Non, c'est une affaire autrement importante qui m'amène aujourd'hui. Je viens, décidé à vous donner l'absolution.

– L'absolution ? Je ne comprends pas.

– Oui, l'absolution, comme vous l'entendez, après vous avoir naturellement confessé.

– Alors, c'est une déclaration de guerre au nom du ciel ?

Et l'amiral de rire de bon cœur.

– Oui, au nom du ciel, amiral. Regardez ce tableau de l'Intronisation. C'est votre Roi et le mien. Le Législateur des grands et des petits, des amiraux et des matelots. C'est le Roi de votre femme et tous ici à votre foyer l'adorent à genoux, vivent de leur foi, observent ses lois, tous… excepté vous.

Au nom de son Cœur qui vous aime et qui m'envoie vers vous pour vous offrir sa miséricorde, laissez-vous vaincre par son Cœur.

L'amiral ne riait plus.

– Je verrai, j'y penserai peut-être un jour. C'est une chose qui demande réflexion.

– Et si la mort venait ce soir, lui diriez-vous de repasser, parce qu'aujourd'hui vous avez besoin de réfléchir ? Mais ce n'est pas la mort en ce moment, c'est la vie, c'est Jésus qui frappe.

Ce grand soldat était pâle, ému, silencieux.

– Amiral, laissez-vous vaincre par celui qui vous aime. Soyez un soldat courageux, mettez-vous à genoux.

Sa conversion fut exemplaire.

– C'est la revanche du Pérou sur le Chili, aimait à lui dire le Père.

« Un an après, l'amiral mourait entre ses bras ; depuis sa conversion il communiait tous les mois », confirme le provincial qui ajoute : « Les grands vicaires, les curés, les religieux demandent avec instance au Père de prêcher dans leurs églises ». Aussi obtient-il sans difficulté, en vue des démarches qu'il projette, une approbation écrite de l'archevêque de Santiago, attestant les heureux résultats de cette pieuse pratique et la recommandant à son vaste diocèse. (Le Chili ne possédait alors que quatre évêchés contre vingt actuellement et Valparaiso dépendait de Santiago).

« La résurrection d'un cimetière »

Le Père Mateo cherche dès cette époque à gagner l'Europe. Mais il n'ignore pas le handicap qui frappe toute initiative apostolique venant de l'Amérique du Sud. L'Europe consent volontiers à guider spirituellement ces nations qu'elle a aidé à créer : quant à recevoir d'elles l'impulsion, c'est une autre affaire. Il ne pourra rien, il s'en rend compte, sans une approbation écrite de Rome. Il forme donc un dossier comprenant, avec la lettre de l'archevêque de Santiago, les réponses reçues des autres évêques et il les confie à l'ambassadeur du Chili auprès du Saint-Siège avec cette supplique : « L'œuvre de l'Intronisation du Sacré-Cœur, dont le but est de consacrer solennellement à ce divin Cœur les familles, les maisons religieuses et toutes les œuvres catholiques, implore humblement une bénédiction spéciale qui encourage les prêtres dans cet apostolat et le rende fécond en grâces de sanctification ». Sa demande est exaucée le 10 mars 1911.

Entre-temps il a mis au point son plan de campagne. Il a fait traduire et imprimer le cérémonial en six langues : français, anglais, allemand, italien, portugais, arabe. Les lettres explicatives qui doivent l'accompagner sont aussi traduites, mais il tient à ce qu'elles soient écrites à la main. C'est alors qu'il a l'idée audacieuse de s'adjoindre pour collaboratrices les fillettes de son association d'enfants, qu'il a mises à contribution. Ce n'est pas un mince travail pour elles. Ne connaissant pas ces langues, elles doivent pour ainsi dire dessiner le modèle lettre par lettre. L'une d'entre elles est à ce point gagnée à cet apostolat qu'à force d'instance elle obtient de ses parents de se lever la nuit pour copier ses lettres à genoux. Quelle ne sera pas sa surprise de recevoir un jour une réponse adressée à la marquise de..., l'évêque missionnaire de Tokyo ayant sans doute pensé que seule une grande dame pouvait à Valparaiso manier aussi bien le français ?

On possède de cette époque un témoignage d'autant plus précieux qu'il provient d'un de ses anciens maîtres, qui ne cache pas les préventions qu'il a nourries d'abord contre l'œuvre et son jeune fondateur. « Ses raisonnements de pessimiste et ses craintes d'homme prévoyant reçoivent tous les jours un démenti formel des événements. Là où il ne voyait que l'œuvre éphémère d'un rêve pieux et d'un enthousiasme exagéré, il trouve une œuvre solide et prospère, dont les résultats étonnants sont proclamés de tous côtés par les témoins les plus autorisés. Ce que l'on constate avant tout, c'est le souffle puissant de foi et de prière qui passe sur les âmes. Les foyers consacrés deviennent bientôt des centres multiples d'édification et d'apostolat fécond. Avec quelle docilité les clauses (installation de l'image dans la pièce-principale et à la place d'honneur, renouvellement périodique de la consécration) sont acceptées et avec quelle exactitude elles sont remplies dans l'immense majorité des familles ! Quelle persévérance dans la piété et quelle poussée chaque jour plus forte vers l'Eucharistie ». (P. Rigal, 23 avril 1913).

Prenant acte du renouveau chrétien et pastoral qu'ils voient naître sous leurs yeux, les évêques du Chili dans une pastorale collective d'avril 1913 recommandent chaudement l'Intronisation au zèle du clergé et adressent au Saint-Siège une demande d'indulgences.

Le Père Mateo estime qu'à cette date le nombre des familles intronisantes, c'est le mot qu'il emploie, monte à 400000.

Son frère aîné Charles étant mort à Arequipa et sa mère restant seule avec trois jeunes filles, il courut la chercher et la ramena avec lui à Valparaiso. Il profita de ce court séjour au pays natal pour y prêcher l'Intronisation. Il fit même traduire le cérémonial en quetchua, la langue des Indiens du Pérou.

La renommée de son éloquence et de son charisme avait franchi les frontières. On le réclamait dans les pays voisins. C'était aussi son plus cher désir. Il obtint facilement de ses supérieurs d'y consacrer le temps des grandes vacances. Mais soucieux de ne rien entreprendre sans l'appui de la hiérarchie (c'est déjà chez lui un principe auquel il ne dérogera jamais), il demande un mot d'encouragement à l'archevêque de Santiago. Il ne pouvait le souhaiter plus élogieux. L'archevêque le félicitait de vouloir répandre dans les Républiques sœurs « la pratique qui au Chili l'avait tant consolé par ses conversions extraordinaires, par la sanctification d'innombrables familles attirées à la piété, et par la vigoureuse résurrection d'une sincère foi catholique, qui caractérise en ce moment la société chilienne ». Le prélat ajoutait qu'il lui avait été souvent donné d'expérimenter par lui-même l'action salvatrice du Sacré-Cœur. « Il avait vu, convertis et transformés, des foyers que seul un miracle du ciel pouvait sanctifier ». Conversions extraordinaires, sanctification des familles, résurrection de la foi, miracles de la grâce : l'Intronisation, encore à son aurore, était exactement définie.

Muni de ce passeport délivré par la hiérarchie, le Père Mateo entreprenait le 19 décembre 1913 une tournée de trois semaines en Uruguay. Cette première course apostolique en dehors de son pays serait aussi l'une des plus marquantes. Il l'avait soigneusement préparée. On a encore le manuscrit de 90 pages du triduum d'ouverture à la cathédrale de Montevideo, comme aussi l'Heure Sainte qui clôtura son séjour et qu'il insérera dans son recueil. « Avec ces acclamations ardentes, reconnaissantes, suppliantes d'une foule débordante, écrit-il dans son compte-rendu, il serait étrange que les Lazares restent inertes dans leurs tombeaux ». De fait les diverses relations signalent surtout les nombreuses conversions : quatre-vingts, dit l'une d'elles. L'archevêque parle de « résurrection de tout un cimetière ».

La ligue des Dames prit en charge le nouveau secrétariat et se crut autorisée devant les résultats obtenus à envoyer un rapport au Cardinal Merry del Val. Les hommes surtout semblent avoir été marqués. Il se constituera même un groupe qui décida de célébrer chaque année l'anniversaire de cette rencontre. Vingt-cinq ans après la promesse était fidèlement tenue.

Il s'arrêtait au retour dans la capitale de l'Argentine. Ne disposant que d'une douzaine de jours avant la rentrée scolaire fixée à la mi-février, il pouvait seulement amorcer à Buenos-Aires la tournée qu'il comptait reprendre en septembre. Pouvait-il se douter qu'à cette époque il serait en Europe ?

Les multiples lettres et brochures expédiées de Valparaiso, au prix d'un labeur parfois héroïque, n'étaient pas restées sans récompense. En Espagne où jouait la similitude de la langue et de la piété, des articles sur l'Intronisation avaient paru dans un grand journal de Madrid *El Universo* et dans plusieurs journaux et revues. Des évêques l'avaient recommandée dans leurs pastorales, tels ceux de Barcelone, Grenade, Majorque. Un secrétariat central avait été constitué à Madrid. L'Intronisation avait été faite au Palais Royal.

Le Père Prat, qui avait autrefois jugé sévèrement le Père Mateo, était revenu de ses préventions. Devenu Supérieur général il avait encouragé la revue officielle de la Congrégation à consacrer un numéro entier, celui de juin, à l'œuvre. Il l'avait fait éditer en brochure que Pères et Sœurs des Sacrés-Cœurs avaient diffusée largement tant en Belgique qu'en France. François Veuillot s'en était inspiré pour un article paru dans *la Croix* : « Le Sacré-Cœur, Roi des familles », qui avait eu le plus grand retentissement non seulement dans les pays de langue française, France, Belgique, Suisse, Algérie, mais en Angleterre et en Pologne.

À Rome s'établissait un secrétariat à l'ambassade du Chili sous la présidence de Mgr Tedeschini, le futur cardinal.

En Hollande, un confrère, le Père Kaptein déployait une grande activité.

Pour la première fois le Père Mateo adressait sa circulaire aux pays outre océan. Il mentionnait 114 approbations épiscopales reçues en six ans, 150 centres en activité ; le cérémonial était traduit en dix langues et le nombre des Intronisations devait atteindre le million. Il insistait fortement sur la rénovation fréquente de la consécration au Sacré-Cœur, sur l'orientation eucharistique et réparatrice de la dévotion au Sacré-Cœur ; l'Intronisation n'était pas une récompense, mais un moyen de sanctification et de conquête.

Le labeur épuisant qu'avaient exigé la fondation et l'animation d'une croisade de pareille envergure en regard des moyens dérisoires dont il disposait, était certes une croix lourde à porter ; mais c'était une croix qui le portait lui-même, tant étaient grandes les consolations qu'il en recevait et la conviction de travailler efficacement au règne de Dieu. On imagine que la malveillance et la calomnie ne pouvaient manquer pareille cible. Un journal chilien le prit violemment à partie : enquête faite on ne lui reprochait guère que d'être péruvien.

« Ce feu tropical... »

Mieux ajustées furent les critiques du monde religieux. Nul n'avait accueilli avec plus de faveur que lui les Décrets de Pie X sur la communion fréquente et quotidienne des fidèles, particulièrement des enfants. Il s'était fait l'apôtre de l'Eucharistie, parce qu'il se voulait l'apôtre du Sacré-Cœur. « On ne pourra jamais trop insister, écrivait-il en sa circulaire de 1914, sur l'union indispensable qu'il doit y avoir entre ces deux cultes : ce sont deux paroles, deux titres, mais un seul amour, un seul ». L'un de ses thèmes favoris était que par l'Intronisation le foyer devait devenir un sanctuaire. Dans l'Église primitive, l'on permettait aux chrétiens, durant les persécutions, d'emporter le Corps du Seigneur dans leur demeure pour s'en nourrir en cas de danger. Le Père proposait volontiers à ses jeunes auditoires l'exemple de saint Tarsicius. C'était un enfant d'une douzaine d'années. On l'avait choisi, à cause de son âge qui n'éveillait pas la méfiance des gardiens, pour porter l'Eucharistie à des chrétiens emprisonnés. Découvert par ses petits camarades païens, il avait préféré se laisser lapider par eux plutôt que de leur livrer son trésor.

Chacun s'accordait à reconnaître l'emprise extraordinaire qu'il exerçait sur les enfants. On savait qu'il aimait à s'en entourer et à choisir parmi eux ses collaborateurs. Mais, susurraient les malveillants, les enfants n'avaient-ils pas une prise excessive sur lui ? Ne lui en faisaient-ils pas accroire ? De l'histoire de Tarsicius à la réalité, disait-on encore, pour un homme d'imagination il n'y a qu'un pas : le pas n'avait-il pas été franchi ?

Toujours est-il que l'archevêque de Santiago ouvrit une enquête : elle se révéla positive. Un ecclésiastique respectable avait assuré au Père avoir reçu de Rome la double permission de porter sur lui la Sainte Hostie et de communiquer cette faveur. À l'appui de ses dires il montrait un document signé du Pape et contresigné par un des vicaires généraux de l'archidiocèse. L'énormité de la faveur aurait dû éveiller la défiance du Père. Mais elle répondait trop à son secret désir pour qu'il soupçonnât la supercherie. Il usa pour lui-même de l'indult et accorda la même faveur à quelques-unes de ses jeunes collaboratrices.

La riposte de l'archevêque fut foudroyante. Il exigea le départ immédiat du Père. En vain son provincial, alors le Père Monge, plaida-t-il en sa faveur : « Le Père avait été joué comme un enfant, il se portait garant de sa bonne foi et de sa vive piété ». Mais aux yeux du prélat, le Père était sans excuse de n'en avoir référé ni à ses supérieurs ni à l'autorité ecclésiastique. L'archevêque promettait toutefois d'étouffer l'affaire. Se souvenant qu'il avait engagé naguère le Père à visiter les Républiques sœurs de l'Amérique latine, il conseilla de l'y envoyer. Il fut encore plus satisfait de le voir porter en Europe « son feu tropical ».

En effet un Congrès Eucharistique international devait se tenir à Lourdes dans les derniers jours de 1914. Saisissant ce prétexte qui lui permettait de camoufler la disgrâce en mission, le Père Monge, avec une rare délicatesse, prévenait la communauté des Pères des SS. CC. du départ du Père Mateo pour Lourdes, afin d'y lire son rapport sur son œuvre et d'y présenter lui-même une motion en faveur de l'Intronisation.

De fait le Père avait prévu de longue date qu'un rapport et une motion seraient présentés en son nom à ce Congrès. Un de ses amis, l'évêque chilien de la Serena, avait promis de les soutenir. Il avait écrit lui-même à tous les évêques d'Espagne pour leur demander leur appui. Il ne put rejoindre Lourdes à temps. Sans doute, lui présent avec son dynamisme, aurait-il eu quelque chance de faire passer la motion. Elle fut écartée comme « dépassant le cadre du Congrès ». Cependant un de ses confrères, le P. Baños, épaulé par le Cardinal de Séville, avait réussi à l'inscrire dans la section de langue espagnole et à faire adopter à l'unanimité des conclusions qui eurent une grande répercussion en Espagne.

« Le Congrès approuve l'Intronisation du Sacré-Cœur de Jésus au foyer et voit en elle le moyen choisi par ce divin Cœur pour établir son Règne Social dans le monde. Le Congrès invite tous les foyers catholiques et tous les centres privés et publics à introduire dans cet esprit son image dans la pièce principale de leur maison ».

Le Père Provincial parle d'abattement : le coup lui a été porté au point sensible, sa piété eucharistique. Mais à son habitude le Père Mateo se ressaisit vite et réagit en homme investi d'une mission d'En-haut. L'épreuve, il le sait, est la loi des œuvres divines ; encore faut-il qu'il en tire les leçons. Accord étroit avec la hiérarchie, fuite de toute singularité dans la piété, prudence et circonspection dans la conduite à tenir avec ses collaboratrices, dont il reconnaît le concours indispensable à son dessein : telles sont les conditions du succès.

Sa confiance lui est revenue. Il a rejeté la lave du volcan qui bouillonnait en lui. Il ne lui reste que ce feu tropical qui va embraser le vieux monde.

Premiers contacts avec l'Europe

Quand le Père Mateo arriva à Paris le 25 août 1914, les armées allemandes avaient opéré une percée et fonçaient sur la capitale. Aux pessimistes lui faisant remarquer qu'il avait bien mal choisi son heure pour parcourir l'Europe et y implanter une œuvre nouvelle, il répondait d'un de ces mots sans réplique, dont il avait le secret :

– Et Noé, a-t-il attendu la fin du déluge pour construire son arche ?

C'est en montant sur le bateau à Montevideo qu'il avait appris la déclaration de guerre qui jetait les unes contre les autres l'Allemagne, l'Autriche-Hongrie, la Russie, l'Angleterre, la Belgique et la France. La passivité des passagers le révolta. « Que fait-on à bord ? On tue le temps. Tuer le temps, c'est là le grand péché de notre temps ». S'il stigmatisait de la sorte pour ses lecteurs du Chili ce qu'on est convenu d'appeler la belle époque, il pressentait que pour beaucoup l'épreuve serait une occasion de salut et de relèvement. Au renouveau il voulait apporter sa pierre. Plus que jamais il se répétait le mot de Pie X : « Votre œuvre est une œuvre de salut social ».

Mais voici qu'en débarquant il apprenait la mort du Pape, au nom duquel il comptait se présenter à l'épiscopat et au clergé pour accréditer son action. Les pessimistes auraient-ils raison ?

À Paris cependant, il découvrait que l'Intronisation était plus connue et mieux établie qu'il ne le pensait. Le Supérieur général avait fait imprimer le Cérémonial avec un tract explicatif, que diffusait la maison-mère des religieuses des Sacrés-Cœurs, établie dans le quartier de Picpus. Des évêques avaient applaudi à cette initiative. De même ses confrères de Belgique, de Hollande, d'Espagne avaient lancé et organisé l'œuvre en leur pays. Il ne s'attarda pas dans la capitale et courut aussitôt à Paray-le-Monial se ressourcer. Il passait toute la journée dans la chapelle des Apparitions, de 6 heures du matin à 3 heures du soir. Il prolongea sa retraite une douzaine de jours.

On l'en arracha pour le faire prêcher à la Basilique. Malgré son peu de pratique du français, son accent prononcé, son éloquence fougueuse, ses cris suivis de murmures imperceptibles, ce fut un succès, « une fête ininterrompue pendant seize jours, écrit-il, où il dut parler jusqu'à quatre fois dans la journée ». Suivant déjà une méthode dont il ne se départira jamais, ses prédications aux fidèles se doublèrent de conférences aux communautés religieuses, si nombreuses à Paray, à qui il demande l'appui de leurs prières et même leur apostolat direct.

Trois jeunes filles se présentèrent, qui n'avaient d'autre désir que de vouer leur vie et leur activité au Sacré-Cœur. Avec elles il fondait un secrétariat et fit l'Intronisation dans le local que leur avaient procuré les chapelains. Ce fut son premier et pendant quelque temps son principal centre en Europe. Il ne pouvait en effet compter en France sur le concours des Pères des Sacrés-Cœurs. Leur Congrégation avait été l'une des plus touchées dix ans plus tôt par les expulsions et avait perdu toutes ses Maisons.

« Une nouveauté sans fondement »

Mais le temps pressait pour lui qui ne disposait que de six mois. À la mi-octobre il gagnait donc l'Espagne. Il se retrouvait dans le pays de ses ancêtres, il y parlait sa langue maternelle ; et il y connaissait la promesse faite par le Sacré-Cœur au Père Hoyos, de la Compagnie de Jésus : « Je régnerai en Espagne avec plus de vénération que partout ailleurs ».

De fait aucun pays n'avait répondu avec autant d'empressement à ses appels de Valparaiso. Le Cardinal-archevêque de Séville avait écrit : « Cette œuvre, simple dans sa réalisation, est d'une grande portée sociale ; elle devient une école pratique pour restaurer dans la famille les vertus chrétiennes ». À sa suite le Cardinal-Primat de Tolède, de nombreux évêques avaient encouragé l'Intronisation. Trente-huit secrétariats fonctionnaient déjà.

Le Père alla droit à Madrid, où était établi le secrétariat central. Il y entreprit aussitôt un travail en profondeur ; zélatrices, communautés, prêtres furent d'abord l'objet de ses soins. Il y donna plusieurs retraites, des conférences, des heures saintes. Mais déjà les paroisses et la cathédrale le pressaient d'invitations.

À son habitude il fit quelques intronisations plus solennelles dans des familles occupant un rang élevé : il les savait nécessaires en ce pays pour frapper l'opinion, entraîner les adhésions et créer un courant. En même temps il visitait les quartiers populaires. Une photo le montre dans la cour d'un grand immeuble. Les familles se sont groupées autour de lui et ont apporté leurs images pour qu'il les bénisse. Il leur parle de leurs difficultés, de la prédilection de Jésus pour eux, de la confiance sans limite qu'ils doivent avoir en lui, de l'aide aussi qu'il leur mendie, car il veut faire d'eux ses amis et ses apôtres. Ils passent ensuite, lui et ses confrères, dans chacun des appartements pour y installer l'image et consacrer la famille au Sacré-Cœur.

Le Père prêchait depuis trois mois dans la capitale avec un succès croissant, quand soudain une sèche communication de l'évêque lui fit savoir qu'il ne pouvait approuver l'Intronisation. « C'est, disait la note, une nouveauté sans fondement théologique. Elle tombe donc sous les condamnations du Saint-Siège, notamment d'un récent Décret de la Congrégation des Rites, qui prohibe les titres inusités dans le culte ».

Il y avait de quoi être déconcerté, car rien jusque-là n'avait pu faire prévoir un tel changement. Le Père n'eut cependant pas à chercher bien loin l'explication de ce brusque revirement. Le coup fourré venait du propre directeur du secrétariat madrilène. C'était un prêtre capable, mais ombrageux. La personnalité du Père Mateo l'écrasait : lui présent, il ne pouvait que jouer les seconds rôles. Il avertit les zélatrices trop empressées auprès du prêtre étranger, qu'elles auraient à compter avec lui : l'œuvre ne lui échapperait pas des mains ; au besoin il possédait des armes pour la détruire.

Il y eut une explication pour remettre les choses au point. Et le 22 janvier, une fête des familles intronisantes était célébrée avec éclat dans la crypte de l'Almudena, (la cathédrale en construction) sous la présidence de l'évêque de Madrid le matin, du Nonce le soir. Ce fut son adieu à l'Espagne. Des invitations pressantes du Cardinal-archevêque de Lyon et de l'Évêque de Moulins l'appelaient en France.

De Madrid le Père Mateo se rendit directement à Paray-le-Monial pour y chercher lumière et réconfort. Il y trouva la croix. Il buta sur le même obstacle qu'à Madrid. L'archevêque de Besançon, Mgr Gauthey, le faisait prévenir qu'il désapprouvait formellement le mot Intronisation et taxait l'œuvre elle-même de nouveauté dont il fallait se méfier. Mgr Gauthey était un ancien chapelain de Paray. Il s'était fait l'historien de Marguerite-Marie et avait publié une édition critique de ses écrits. Il regardait le Sacré-Cœur un peu comme son domaine. Son blâme avait donc d'autant plus de poids qu'il venait d'un spécialiste, jouissant d'un crédit mérité. De plus Besançon était la métropole d'Autun, donc de Paray, et l'un des plus vastes diocèses de France et des mieux pourvus en prêtres. Mystère des oppositions dans le bien ! Tous deux avaient une profonde vénération pour sainte Marguerite-Marie. Chacun se voulait et se croyait fidèle à sa pensée. L'un avec sa science était replié sur le passé ; l'autre avec son intuition tout tendu vers l'avenir. Ainsi s'explique leur affrontement.

La décision de l'archevêque provoqua une réaction en chaîne. Le recteur de la Basilique de Paray se rangea à son avis et ne cacha pas au Père Mateo son désaccord. Du coup le secrétariat entièrement sous sa coupe se trouve dans une situation délicate, qui freine son action. À son tour le recteur de Montmartre adoptait la même attitude. La mesure avait d'autant plus de portée que la Basilique, érigée par un vœu national sur les hauteurs de Paris, voyait en ces jours troublés accourir des multitudes. Nombreux étaient les pèlerins qui au retour consacraient leur foyer au Sacré-Cœur.

Un secret instinct avertit le Père Mateo que la partie n'en était pas perdue pour autant. Remettant à plus tard une explication, il se rendit auprès de l'évêque de Moulins. Il trouva auprès de Mgr Penon le plus large appui. L'évêque prêchait d'exemple, présidant les réunions, allant faire les intronisations dans les familles. Il publiait aussi une pastorale qu'il envoyait à ses confrères dans l'épiscopat : un tiré à part reçut une large diffusion.

À Moulins, le Père Mateo arrivait à point pour aider à l'orientation apostolique d'une congrégation naissante et en recevoir en retour un concours important. Le secrétariat de Moulins avait été confié à l'abbé de La Celle, futur évêque de Nancy. L'abbé avait réuni quelques jeunes filles sous la direction d'Anne Rodié et se proposait de fonder avec elles une Congrégation. Les « Moulinettes », comme on les appelait familièrement, allaient de canton en canton tenir des sessions où elles donnaient aux jeunes rurales un complément de formation chrétienne, en même temps que ménagère et professionnelle. Elles adoptèrent d'emblée l'Intronisation et s'en firent les plus ferventes zélatrices.

« Je parle français comme une vache espagnole. »

Lyon joue depuis un siècle un rôle de premier plan dans l'apostolat et la pastorale. Très averti des choses de France par ses confrères et ses lectures au Chili, le Père Mateo tenait beaucoup à ce contact qu'il savait décisif. Le Chanoine Crozier, directeur de Charles de Foucauld, l'introduisit auprès du Cardinal Sevin. L'accueil fut plus que favorable, chaleureux.

– Vous redirez en public ce que vous m'avez dit en particulier et de la même façon.

– Mais, Éminence, je parle le français comme... une vache espagnole.

– Soyez sans inquiétude : au besoin je répéterai après vous.

Le Père parla à Fourvières. Il conquit si bien son auditoire qu'à la fin du sermon, le Cardinal déclara que l'Intronisation devait être le couronnement de toutes les œuvres du diocèse ; et, preuve de son attachement, il établit comme directeur du secrétariat le Père Perroy, jésuite très connu par ses nombreux écrits. Sans retard du reste celui-ci publiait une brochure : *Le Sacré-Cœur dans les Familles,* qui dans une réédition devint le *Catéchisme sur l'Intronisation et la Consécration des familles.* C'est toutefois un peu plus tard, durant un autre séjour, que le Père Mateo devait recevoir de Lyon un appui qui s'avérerait décisif pour son apostolat en France. Les conférences qu'il donnerait aux Visitandines seraient publiées par elles, dignes émules de sainte Marguerite-Marie. La brochure : *Le R. P. Mateo à la Visitation de Lyon* atteindrait en quelques mois le cent-trentième mille.

Mais déjà il pouvait poursuivre son exploration rapide du pays avec confiance. En moins de deux mois, le centre de la France fut traversé d'Ars à Lisieux, en passant par Grenoble, Saint-Étienne, Nevers, Bourges, Caen : partout les fidèles accouraient, des générosités s'offraient, des secrétariats se fondaient.

Ces deux essais tentés en Espagne et en France étaient donc concluants. L'Intronisation prenait aussi bien dans le clergé que parmi les fidèles, car elle répondait à un besoin de vie intérieure et d'apostolat. À tous elle apparaissait non pas comme une œuvre de plus, mais comme le couronnement et l'animation spirituelle des œuvres qui existaient déjà, ainsi que l'avait si bien marqué le Cardinal Sevin. Mais en même temps son fondateur avait pris conscience des dangers qui le guettaient. Les difficultés qu'il avait eues avec l'évêque de Madrid et l'archevêque de Besançon pouvaient se reproduire, car elles tenaient moins à la personnalité de ses opposants, qu'à la nature même de son œuvre. En effet, telle que la présentait le Père Mateo, l'Intronisation faisait franchir au culte du Sacré-Cœur un pas décisif. Ce qui était regardé jusque-là comme simple dévotion des fidèles, sans plus, devenait source de spiritualité familiale et rénovation de la pastorale. Que préconisait-elle en effet ? Une dévotion au Sacré-Cœur qui conduit à la transformation de toute la vie et selon son expression imitée de saint Paul « à la convivance avec le Christ » ; une visite des familles comprise comme une prédication à domicile et une prière du prêtre au foyer ; une prise en charge des familles peu ou pas chrétiennes par des foyers résolument chrétiens. De là à être taxée de nouveauté, le risque restait toujours menaçant.

Une solution s'imposait : aller à Rome faire trancher le débat par le Pape lui-même.

VI.

1915

Benoît XV donne sa Charte à l'Intronisation

Dès son arrivée à Rome, le Père Mateo sollicite une. audience du Pape par l'intermédiaire de l'ambassade du Pérou. Elle lui est accordée peu de jours après, le 6 avril 1915.

Petit, mince, nerveux, avec deux grands yeux fureteurs derrière ses lunettes d'or, Benoît XV ne porte pas ses soixante ans. Sous des dehors frêles il est d'une rare résistance. Tard dans la nuit sa plume continue de courir, comme au temps où il était « minutante ». Plus que tout c'est un charmeur. Charme du grand seigneur qui sait mettre ses invités à l'aise ; charme d'une intelligence ouverte et pénétrante qui s'assimile rapidement et tire de chacun de ses interlocuteurs ce qu'il a de neuf et de personnel ; charme d'une foi et d'une piété profondes comme on aime à les trouver dans le représentant du Christ.

Au sortir de l'audience, le Père livre ses impressions : « Je suis resté une bonne demi-heure. Le Pape m'a traité, encouragé, béni comme un autre Jésus. Je lui ai lu mon rapport. Il m'a demandé de le lui laisser, car me dit-il, « Je veux vous répondre par une lettre que j'écrirai moi-même ». Comme je le remerciais de cette faveur :

« Mais non, ne me remerciez pas. Puisque Jésus est le Roi d'Amour, et moi son premier ministre, je ne fais qu'accomplir mon devoir ».

Dans son rapport au Pape, le Père Mateo retrace d'abord l'historique de son œuvre : il raconte sa guérison à Paray-le-Monial, la composition du cérémonial, l'audience de Pie X et l'ordre qu'il a reçu de consacrer sa vie à cet apostolat. Il en expose ensuite les progrès : on compte à ce jour 210 approbations épiscopales et 200 secrétariats en activité. Il précise son intention : renouveler et ratifier sur le plan familial le geste de Léon XIII consacrant le monde au Sacré-Cœur. Les épreuves que traverse en ce moment la chrétienté exigent pour la sauver qu'on applique le remède à la racine : il faut donc agir sur la famille et la transformer par la doctrine d'amour du Sacré-Cœur. En terminant, le Père demande d'étendre aux familles du monde entier les indulgences accordées à celles du Chili.

Moins d'un mois après, il recevait la réponse du Pape. Signée du 27 avril, communiquée au Père Mateo le 2 mai, la lettre autographe de Benoît XV parut dans les Acta Apostolicae Sedis du 6 mai 1915.

Le Pape a minutieusement annoté le dossier du Père ; à plusieurs reprises il lui a demandé des précisions, des compléments d'information. Il en reprend les points les uns après les autres, approuve, complète, corrige. Il définit tout d'abord l'Intronisation : « C'est installer l'image du Sacré-Cœur, comme sur un trône, dans l'endroit le plus noble de la maison, de telle sorte que Jésus-Christ Notre Seigneur règne visiblement dans les foyers catholiques ». Cette définition sera reprise mot pour mot par ses successeurs, Pie XI et Pie XII.

Loin de faire double emploi avec la consécration collective de son prédécesseur, les intronisations individuelles la complètent heureusement dans un domaine qui touche chacun de plus près. Elles viennent à leur heure. On assiste en effet à une offensive puissante pour paganiser et laïciser la société, les efforts sont spécialement dirigés contre « la société domestique qui contient comme en germe les principes de la société civile ». La lettre signale les trois points où portent les attaques : « le divorce qui ébranle sa stabilité, le monopole de l'enseignement qui sur un point important élimine l'autorité des parents, la recherche du plaisir qui fraude les droits de la nature ».

À ces maux l'Intronisation apporte un double remède : une charité conquérante, une foi éclairée. « Elle propage l'esprit chrétien en établissant au sein des familles la charité de Jésus-Christ pour qu'elle en soit comme la reine ». « Et parce que suivre le Christ n'est pas se laisser guider par un sentiment superficiel de religiosité, mais qu'il importe grandement de connaître sa doctrine, sa vie, sa Passion, sa gloire, l'amour doit suivre jusqu'à son degré le plus élevé la connaissance apportée par lui-même de sa vérité et de sa vie ».

Tout au cours de sa lettre, Benoît XV ne ménage pas ses encouragements : « Vous faites bien de prendre en main la cause de la société humaine… Nous vous exhortons à persévérer… Continuez vos efforts et votre apostolat, afin de susciter à travers les foyers catholiques les flammes d'amour à l'égard du Cœur sacré de Jésus. Rien n'a plus d'opportunité dans les temps présents que votre entreprise. En agissant ainsi, vous obéissez à Jésus-Christ lui-même ».

Jusqu'ici le Père Mateo n'avait reçu de la Papauté que des consignes verbales. On pouvait mettre en doute, sinon sa bonne foi, du moins son interprétation : il avait pu les déformer, les grossir. Désormais il peut présenter une lettre du Pape, signée de lui, publiée dans le journal officiel du Saint-Siège.

Le Chef de l'Église se prononce avec autorité sur les questions de pastorale et de doctrine qui lui ont été soumises. Il fait connaître les raisons de son approbation et donne des directives précises. À travers le destinataire il s'adresse aux pasteurs et aux fidèles du monde entier. Ce document pontifical va plus loin qu'un Bref d'éloge et d'encouragement à une œuvre naissante, dont on veut souligner le mérite : il a l'allure d'une petite encyclique et il en eut le retentissement. Aussi à bon droit le Père Mateo regardait-il la lettre de Benoît XV comme la *Charte de l'Intronisation.* Du même coup, l'interprétation qu'il donnait de son entrevue avec Pie X se trouvait-elle justifiée, ratifiée par son successeur.

La consultation théologique du Cardinal Billot

Pendant ces trois semaines qui séparent la lettre de l'audience, le Père Mateo n'est pas resté inactif. Il s'est heurté à plusieurs reprises déjà à l'objection : « C'est un titre suspect, une nouveauté dangereuse ». Il le sait, nul n'est juge en sa propre cause ; ses réponses les plus solidement fondées en droit et en fait seront écartées comme celles d'un père qui défend son enfant. Pour exorciser à jamais ces revenants, il demande au Cardinal Billot une consultation théologique. Le Cardinal jouit d'un grand renom de théologien. Durant un quart de siècle d'enseignement à l'Université grégorienne il a profondément marqué ses élèves ; ses livres ont étendu son rayonnement. Non moins qu'au maître incontesté, c'est au jésuite que le Père Mateo fait appel. Car depuis le Père de La Colombière, le directeur spirituel de sainte Marguerite-Marie, les fils de saint Ignace ont été les plus ardents propagateurs de la dévotion au Sacré-Cœur.

Avant même que le Pape n'ait donné sa réponse, le Cardinal lui apporte lui-même la sienne : « Il ne s'agit en aucune façon d'une dévotion nouvelle qui par sa nouveauté même pourrait paraître suspecte. Non, c'est bien la pure, la simple, la franche dévotion au Sacré-Cœur, telle qu'elle a été transmise par les révélations de la bienheureuse Marguerite-Marie, telle que l'Église l'a sanctionnée de sa suprême autorité. J'y vois un moyen simple et pratique de réaliser les désirs du Sacré-Cœur. J'y vois en second lieu le moyen le mieux approprié à la sanctification de la famille et par elle de la société tout entière ».

Le Cardinal ne se contente pas d'affirmer, il prouve, il développe. S'appuyant sur saint Paul, saint Augustin, Bossuet, il montre que, par le grand sacrement qui est à sa base, la famille chrétienne nous apparaît comme plongeant ses racines dans les profondeurs mêmes du Cœur où l'Église a pris naissance Et s'il en est ainsi, où donc la dévotion au Sacré-Cœur sera-t-elle mieux à sa place ? Où aura-t-elle un milieu et si je l'osais dire, un terrain de culture plus approprié ?

En même temps qu'il établit magistralement le bien-fondé historique et théologique de l'Intronisation, le Cardinal met en relief saisissant ce qu'elle apporte de nouveau : une spiritualité familiale et conjugale fondée sur le sacrement de mariage, considéré dans la lumière du Sacré-Cœur.

Avec la lettre de Benoît XV l'Intronisation entre par la grande porte dans l'apostolat officiel de l'Église. Et s'il en était encore besoin celle du Cardinal Billot lui fournirait des armes pour se défendre.

On juge de la trempe d'une âme aussi bien à sa manière de remporter une victoire que d'essuyer une défaite. Rendant compte à son Supérieur général de son double succès :

« Voyez comme les choses se passent, écrit-il, quand il y a dans nos projets et nos travaux une âme surnaturelle et le cachet du Sacré-Cœur ». En toute justice il peut affirmer qu'il n'a eu en vue que la gloire de Dieu.

Mais s'il n'est pas homme à se laisser griser, il n'est pas non plus homme à négliger les atouts qu'il a dans son jeu. Sans perdre de temps, il envoie copie de l'une et de l'autre lettre à l'épiscopat français, car il compte entreprendre dès le début de mai une longue tournée qui doit le conduire dans une trentaine de diocèses de France.

L'archevêque de Besançon a l'élégance de lui en accuser réception et d'avouer son erreur : « Votre zèle a été loué et approuvé par le Souverain Pontife ; tout est dit. Il y a trop longtemps que je suis à l'école de Marguerite-Marie pour n'avoir pas appris à faire des actes d'humilité. Je demande au Cœur de Jésus de tirer sa gloire de notre conflit sur la manière de l'honorer selon sa demande ». Et comme il n'est pas l'homme des demi-mesures, Mgr Gauthey consacre l'année suivante une lettre pastorale à l'Intronisation.

Le revirement était de bon augure.

Portrait

Le Père Mateo va avoir quarante ans. Il est dans la force de l'âge. De taille moyenne, il représente pour nous le type de l'Américain du sud : teint basané, chevelure noire et abondante, aimant à se draper dans son manteau blanc ou sa pèlerine noire, dont il rabat un pan sur l'épaule opposée. Le visage est mobile, apte à traduire les sentiments qui l'agitent. Le regard est profond, voilé d'ordinaire : qu'il s'anime et il trahit sa double origine, tour à tour l'ardeur espagnole, la ténacité britannique.

L'abord est aisé, la voix chaude et flexible, le geste ample et harmonieux. Il rayonne l'autorité et la sincérité. Il apparaît comme un prophète investi d'une mission divine. Il excelle à rendre sensible le surnaturel. De toute sa personne émane une sorte de magnétisme, qui enveloppe, envoûte et, tout en faisant choc, laisse l'auditeur dans la paix et la confiance.

L'intelligence est brillante, son don d'assimilation extraordinaire. Ses lectures variées et nombreuses, son professorat ont compensé ses études hâtives. La fréquentation des meilleurs esprits de son temps lui donnera une culture étendue. Il a le don des langues. Il parle sa langue natale et l'écrit avec une rare élégance : il a le sens du rythme et l'éclat de l'image. Il possède le français jusque dans ses nuances et l'écrit volontiers. Il parle également l'anglais et bientôt l'italien, le portugais et le latin.

Le caractère est vif ; il éclate parfois, mais se ressaisit vite. Il est porté à l'exagération, souvent absolu dans ses jugements, comme les hommes d'une seule idée. Il est facilement crédule et de ce fait s'attirera bien des déboires. En même temps il est d'une rare perspicacité pour découvrir des collaborateurs dans tous les milieux. Il lui suffit souvent d'une seule rencontre pour les marquer et se les attacher toute la vie.

Il est d'une activité débordante, dès qu'il s'agit de prêcher le Christ ou de sauver une âme ; et d'une incroyable résistance, bien qu'il se dise toujours mourant. En revanche il exige beaucoup, trop parfois, de ses collaborateurs qu'il met sans se douter à rude épreuve par ses exigences et ses changements à vue de programme.

Malgré une vie errante et sans cesse sur la brèche, il a gardé le sens et le besoin de la prière qu'il poursuit souvent bien avant dans la nuit. Sa messe est vraiment le centre de sa vie intérieure : il la dit lentement, la savoure ; elle est à elle seule une prédication. De temps en temps, il quitte tout pour se réfugier dans la retraite qu'il prolonge bien au-delà de ce qu'exige sa règle religieuse. Il passe des journées entières seul à seul avec Jésus, sans lire, sans méditer: « Je ne sais, dit-il au sortir de l'une d'elles, si le Seigneur est satisfait de moi, moi en tout cas je suis content de lui ».

Il est profondément attaché à la Congrégation des Sacrés-Cœurs, il se proclame heureux d'avoir été choisi pour réaliser son idéal. Sa situation est paradoxale: sa vie de perpétuel errant le tient habituellement éloigné des Maisons de son Ordre et personne cependant ne vit plus intensément son esprit. Si l'on cherche une ligne de faîte qui domine son activité, on la découvre dans l'adaptation de la spiritualité picpucienne, conçue pour des religieux, à des familles engagées à plein dans la vie du monde. Rien cependant n'est plus opposé à son dessein que l'esprit de chapelle ; c'est une cathédrale qu'il veut construire. Loin de faire de l'Intronisation une œuvre congréganiste, il veut qu'elle soit œuvre d'Église.

En dépit d'une vénération universelle, il reste humble. Les approbations de la hiérarchie, les conversations multiples qui l'accompagnent, l'ampleur même de sa réussite l'empêchent d'y voir son œuvre propre et de s'en attribuer le mérite.

On a dit parfois du Père Mateo qu'il était un merveilleux lanceur d'œuvres, bien anglo-saxon sur ce point, mais qu'il n'était pas un organisateur, vrai latin par ce côté de son caractère. Certes il est avant tout un voyageur. Mais il a laissé derrière lui autre chose qu'un sillage lumineux qui peu à peu s'estompe et se perd. Le but qu'il se propose et qui le différencie de ses devanciers est précisément de faire d'une consécration passagère au Sacré-Cœur une sorte de vassalité, comme celle qui reliait au Moyen Âge le sujet à son Seigneur, c'est-à-dire une institution permanente qui prépare et établit le règne social du Christ. C'est une œuvre d'évangélisation qu'il poursuit : faire passer l'Évangile dans la vie de chacun et transformer ainsi les familles et par elles la société tout entière : milieux, professions, cités. Cela paraît dans le soin qu'il a de constituer partout des secrétariats, de les relier entre eux et plus encore dans le choix de ses collaborateurs. Il sait les découvrir partout : au confessionnal, au parloir mais aussi en train, à l'hôtel, dans tous les milieux : du prince de l'Église à la midinette, du professeur d'université à la fermière. Il prend soin de les former par des conférences spéciales, des retraites autant que possible. Souvent il leur demande une oblation de leur personne et de leur vie au Sacré-Cœur qu'il leur fait signer et signe avec eux.

C'est la persuasion qui laisse après lui des apôtres aptes à continuer son œuvre, qui le pousse à aller toujours de l'avant. Et c'est aussi le souci de ne pas laisser s'éteindre la flamme qui le fait revenir plusieurs fois dans les mêmes milieux, à intervalles plus ou moins espacés.

Tel est l'homme et telle est l'œuvre en ce printemps de 1915 au moment où ils vont opérer leur percée dans l'Église de Dieu.

Tournée éclair en France

Le Père Mateo est de retour en France en mai 1915. La réussite inespérée de ses premiers essais va-t-elle se reproduire ? En quatre mois il a fait, grâce à son étonnante facilité, des progrès sensibles en français qu'il avait sérieusement appris au Chili, mais n'avait guère pratiqué.

Mais en quatre mois les esprits ont bien changé. Sous le coup de la déclaration de guerre, les églises s'étaient remplies pour demander au Sacré-Cœur sa protection. Puis la situation s'était stabilisée : à la guerre de mouvement avait succédé celle des tranchées, guerre d'usure s'attaquant au moral des civils non moins qu'à celui des soldats. Les foyers pâtissent de cette situation prolongée : crise de moralité, d'autorité, crise religieuse.

Le Père en fera le thème de ses prédications. « On vous a présenté des tableaux horribles de la dévastation des églises dans les pays envahis. Vos âmes de catholiques en ont été révoltées. Eh bien ! la ruine des familles chrétiennes est un mal plus grand encore. La famille est le temple des temples. Ce ne sont pas ces églises splendides, ces églises de pierre qui sauveront le monde. Ce sont les familles chrétiennes, c'est Nazareth. La famille est la source de la vie. Si la source de la vie nationale est empoisonnée, la nation périra. Ce que nous voulons, c'est inoculer dans les familles la loi et l'amour du Sacré-Cœur de Jésus. Si Jésus-Christ est inoculé dans les racines, tout l'arbre sera Jésus-Christ ».

À dessein, le Père Mateo commence sa tournée par Lisieux, tout embaumée encore du souvenir de sainte Thérèse de l'Enfant-Jésus. Durant ses longs et fréquents séjours en France, on le voit sans cesse osciller entre ces deux pôles d'attraction que sont pour lui Paray et Lisieux. Sa spiritualité, sa prédication, sa direction, ses écrits s'en inspirent. À Marguerite-Marie il demande certains éléments de sa dévotion au Sacré-Cœur : culte et exposition de l'image, consécration, heure sainte réparatrice, premiers vendredis, certitude que cette doctrine est faite pour notre temps et est promise à la victoire. À la « Petite Thérèse » il emprunte ce qu'elle a appelé elle-même sa petite voie : importance du devoir d'état et des petits faits journaliers offerts par amour, simplicité d'enfant, confiance totale. Il reviendra souvent dans leur sanctuaire se recharger spirituellement et approfondir leur message qu'il a pour mission de faire passer à la foule.

Il a pris pour premiers relais de ses prédications, les Maisons que les religieuses des Sacrés-Cœurs possèdent dans l'ouest. Implantées au siège de neuf évêchés, elles lui offrent un excellent réseau de pénétration dans une des régions les plus chrétiennes de France. Les religieuses font les invitations, organisent les réunions, abritent les secrétariats, acceptent les dépôts d'images, tracts, brochures. D'ordinaire l'évêque préside les réunions, érige canoniquement les secrétariats, nomme les directeurs et parfois comme à Séez intronise le Sacré-Cœur à la maison épiscopale et dans les nombreuses communautés de la petite ville.

Puisqu'il peut pour la première fois réaliser son rêve de célébrer la fête du Sacré-Cœur au lieu même où Jésus en a demandé l'institution, il se rend à Paray. Il y a donné rendez-vous à un petit groupe de nouveaux amis entièrement conquis à son œuvre : un spiritain, le P. Onfroy ; un oblat, le P. Louvel ; un évêque, celui d'Autun qui veut consacrer une pastorale à l'Intronisation où il voit les prémices d'une consécration nationale. Sa lettre sera largement diffusée dans le pays par le secrétariat de Paray. Le Père Mateo se dirige maintenant vers le sud, des Alpes aux Pyrénées, parcourant en quelques jours chacun des diocèses de Valence, d'Aix, Marseille, la cité du Sacré-Cœur depuis que Mgr de Belsunce lui consacra la ville lors de la grande peste de 1720. Puis toujours suivant la ligne de chemin de fer de la Méditerranée à l'Océan, il visite Nîmes, Montpellier, Carcassonne, Toulouse, Agen, Bordeaux. Il s'attarde quelque temps à Lourdes. Un curé-doyen l'a suivi et dans une brochure trace ce croquis pris sur le vif :

« Il semble à peine porter trente-cinq ans. La tête facilement penchée en avant, on le prendrait pour un jeune séminariste.

« Oh ! cette voix pleine et puissante, un peu étrange de timbre et d'accent, mais d'une si empoignante venue, avec quelle assurance conquérante elle répand cette impression au plus intime de l'âme : Le Roi d'Amour n'est pas aimé – Le Roi d'Amour veut être aimé – Le Roi d'Amour sera aimé. Il parle d'autorité autant que d'abondance, car il se sait envoyé et, sous le poids de cette mission divine, les formes du langage humain tantôt semblent défaillir, tantôt éclater ».

Le Père remonte ensuite vers le centre : Bordeaux, Périgueux, Tulle, puis par Versailles se dirige vers l'Est : Nancy, Troyes, pour redescendre à nouveau vers le centre : Sens, Orléans. Entre temps il est retourné pour le 15 août à Bordeaux où le fougueux Cardinal Andrieu l'apostrophe ainsi en pleine cathédrale : « On nous avait parlé d'un jeune missionnaire américain qui, à la demande de Pie X et de Benoît XV, parcourt le monde, prêchant une croisade des plus opportunes. On nous avait dit que ce nouveau Pierre l'Ermite, dont l'apostolat est visiblement béni du ciel, provoque jusque dans les milieux les plus réfractaires des retours admirables. En vous entendant nous avons senti quelque chose de ce que les disciples éprouvaient sur le chemin d'Emmaüs en causant avec le mystérieux étranger. Nous avons senti que notre cœur était tout brûlant d'amour... Le Cœur de Jésus veut régner sur notre pays, mais il ne régnera qu'après l'avoir reconquis pied à pied, famille par famille ».

Un Évangile vivant

Ces deux témoignages de Lourdes et de Bordeaux peignent bien l'ambiance de cette tournée, qui s'avère une réussite. Que prêche-t-il donc de si prenant, de si neuf pour remuer ainsi les foules et leur clergé ? Sur le carnet d'une retraitante, on lit ces simples mots : « À Béthanie, il y avait un mort, Lazare ; une grande pécheresse, Madeleine ; une bonne âme facile à troubler, Marthe. De combien de familles est-ce là l'image ? Jésus y est reçu comme Maître et Ami. Le miracle se fait : il ressuscite Lazare, transforme Madeleine, pacifie Marthe. C'est cela l'Intronisation ».

« L'Intronisation, c'est Notre-Seigneur venant réclamer sa place au foyer, comme autrefois au soir de ses courses apostoliques, il demandait l'hospitalité à Béthanie ; place d'honneur, car il est le Roi et doit régner sur chaque famille, afin de régner bientôt sur la société ; place intime et familiale, car il est l'Ami et c'est par son Cœur qu'il veut régner. La famille à sanctifier est le but transcendant de tout apostolat ; cellule sociale, elle doit être le premier trône vivant du Roi d'Amour ».

Cette façon de présenter l'Évangile en le replaçant dans la vie quotidienne et familiale accroche visiblement quel que soit le milieu, ville ou campagne, bourgeoisie ou peuple. Elle est en partie une nouveauté, trop de prédicateurs ayant tendance à prêcher la morale plutôt que la doctrine et à s'appuyer davantage sur des raisonnements humains que sur la parole de Dieu. Et elle répond au besoin des chrétiens avides d'un Évangile vivant, assumant notre temps.

Le Père revient volontiers sur ses pas pour y prêcher des retraites. Il n'hésite pas non plus à consacrer tout un mois, comme à Paris, à faire les démarches qu'il juge utiles à son œuvre. Il sait qu'à Paris se trouvent les clefs qui lui ouvriront bien des portes. Il tient tout d'abord à dissiper le malentendu avec Montmartre. Il y réussit grâce à l'appui total que lui offre le Cardinal Amette. L'Intronisation ne sera plus regardée comme une intruse, mais comme une œuvre parallèle à la Consécration des familles : seulement les conditions sont plus exigeantes, l'engagement plus complet. De fait, de nombreux rapports locaux et diocésains notent, comme à Orléans, que les journées d'adoration en union avec Montmartre ont pris avec l'Intronisation un nouvel essor et que ces mêmes journées sont l'occasion de réunir les familles et de leur faire vivre leur consécration. On lui promet de l'inviter à prêcher en juin.

Il gagne à sa cause la puissante *Ligue patriotique des Françaises* qui se propose de défendre la foi dans le pays et dans ce but cherche à grouper toutes les chrétiennes. Par ses nombreuses ramifications dans les paroisses et son bulletin mensuel, son tirage dépasse le million, elle est une des forces les plus puissantes de l'Église de France. Il conquiert aussi le Chanoine Garnier, fondateur de la *Ligue de l'Évangile*. Celui-ci veut faire entrer le livre de l'Évangile en chaque foyer, il promet d'y faire entrer en même temps le Sacré-Cœur par l'Intronisation : ce qui lui vaut les encouragements de Benoît XV qui, à ce propos, rappelle les directives données au Père Mateo.

C'est le vendredi 23 juin qu'a lieu la prédication à Montmartre, sous la présidence du Cardinal Amette et le concours de la Ligue des Françaises. Le *Bulletin du Vœu National* apprécie en lui une parole spécialement autorisée et réconfortante. Autorisée, car ce religieux des Sacrés-Cœurs a reçu mission de prêcher jusqu'aux extrémités du monde cette forme excellente de consécration, qui donne au Sacré-Cœur une véritable royauté dans les foyers. Réconfortante, parce qu'en ces temps d'épreuve, il apporte de la lointaine Amérique au pays choisi par le Sacré-Cœur le témoignage de l'étranger. On estime aussi qu'il parle le français avec une véritable aisance, à laquelle certains exotismes ajoutent une saveur originale.

Cette prédication à Montmartre a pris aux yeux du Père Mateo une importance exceptionnelle. « Elle me consacre officiellement comme prédicateur en France, écrit-il. C'est quelque chose comme une réception académique religieuse. C'est ainsi que le grand public l'a compris ».

De fait quelques jours après se tenait au siège de la Ligue une réunion pour organiser son apostolat dans Paris. Elle était suivie d'une autre réunion réservée à la haute noblesse :

les Bourbon, les Montmorency, les La Rochefoucauld, les Béarn, pour les enrôler dans cet apostolat familial.

Que reste-t-il de cette tournée éclair, une fois les foules écoulées, les paroles éteintes ? D'abord un mouvement d'une singulière ampleur de dévotion envers le Sacré-Cœur, avec ce que cela implique de prières ferventes, de sacrifices généreux, de communions réparatrices. Les évêques encouragent cet élan dans leurs pastorales : on en compte seize au moins en France en quelques mois. Les secrétariats que fonde le Père Mateo veillent à ce que cette ferveur ne se ralentisse pas. Des circulaires du Père viennent de temps à autre la réchauffer et l'éclairer. Bientôt vont se multiplier les feuilles mensuelles, les revues, les brochures de toutes sortes, souvent publiées à son insu.

L'exemple d'Orléans est significatif à cet égard... C'est par là qu'il a terminé sa tournée ; le Père Mateo n'a pu y donner que trois sermons en janvier 1916. Mais sa venue a été préparée par une série d'articles publiés par le Chanoine Mesuré dans sa revue, qu'il centre désormais sur l'Intronisation. Il est secondé par une religieuse visitandine qui sans jamais sortir de son couvent sait tout, est présente partout, agit partout. Tous deux ont recueilli les conférences du Père, les restituent de leur mieux et les publient. Grâce à leur dynamisme, 4 000 exemplaires partent en un mois, 29 000 en moins de deux ans. Un second fascicule paraît contenant cette fois des conférences données à Paray : 9 000 exemplaires s'écoulent en peu de temps. Les visitandines d'Orléans sont imitées avec plus de bonheur encore par celles de Lyon, on l'a vu, et par celles du Puy.

Ensuite il résulte du passage du Père Mateo un véritable renouveau en de nombreux foyers, et l'on voit déjà poindre le prochain essor des divers mouvements de spiritualité familiale et conjugale. Car il ne faut pas oublier : c'est parce que l'on s'est d'abord penché en de nombreux foyers sur les insondables richesses du Cœur du Christ que l'on a peu à peu découvert les richesses renfermées dans le cœur du chrétien. Les deux mouvements sont étroitement soudés l'un à l'autre.

Tandis qu'il mène à vive allure sa première grande randonnée en France, il reste en contact avec l'Espagne, le Chili et le Pérou, où on complote de le faire revenir. L'ambassadeur péruvien, on l'a su depuis, a demandé au Pape de le nommer évêque in partibus, afin d'augmenter son prestige, mais surtout, semble-t-il, afin de préparer sa candidature à un évêché de son pays. En attendant le Président de la République le nomme conseiller canonique de l'ambassade du Pérou auprès du Saint-Siège. C'est sans doute ce menu incident qui a définitivement infléchi la carrière du Père Mateo et fait de lui « le voyageur perpétuel », « le juif errant du Sacré-Cœur » comme il aime à se nommer. Car ce titre de conseiller lui confère un passeport diplomatique et donc la possibilité de franchir les frontières même en pleine guerre. Il l'a reçu au début de janvier. Un mois plus tard il est en Hollande.

Quatre mois en Hollande sans savoir un mot de néerlandais

Quand, en août 1914, ils avaient accordé au Père Mateo la permission de venir en Europe, ses supérieurs ne pensaient qu'à une absence de six mois, le temps seulement de lancer son œuvre en Europe. Ils comptaient bien qu'il serait de retour à la mi-février, date où en Amérique du Sud commence l'année scolaire, pour y reprendre ses cours à l'université et au collège. À part l'Espagne où il parlerait sa langue maternelle, sa connaissance imparfaite du français ne lui permettrait, pensaient-ils, que de toucher un public restreint : il y choisirait ses collaborateurs, confrères, prêtres, laïcs, à qui il laisserait le soin de propager et de diriger l'œuvre. Jamais il ne leur serait venu à l'idée qu'il pût prêcher, comme il venait de le faire, huit mois de suite en France, encore moins qu'il se hasardât à prendre la parole en quelque autre langue. Aussi dès le délai écoulé, pressaient-ils le Supérieur général de le leur rendre. Il leur faisait d'autant plus défaut à Valparaiso que la prolongation de la guerre leur ôtait tout espoir de renfort prochain.

Dans l'impossibilité de consulter le Supérieur général, retenu en zone occupée par l'armée allemande, le Père Mateo restait perplexe, pris entre le désir de son Provincial de le voir revenir au Chili et les encouragements du Pape Benoît XV à se consacrer entièrement à l'Intronisation. L'ampleur de son succès ne l'avait pas grisé au point de lui cacher les incompréhensions et les oppositions. Il savait son œuvre encore fragile et vulnérable.

Vers la fin de janvier, le Supérieur général obtint un visa de quelques semaines pour visiter ses Maisons de Hollande. Il demanda au Père Mateo de l'y rejoindre si possible. Il ne l'avait pas revu depuis sa visite en Amérique en 1911 et désirait vivement le rencontrer.

Le passeport diplomatique venait à point, qui lui permettait de passer d'un pays belligérant à un pays neutre. Par Londres, il gagna la Hollande où il arriva à la mi-février 1916. Au désir de régler sa situation canonique se mêlait celui non moins vif d'implanter son œuvre dans un pays dont il connaissait la vitalité et où il comptait des amis dévoués.

La Hollande était alors en plein essor religieux. Après avoir été longtemps minoritaire et persécuté, le catholicisme avait conquis de haute lutte sa place au soleil. Il était en passe d'obtenir pour ses écoles l'égalité financière. Si les diocèses du nord ne comptaient encore qu'un nombre restreint de catholiques, dans ceux du sud les protestants n'étaient qu'une faible minorité. Les vocations étaient nombreuses et déjà les missionnaires hollandais relayaient ceux des vieilles chrétientés.

De bons juges attribuaient aussi bien l'abondance des vocations que la victoire scolaire à la communion précoce et fréquente des enfants. Le Décret de Pie X avait été suivi ici plus que partout ailleurs. Le clergé avait associé étroitement les parents à la préparation de leurs enfants. De la sorte les familles avaient été amenées peu à peu à repenser les problèmes d'éducation et à en revendiquer les moyens.

C'était un terrain tout désigné pour y prêcher l'Intronisation. Ne connaissant pas le néerlandais, il ne pourrait s'adresser à la foule des fidèles ; seule l'élite cultivée et une partie du clergé comprenaient le français. Mais se déplacerait-on pour entendre un étranger parler français ?

Le Père savait qu'il pouvait compter sur le P. Joachim Kaptein, un de ses confrères qui souvent déjà dans ses prédications et ses articles avait présenté l'œuvre avec bonheur. Grâce à lui il parvint à s'assurer le concours des deux grands quotidiens catholiques, le *Tijd* d'Amsterdam et le *Maasbode* de Rotterdam, de haute tenue et de large diffusion.

Le *Tijd* publia tout d'abord un délicat éloge de la Hollande sous la signature du Père Mateo : « C'est parce que le principe de vie, la famille y est encore intacte et féconde, que le Christ demande à ce pays de prédilection une hospitalité réparatrice qui console son Cœur ». Puis le même journal organisa une réunion choisie qui groupait quelque 300 personnes. L'image du Sacré-Cœur trônait au fond de la salle, entourée d'azalées rouges. Le succès fut complet.

Dans une interview donnée au *Tijd*, le Père ne manqua pas de relever la qualité de l'auditoire : « C'est un plaisir de parler devant lui. Ils savent applaudir. Mais ce n'est pas la belle phrase, le mouvement oratoire qui provoquent le battement des mains, c'est la conviction. Ils savent aussi et plus encore écouter en silence. Silence et regards décèlent clairement l'émotion ». Et le journal brosse ce portrait du Père : « Homme de petite stature (à côté des Hollandais), à la tête vaillante, la physionomie méridionale légèrement bronzée sous les mèches noires ; les yeux grand'ouverts qui vous regardent franchement pendant la conversation toujours vive et brillent dès qu'il s'agit de son œuvre ; le geste est vif en dépit de la lourde pèlerine, car le méridional se ressent du froid ».

De La Haye, La Résidence comme on l'appelle là-bas, le Père reçut une invitation signée de tous les prêtres et des notabilités de la société, de la politique, des lettres. Délégué par le *Maasbode*, le Père Herman, dominicain, était venu à La Haye prendre contact avec lui et préparer la réunion de Rotterdam. On lui conseilla, pour se faire une plus juste idée des mesures à prendre, d'assister à la conférence.

– Impossible, dit-il, je ne dispose que d'un quart d'heure.

Le Père Mateo parla une heure et demie et le dominicain resta jusqu'à la fin. Au sortir de la conférence il retenait la plus grande salle de Rotterdam. Elle était comble bien avant l'arrivée du conférencier. Le *Maasbode* constatait que « les 1 700 auditeurs émus, remplis d'une joie religieuse, étaient sortis de la salle recueillis, en silence, comme peut-être ils n'avaient jamais quitté l'église ».

Il ajoutait : « En ce temps de guerre universelle, un Américain du Sud vient nous parler en français, à nous, Hollandais ! Et c'était parmi nous un souffle de Pentecôte. Nous étions là serrés les uns contre les autres. Nous ne parlions pas et nous nous comprenions. Tous nous étions disciples et en même temps frères du Maître, dont l'image trônait devant nous ».

Le journal citait encore ce fait digne de figurer dans la Légende dorée : « Un campagnard fit ce soir-là une marche de deux heures pour entendre le Père Mateo. Il ne savait pas un mot de français, mais il comptait bien comprendre l'orateur et s'attendait à voir se renouveler pour lui le miracle de la Pentecôte ». Ce qu'affirmèrent par la suite certaines publications. Tel était le halo que ce peu de jours avaient suffi à inscrire autour de lui.

Il ne s'agissait plus désormais de trouver des auditoires, mais de faire face aux demandes qui affluaient de toutes part. Dix mois n'auraient pas suffi, et le Père ne disposait plus que d'un mois. Il dut se contenter de visiter les principaux centres religieux : Nimègue, Bois-le-Duc, Maestricht, Breda, Haarlem.

Il ne fit qu'une exception. Intuition ou grâce, il consacra trois jours entiers au pensionnat de Regina Coeli à Vught, près de Bois-le-Duc. C'est là que s'était établi, après son expulsion de Paris en 1905, le célèbre « Couvent des Oiseaux » des Chanoinesses de Saint-Augustin qui, au siècle dernier, avait élevé l'élite religieuse de la société parisienne. Les familles lui étaient demeurées fidèles et continuaient à lui envoyer leurs filles qui se mêlaient aux jeunes Belges et Hollandaises. Religieuses et élèves recueillirent pieusement les conférences du prédicateur, les recopièrent à la main, les répandirent de tous côtés. Devant l'afflux des demandes on se hasarda à les faire imprimer. Il s'en écoula en une année 50000 exemplaires. Ce fut la première activité de ce secrétariat qui d'emblée compta parmi les plus dynamiques, et se consacra plus particulièrement aux missions lointaines. Le Père Mateo conservera toujours une prédilection marquée pour ce « nid ». À travers ses pérégrinations, il lui écrira fidèlement, contant ses joies, ses peines, ses projets, demandant prières et sacrifices, stimulant sans cesse son zèle.

Dans ses adieux à la Hollande, le Père attribuait le succès foudroyant de sa campagne de deux mois (du 15 février au

10 avril 1906) à trois facteurs : la presse catholique, le clergé et surtout l'Intronisation elle-même « qui est la réalisation pratique et concrète de l'Évangile de miséricorde, révélé à Paray ».

Quatre ans plus tard, le Père entreprendrait une seconde tournée en Hollande. Elle durerait deux mois comme la première (du 10 mars au 9 mai 1920) et serait en partie improvisée. Le Père avait promis d'aller porter la bonne nouvelle au Danemark, mais en raison des troubles qui agitaient alors l'Allemagne, il ne put franchir la frontière. Il se replia donc sur la Hollande. Soutenu par une vigoureuse campagne de presse, il retrouve les mêmes auditoires empressés et recueillis. Il parcourut les centres visités en 1916 et à nouveau s'arrêta plus longuement à Regina Coeli. Ses nouvelles conférences publiées sous le titre d'*Entretiens évangéliques* connurent le même succès : elles furent traduites en six langues, notamment dans celles des pays d'Europe centrale que les circonstances ne lui permettaient pas de visiter, malgré les demandes réitérées de l'épiscopat allemand, polonais, tchèque et slovène.

Le Père Mateo quittait les Pays-Bas avec la conviction que l'Intronisation y était solidement implantée. Lors de son premier séjour, les Pères des Sacrés-Cœurs avaient fondé à Ginneken un centre de prédication et de rédaction. *Le Roi d'Amour,* petite feuille mensuelle tirerait bientôt à 100 000 exemplaires ; puis paraîtrait l'*Ami des Sacrés-Cœurs* revue mensuelle pour les familles intronisantes, *Mariage et Foyer,* revue semestrielle de spiritualité familiale et conjugale, un almanach annuel et tout un arsenal de tracts, brochures, livres.

C'est sans hyperbole que le Père Mateo pouvait proclamer son admiration pour la Hollande « qui a plus de qualités chrétiennes que de canaux et ce n'est pas peu dire…, pays glacé dont l'apparente froideur n'est que son grand sérieux et dont la flamme de foi et de charité me fait dire de lui, la Hollande est unique ». Et il écrivait au Pape : « Ici l'œuvre est comme le feu grégeois : elle change la glace en feu ».

VII.

1916 – 1918

Une année bien remplie,
après la France et la Hollande, l'Italie

L'année 1916 est bien représentative de la première manière du Père Mateo. Elle obéit à cette loi de toute fondation. Après une première période d'incubation où l'œuvre se forme et se mûrit peu à peu ; après son approbation par l'autorité suprême, vient la période d'expansion. Il s'agit de s'ouvrir le plus de portes possibles, de saisir toutes les occasions pour faire connaître et implanter l'œuvre, quitte à revenir ici ou là pour la consolider et résoudre les difficultés.

En janvier, on l'a vu, le Père était dans le centre de la France : Orléans, Sens, Auxerre, Tonnerre. Sur un appel de son Supérieur général, il partait pour la Hollande régler sa situation canonique et, sur place, improviser une tournée de deux mois. Revenu à Paris à la mi-avril il réunissait les zélatrices et faisait le point avec elles : en France seulement, 400 000 exemplaires du tract explicatif et du cérémonial avaient été distribués, ainsi que 40 000 brochures et 37 000 diplômes.

Dans la mémorable audience de l'année précédente, Benoît XV avait insisté auprès du Père Mateo pour qu'il vienne en Italie y prêcher et y organiser l'Intronisation. Ne disposant alors que de trois semaines, le Père n'avait pu que poser quelques jalons dans les communautés religieuses et les collèges ecclésiastiques. Mais il était entré en rapport avec l'*Union des Femmes catholiques* et avec le Père Anzuini, jésuite de grand talent, qui l'avait guidé dans ses premiers contacts, suppléé au besoin, aidé dans ses traductions. Il avait aussi écrit à tous les évêques d'Italie au nombre de 258. Suivant la méthode qui lui avait si bien réussi au Chili, il avait eu recours aux séminaristes sud-américains du collège Pio-Latino chez qui il logeait et leur avait distribué les lettres à recopier.

Un an après, il se mettait en campagne. L'organisation avait été confiée à la présidente de l'Union des Femmes catholiques, la princesse Giustiniani Bandini. Le Père débuta à Gênes aux premiers jours de mai, remonta sur Turin et Milan et redescendit sur Pise et Rome. La princesse l'accompagnait dans tous ses déplacements, veillant à tout : réunions, visites, horaires des trains, logement. Les réunions se tenaient d'ordinaire à l'évêché sous la présidence de l'évêque. Les secrétariats étaient constitués officiellement. Le Père parlait tantôt en français, tantôt en italien qu'il apprenait tout en prêchant. Il voyageait de nuit pour gagner du temps.

Rome lui réservait une surprise : une audience du Pape le 17 mai. Le Cardinal Van Rossum, rédemptoriste hollandais et préfet de la Propagande, avait appris de ses confrères les succès éclatants du Père Mateo en son pays. Il en avait fait part à Benoît XV, qui voulut en entendre le récit de la bouche même du Père. Le Pape l'interrogea, exigea des détails. En conclusion, il lui demanda de revenir le surlendemain assister à sa messe en sa chapelle privée et célébrer ensuite en sa présence et à ses intentions. La messe achevée, nouvelle audience.

– Que prêchez-vous donc pour attirer de telles foules ? lui demanda le Pape.

– Une seule chose : la charité, la miséricorde, la royauté du Cœur de Jésus.

– Ah ! Je m'explique tout, déclara vivement Benoît XV. Quand les prêtres prêchent cet amour, ils ont une vraie toute-puissance à bouleverser le monde.

– Quelle réponse donnez-vous, demanda encore le Pape, à ceux qui se plaignent d'être submergés par les œuvres existantes ?

– Ceci, très Saint Père : je ne vous apporte pas une lampe de plus, à vous qui en avez douze ou vingt-quatre. Mais je vous apporte de l'huile pour toutes les lampes que vous possédez déjà.

Benoît XV insiste à nouveau pour que le Père Mateo revienne en Italie, y reste plusieurs mois et y prêche aux séminaristes, aux prêtres, aux prêtres surtout. Quant aux difficultés qui sont survenues et qui surviendront encore, « c'est le sort de toute grande entreprise », conclut le Pape.

Réconforté par cet accueil du Chef de l'Église, le Père se dirigea vers Naples et la Calabre. De là, il traversa toute la Péninsule pour visiter Côme, selon un itinéraire plus imposé par les circonstances que par la logique. Il redescendait sur Rome par Bologne et Modène, quand un brusque crochet le porta à Venise et dans la zone des armées pour y solliciter du généralissime Cadorna la consécration des armées au Sacré-Cœur. Ce geste lui était dicté par l'extraordinaire mouvement qui, sous l'impulsion du Père Gemelli, portait les soldats à se mettre sous la protection du Cœur de Jésus.

À Rome, le Père Anzuini, à qui le Pape avait confié la direction de l'œuvre, ne pouvait plus suffire à la tâche. Le Père Mateo accourut à son appel et pendant une quinzaine prêcha jusqu'à cinq fois par jour. Pour clôturer cette épuisante tournée dont le bilan était l'établissement de trente secrétariats à Rome et de cent cinquante dans le reste de l'Italie, le Père Anzuini avait prévu deux réunions.

La première rassembla sous la présidence des Cardinaux Van Rossum et Billot, près de 500 prêtres, religieux et religieuses dans l'église des Saints-Stigmates près du Largo Argentina. L'autre réunion eut un cachet typiquement romain. Autour de la marquise Della Chiesa, sœur du Pape et présidente du secrétariat central, se pressaient plus de 600 personnes dans le grand salon de l'*Union des Femmes Catholiques*. La lecture des rapports venus des divers centres d'Italie fut entrecoupée de morceaux de piano, de harpe, de violoncelle, de chœurs, de poésies et de récits de conversions obtenues par l'Intronisation.

Les résultats de cette rapide campagne avaient dépassé les espérances les plus optimistes et promettaient des lendemains encore meilleurs. Et c'est pourquoi les responsables avaient tenu à donner à cette séance d'adieu ce caractère de fête à la fois solennelle et familière, selon les traditions romaines. Le Père Mateo, visiblement ému, remercia, protestant qu'il n'était qu'un faible instrument et que tout l'honneur en devait rejaillir vers le Cœur de Jésus. « Au début de mon apostolat, concluait-il, j'avais promis au Seigneur qu'à lui serait toute la gloire, à moi l'ombre et l'immolation ». La gloire et l'immolation, l'Italie les lui offriraient l'une et l'autre plus qu'il ne le prévoyait.

Commencées le 4 mai, les prédications se terminaient le 18 juin en Italie. Le Père avait hâte de rentrer à Paris, non pour y prendre du repos mais pour y prêcher à Montmartre, comme on l'a dit. Il prenait aussitôt le chemin de Paray-le-Monial, la terre promise, où il comptait passer la fête du Sacré-Cœur et faire sa retraite. Mais quand on est l'apôtre du Sacré-Cœur, comment résister à ces 3000 pèlerins qui vous supplient ? Au reste il avait convoqué à Paray les zélatrices de France pour leur prêcher une retraite. Il leur donna ses consignes : ne rien faire en dehors des évêques et des directeurs ecclésiastiques, garder scrupuleusement le cérémonial, s'assurer les prières et l'aide apostolique des communautés religieuses. Il prêcha encore la retraite de la nombreuse communauté des Sœurs de Picpus et aussitôt après, partit en Suisse.

... puis « la Suisse tricolore »

Le Père Mateo l'appelle joliment « tricolore » à cause de ses trois langues nationales : l'allemand, le français parlé par près d'un quart de la population, l'italien. Placée au point de rencontre du catholicisme et du protestantisme, la Suisse a vu s'établir chez elle avec Zwingle et Calvin deux centres importants de la religion réformée. Ainsi à l'obstacle de la langue s'ajoute celui de la religion. Deux Suisses seulement sur cinq sont catholiques. Dans les cinq cantons qui parlent français, leur nombre va de la très forte majorité dans le Valais et à Fribourg à moins de la moitié à Genève et à la petite minorité à Lausanne et à Neuchâtel. Cependant les vocations sont nombreuses tant dans le clergé diocésain que religieux. Ce qui permet à la Suisse de tenir un rang d'honneur dans l'apostolat missionnaire et de gagner chez elle chaque année du terrain.

Le Père avait déjà trouvé semblable difficulté en Hollande. Ici il s'y en ajoutait une autre : le pays n'avait pas été préparé à sa venue. Mais la Suisse est le pays de l'hôtellerie et de l'hospitalité. L'accueil fut donc courtois, aimable, sans plus. L'évêque de Fribourg lui accorda volontiers la permission de prêcher là où l'on ferait appel à lui, mais se garda de l'inviter, attendant sans doute de le voir à l'œuvre. Le Père, si sensible aux réactions de ses auditeurs, le sentit bien. « Les évêques ont reçu avec juste méfiance le pauvre missionnaire péruvien, écrit-il à son Supérieur général. Je dis : juste méfiance devant la proposition de venir d'Amérique leur prêcher quelque chose qu'on suppose de bien connu dans l'Église, particulièrement en Europe ».

Il débuta à Einsiedeln, en plein cœur de la Suisse alémanique, célèbre par son pèlerinage à Notre-Dame des Ermites et son abbaye bénédictine, qui depuis près d'un millénaire est un des centres spirituels du pays. On y tenait précisément un congrès du Sacré-Cœur. Le Père Mateo fut invité à prendre la parole à la réunion des prêtres.

L'épreuve étant probante, on se hasarda à inviter le Père à Fribourg dans la modeste chapelle du couvent de la Visitation. Mais dès la seconde conférence il fallut choisir une église plus grande, celle des Franciscains, qui à son tour s'avéra trop petite. Le Père en rendait compte avec humour à son Supérieur général : « Il n'y eut pas une église assez grande pour contenir la foule qui assistait aux conférences du petit "bout d'homme", missionnaire péruvien, qui ne sait prêcher autre chose que la royauté d'amour du Cœur de Jésus ; il dut prêcher quatre, cinq et même six fois le jour, sans compter les réunions de secrétariats et le reste ».

Il avait si bien emballé son auditoire qu'on l'invitait à accompagner un pèlerinage de 580 Fribourgeois à Einsiedeln. Les exercices se terminèrent par une retraite aux flambeaux, au cours de laquelle le Père engagea l'assistance à prêter un triple serment de reconnaissance, de fidélité et d'amour au Cœur de Jésus, tandis que les mains levées vers le ciel elle répétait les invocations qu'il lui suggérait. Une seconde veillée, réservée aux prêtres, se termina fort avant dans la nuit.

Quelques jours plus tard, c'étaient 800 pèlerins du Valais qu'il retrouvait à Einsiedeln. Cédant à l'enthousiasme de ses diocésains, l'évêque de Sion l'invitait à prêcher dans sa cathédrale et le réinvitait pour un triduum. L'auditoire allait croissant d'un sermon à l'autre ; à la clôture à huit heures du soir, on ne vit jamais de mémoire d'homme pareille assistance.

Construite sur un promontoire « où les maisons se perchent comme des chats », Fribourg avec ses ruelles pittoresques que dominent les fortifications, sa cathédrale Saint-Nicolas, ses églises et chapelles, a été surnommée par le poète « une douce et chère cité automnale ». Cependant, une force l'anime et en fait par son évêché, son université, non moins que par la foi et la générosité de sa population, la capitale religieuse de la Suisse romane. Aussi le Père la prit-il comme le centre de son action. De là il rayonna sur les villes et les villages parfois fort éloignés. À Genève dans la paroisse du Sacré-Cœur, il monta huit fois en chaire dans la même journée. Ailleurs, c'était le nombre d'hommes venus l'entendre qui l'étonnait. Il prêcha plusieurs récollections sacerdotales, ainsi qu'une retraite aux chanoines réguliers de Saint-Maurice, qui se termina par l'Intronisation du Sacré-Cœur dans l'abbaye, présidée par l'évêque-abbé. Cependant à toutes les prédications il préférait encore l'Heure Sainte et c'est l'expérience qui lui dictait cette remarque : « Une heure de prière fait plus de bien que quatre sermons ».

Ce séjour de deux mois et demi en Suisse, du 19 août au 6 novembre, avait non seulement révélé l'apostolat familial sous le signe du Sacré-Cœur à un clergé zélé et à une population vivante et vibrante, mais surtout elle le laissait solidement implanté et organisé. De nombreux secrétariats avaient été fondés que coiffait et animait le secrétariat central de Fribourg, confié aux Visitandines, épaulées par les Sœurs du Cénacle. Avant de partir, le Père tint, selon son habitude, à réunir les zélatrices et à leur prêcher une retraite. Preuve qu'elles avaient marqué profondément les retraitantes, ses conférences furent recueillies et publiées. Six traductions en seront faites, dont une en japonais.

Le secrétariat de Fribourg soulignait dans son rapport ce qu'avait eu d'exceptionnel le succès de cette tournée : « Qui aurait pu penser que des prédications improvisées auraient en quelques semaines remué nos populations au caractère réfléchi et qui ne se donnent qu'à bon escient ? » Au contraire, le Père Mateo faisait remarquer à son Supérieur général combien normale était la réussite : « Vous voyez que cette Pentecôte produit partout le même résultat. C'est l'accomplissement des promesses à Marguerite-Marie. Cette croisade de rédemption sociale sera le salut : par elle, on sent que le Sauveur revient au monde pour le reconquérir par son Cœur ». Deux courts passages et deux plus longs séjours en France, deux mois en Hollande, six semaines en Italie, deux mois et demi en Suisse, quatre nations parcourues, dont deux abordées pour la première fois, partout un succès spontané, rapide, sans cesse croissant : telle est la physionomie et le bilan de cette année 1916.

Un laïque, homme de lettre, en a donné cette simple explication. J. Forain écrivait dans *Causeries* : « L'avez-vous entendu prêcher ? Non. – Et bien ! croyez-en ses auditeurs. Hâtez-vous d'aller cueillir cette joie de Paradis.

« En causant il s'appelle lui-même : *un petit bout d'homme* et l'idée ne vient pas trop de le contredire. Mais on pense à saint Paul, petit de taille et parlant comme celui-ci peut-être avec ce feu qui fait trembler et frissonner les foules. Causeries plutôt que sermons : une de celles que les Apôtres devaient, tout imprégnés de Jésus, semer en Palestine. Qui sait ? Jésus lui-même peut-être, parlait ainsi… »

Dire d'un prédicateur qu'à le voir et à l'entendre, on évoque tout naturellement l'apôtre Paul et le Christ lui-même, est-il meilleur éloge ?

Nouvelle tactique

Jusqu'ici l'activité du Père Mateo était commandée par le seul désir de conquérir au Sacré-Cœur le plus de points stratégiques possibles. Le temps de reconnaître une position, d'ouvrir une brèche, d'occuper le terrain, de recruter sur place quelques âmes d'apôtre, de leur passer ses consignes et de leur insuffler sa flamme, et déjà il était reparti pousser plus loin sa conquête. Ainsi l'avons-nous vu parcourir l'ouest et le midi de la France. Il ne s'est guère arrêté que dans les villes épiscopales, persuadé, et l'expérience lui donne raison, que de là son œuvre se répandra dans tout le diocèse. Il a suivi la même tactique en Italie. Voilà pourquoi encore il a attaché tant d'importance à se ménager des intelligences et des appuis dans les grandes capitales : Rome, Paris, Madrid, comme parmi ce qui tenait alors lieu des grandes centrales d'action catholique.

Désormais, à ce rapide travail de pionnier, il allait substituer une entreprise de longue haleine. Il reprendrait chacun de ces diocèses et lui consacrerait plusieurs semaines. Il visiterait des centres de moindre importance, qui cependant sur le plan local exercent une réelle influence. À un premier réseau à larges mailles va succéder un filet plus serré. Ce sera aussi pour lui l'occasion de revoir les zélateurs et zélatrices de la première heure, de les encourager, de les reprendre en main et plus encore de leur susciter des émules dans les paroisses.

Rentrant de Suisse au début de novembre 1916, il se mettait tout de suite en campagne. Il tentait d'abord un essai en Normandie et consacrait cinq jours à Rouen, deux jours à Yvetôt et, selon son expression, au Havre, trois jours de discours en averse, atteignant ainsi les deux capitales économiques et le principal centre rural du diocèse. Il continuait à la même cadence dans le diocèse de Séez : « Si le ciel ne m'aidait d'une manière évidente, écrivait-il, je n'arriverais pas à réaliser le quart de la tâche. Et cependant, malgré un froid cru, je suis frais comme une laitue ». Il s'attachait dans ce diocèse deux précieux collaborateurs : l'abbé Bertrand et Marie Rocher. Tous deux, avec une rare audace, sans autre ressource que leur zèle, lançaient pour appuyer leur action une revue mensuelle : L'*Intronisation du Sacré-Cœur*, qui rayonna bien au-delà du diocèse. L'abbé Bertrand composa en outre un *Catéchisme de l'Intronisation*, dont la 7e édition est encore en usage. Âme de feu dans un corps faible, Marie Rocher est à l'origine également de la messe perpétuelle pour le Règne du Sacré-Cœur. Pendant plus de vingt ans, elle fut l'animatrice de l'œuvre dans tout l'ouest, jusqu'à ce qu'une bombe la frappât à la chapelle devant le Saint-Sacrement où elle faisait son adoration journalière.

Mais c'est à Bayonne que le Père put expérimenter à plein sa nouvelle méthode. Il avait écrit à l'évêque de ne pas le ménager. Celui-ci le prit au mot et d'ailleurs l'accompagna dans tous ses déplacements. On ne compte pas moins de soixante-quinze instructions en vingt-deux jours. En plus du matin et du soir où il s'adresse à la foule des fidèles, il réunit dans la journée les forces vives des paroisses : prêtres, enfants, élite, soit tous ceux qui veulent faire quelque chose. Il cherche à approfondir leur conviction et leur demande des engagements précis. Il parcourt ainsi les principales localités de la côte basque et des vallées pyrénéennes.

La *Semaine Religieuse* le suit de jour en jour dans ses pérégrinations. « Sa voix chaude, étoffée, puissante, se prête à tous les mouvements de l'éloquence. Il a ce don si rare des grands remueurs de foule : dire nettement ce qu'il veut dire, avec la conviction et la foi qui font que c'est tout l'homme qui parle ». Au curé de Saint-Charles de Biarritz qui lui fait l'amical reproche de compromettre sa santé, il réplique : « Ma seule raison d'être est de me tuer pour celui qui s'est tué pour moi ». Il se sent d'ailleurs porté par cette population croyante, dont il a bien connu les enfants au Chili, puisqu'on a pu dire que les deux grands produits du pays basque sont saint Ignace de Loyola et le Chili.

C'est à Oloron que prend fin son apostolat dans le diocèse. La foule sort silencieusement de l'église et entoure sa voiture. Un fidèle demande sa bénédiction. Le Père bénit lentement la foule et d'une voix forte s'écrie : « Vive le Sacré-Cœur de Jésus ! » acclamation que reprend la foule tandis que l'auto démarre. « C'est le privilège des serviteurs de Dieu d'accomplir en peu de temps un bien durable et le Père Mateo est un de ces ouvriers dont la sainteté produit des merveilles », conclut le bulletin diocésain.

Sans même prendre une semaine entière pour souffler, dès le 4 janvier, le Père était à pied d'œuvre à Paris. Il avait confié à la *Ligue Patriotique des Françaises* le soin de lui préparer un programme serré. Il fut servi à souhait. L'*Echo de la Ligue* signale qu'en un mois il prêcha en dix-sept paroisses, quinze communautés, trente neuf centres divers. On traversait alors un hiver très rigoureux. Le thermomètre descendait à -15° et le charbon faisait défaut, les mines étant dans la zone des combats. Cependant les églises ne désemplirent pas. En cette troisième année de guerre, dont personne n'entrevoyait la fin, le moral du pays était au plus bas. Le prédicateur ne craignait pas d'entrer dans le vif du sujet : « Est-ce que vous souffrez ? C'est presque une cruauté de poser cette question. Pour beaucoup d'entre vous elle avive une secrète blessure. Mais qui pansera cette blessure ? On a créé pour panser les plaies corporelles des œuvres de miséricorde : est-ce qu'il n'y aura pas une *Croix-Rouge* pour les âmes déchirées ? Si, la voici : la Royauté du Maître dans la famille. Il frappe à la porte : y a-t-il des cœurs désolés ? Ouvrez-moi, je m'appelle Jésus ; le consolateur, l'ami des mauvais jours, c'est moi ».

Loin de prêcher un christianisme replié sur soi, il invitait les chrétiens à être à leur tour les consolateurs du Christ outragé et chassé et ses apôtres ardents. « J'ai été témoin durant cette guerre, disait-il encore, de gestes de grandeur, de véritable héroïsme, tellement beaux, tellement nombreux que dans quelques années, on se demandera si tout cela a été réel ou si c'est une légende. Et, tout en admirant, une profonde tristesse m'envahissait. Voilà, me disais-je, ce dont sont capables même des mécréants quand il s'agit d'honneur, de patrie. Ils sacrifient tout d'un geste qui ne cherche même pas toujours l'admiration ou une décoration. Et moi, qu'on appelle apôtre, en ai-je fait autant pour celui que j'appelle mon Dieu et mon tout ? »

Il avait débuté à Paris par une retraite à Picpus où il avait convoqué les zélateurs de l'Intronisation : prêtres, religieuses, personnes d'œuvre venus au nombre de deux cents. Avec eux il fit le point : à ce jour les approbations épiscopales se montaient à trois cent cinquante et l'œuvre progressait à pas de géant. Il mit surtout en relief dans son rapport les résultats obtenus par des Intronisations bien préparées et vécues : conversions nombreuses, reconstitution des foyers désunis, rechristianisation profonde. Son apostolat parisien se termina par une retraite à Montmartre pour les ligueuses. On possède encore ses notes. Il ne se fie ni à son acquis ni à son inspiration. Mais à chaque retraite ou prédication importante, il trace un plan, note les principaux développements, rappelle d'un nom propre de personne ou de lieu l'histoire qui servira d'illustration à la doctrine. Car ce prédicateur infatigable est un écrivain non moins infatigable. Il traîne dans tous ses déplacements des valises et bientôt des malles de notes qui de mois en mois deviennent plus pesantes et font le désespoir de ceux qui l'accompagnent.

La Trappe de Sept-Fons et Dom Chautard

Si engagé qu'il fût dans un pays, il gardait toujours la sollicitude de tous les secrétariats. Il leur demandait donc dans une circulaire de conjuguer leurs efforts pour que partout la fête du Sacré-Cœur fût célébrée avec éclat. Il leur suggérait même d'envoyer à cette occasion des télégrammes d'hommage et de fidélité au Pape. Il en vint en si grand nombre d'Europe et même d'Amérique que Benoît XV dut recourir à l'*Osservatore Romano* pour y répondre globalement.

Avant de reprendre ses pérégrinations à travers la France, le Père sentait le besoin de se refaire et de se recharger spirituellement. Attiré comme toujours par Paray, il y chercha en vain le silence et la prière. Il y fut littéralement assiégé par les pèlerins, race tenace et importune comme l'on sait. Ils le poursuivaient partout : à la chapelle, dans la rue, à l'hôtel. Sur le conseil d'un ami, il alla, pour leur échapper, se réfugier à l'abbaye trappistine de Sept-Fons, dans l'Allier, où personne, croyait-il, ne le découvrirait. Dom Chautard, un homme d'action en même temps qu'un grand spirituel, en était alors l'abbé. Douze ans plus tôt, il avait sauvé par ses démarches les trappes françaises de la spoliation. Son maître-livre l'*Âme de tout Apostolat* était universellement connu et en ce moment même dans *Le Prêtre aux armées,* il en reprenait les données essentielles pour les nombreux prêtres mobilisés : sans vie intérieure, l'âme se vide de Dieu et ne peut donc le communiquer. C'était la doctrine même que prêchait le Père Mateo. Aussi, à peine était-il arrivé, que le Père Abbé lui demandait d'évangéliser ses moines.

– Mais je suis venu pour prier, non pour prêcher.

– Précisément, on ne vous demande que de prier tout haut.

La demande était si cordiale et si prenante, que le Père se laissa convaincre.

– Je suis venu à la Trappe pour me faire attraper.

Les moines furent surtout sensibles à sa vision résolument optimiste et surnaturelle des événements. « Quand il nous crie : si vous saviez ce qui se passe dans le monde, écrit l'un d'eux, ce n'est pas du mal qu'il parle, mais des merveilles inouïes que la grâce opère dans les âmes et dont il est journellement témoin par sa croisade de l'Intronisation. Son court passage parmi nous a été plus qu'une retraite ». Ses conférences recueillies et complétées durant un autre séjour furent publiées par l'abbaye. Leur succès en fut considérable : la 7e édition atteignit le deux centième mille. Elle furent traduites en neuf langues. Il y eut même des éditions parfois simultanées : en espagnol à Madrid, à Mexico et à Lima ; en portugais à Lisbonne et à Sâo Paulo.

De sa retraite de Sept-Fons, il nous reste aussi un brouillon de testament où apparaît l'accord de sa prédication et de sa vie intérieure. Il affirme tout d'abord sa reconnaissance et son attachement à la Congrégation des Sacrés-Cœurs de qui il a tout reçu : éducation chrétienne, première communion, profession religieuse, sacerdoce. Il demande humblement pardon de ses fautes qui ont fait souffrir ses supérieurs et pu mortifier ou malédifier ses frères. Il renouvelle sa consécration au Sacré-Cœur qu'il veut encore plus totale qu'au jour de sa profession, c'est-à-dire avec le dépouillement complet et irrévocable de lui-même et de ce qui pourrait être sien. Pour l'extension de son Règne, il accepte avec joie toute la part d'amertume et de croix que la Providence lui réserve. Il ne veut pour seule couronne que la couronne de gloire du Cœur de Jésus. Il ne demande d'autre récompense que son exaltation sociale par la réalisation des désirs qu'il a révélés à sa confidente de Paray. Il renonce à toutes les prières et suffrages qu'on pourra offrir pour lui durant sa vie et après sa mort, si avec ce capital riche ou pauvre, il peut gagner une seule âme ou un foyer au Cœur de Jésus.

Au début de septembre, il reprend ses pérégrinations dans ces pays de foi que sont les diocèses de Viviers, du Puy et de Rodez. Il y aime surtout ces beaux auditoires de prêtres (Rodez avait alors plus de mille prêtres, un pour trois cents habitants) et il ne cache pas sa joie de vivre plusieurs jours dans l'intimité des cent cinquante prêtres réunis en retraite à Viviers.

Il descend ensuite dans le Roussillon, remonte par la Gascogne et la Vendée jusqu'en Bretagne et achève sa tournée en Bourgogne. Chaque province retient une image propre de lui, dont l'ensemble permet de saisir sa prédication sur le vif. Ardent et réaliste, le Rouergue salue en lui « un nouveau Pierre l'Ermite, dont la croisade n'a pas pour but de délivrer un tombeau vide, mais de placer Notre-Seigneur vivant à la source même de la vie, la famille... ». Le Roussillon est plus sensible à l'homme qu'à l'œuvre : « Il a parfois ces accents passionnés qui, partant du cœur vont jusqu'au cœur. Il cite des traits vécus et saisissants et excelle à camper ses personnages et à les mettre en scène. Surtout avec lui on est en plein dans le merveilleux, on sent passer sur l'auditoire le souffle du surnaturel ». En Bretagne, on a été conquis par sa façon d'accrocher son auditoire dès les premiers mots. Parlant à une belle réunion de prêtres à Brest, il s'excuse de prendre la parole. « Si je me le permets, c'est parce que le Pape l'a voulu. C'est lui qui m'a demandé d'être près de vous son porte-parole. Je ne suis rien. Si j'avais eu quelques titres, on aurait pu attribuer à mon mérite personnel l'assiduité des foules. Si l'on vient à moi cependant, c'est une preuve que ce n'est pas moi qui parle. C'est Jésus qui se sert du dernier de ses serviteurs pour propager le culte de son cœur ».

La Vendée est une terre privilégiée du Cœur de Jésus depuis le temps où les Chouans partaient à l'assaut en arborant les « sauvegardes ». On voit, par une lettre de Benoît

XV à l'évêque de Luçon, que le mouvement des Intronisations y a pris une telle extension que, débordant les familles, nombre de communes, et même le département, se sont consacrés au Sacré-Cœur.

Dans leur voyage ad limina, les évêques mentionnent volontiers le passage du Père Mateo comme un événement marquant de la vie diocésaine. Ils se plaisent même, comme celui de Perpignan, à en raconter au Pape les menus épisodes, souvent révélateurs. À son évêché, on avait accueilli plutôt froidement le Père. On s'était incliné devant la décision de l'évêque mais, avait fait remarquer l'un de ses vicaires généraux, pourquoi avoir choisi la plus grande église de la ville, alors qu'une chapelle de communauté aurait largement suffi ? Quelle contenance prendrait-on en voyant la maigre assistance ? Il n'eut pas longtemps à s'interroger. La foule des grandes fêtes avait envahi l'église et refluait sur le parvis. Il lui fut impossible de se frayer un chemin et il s'en revint chez lui, louant Dieu de s'être trompé et de lui épargner le regard malicieux de son évêque. L'évêque accompagnait partout le Père : dans les villages, l'affluence n'était pas moindre les jours de semaine et aux heures de travail. La Semaine Religieuse en donne de copieux compte-rendus qui, devant la demande, furent réunis en brochure et connurent même plusieurs éditions.

Les premiers contacts, on s'en doute, n'étaient pas toujours des plus engageants. C'est ainsi que le Père Mateo répugnait à se faire couper les cheveux pendant ses tournées, de crainte sans doute qu'on ne les gardât comme reliques : au bout de plusieurs mois leur longueur devenait démesurée et lui donnait une allure étrange. Avec son habitude de rabattre un pan de sa pèlerine sur l'épaule et son teint bistré, il évoquait assez bien l'Indien des livres d'enfants. Se présentant un jour à la sacristie d'une cathédrale au vicaire de semaine :

– Je suis le prédicateur.

– Ah ! c'est vous. Eh bien ! sachez que vous êtes de trop ici.

– Ce serait plutôt à Monseigneur qu'il faudrait le dire, répond paisiblement le Père, puisque c'est lui qui m'invite.

Le vicaire passe dans une pièce voisine et le Père l'entend dire au sacristain.

– Je me demande ce que viennent faire ici ces sauvages d'Américains.

Après le premier sermon le vicaire s'éclipse, mais dès le second il lui présente ses excuses et lui demande sa bénédiction.

D'autres non plus n'oubliaient pas qu'il était américain. Les Péruviens avaient suivi avec fierté les succès grandissants de leur compatriote en Europe que détaillait copieusement leur presse. Leur désir était vif de le voir revenir au Pérou et certains manœuvraient même pour l'y attacher définitivement. Sur ces entrefaites vint à mourir l'archevêque de Lima, primat du Pérou. On pressa le Pape d'y nommer le Père Mateo, Benoît XV s'y refusa.

– Ce n'est pas qu'il ne ferait pas un bon évêque, dit-il, mais il est plus utile dans son œuvre de l'Intronisation.

De ce temps date l'unique lettre à sa maman que nous ayons conservée de lui : « Ma lettre, dis-tu, t'as enchantée. Je savoure encore la joie que tu as éprouvée en la recevant. Comme je voudrais que toutes mes lettres te causent ainsi de l'enchantement. Et comme je serais heureux si les lettres et les sermons de ton Padrecito (*petit père* en espagnol) te faisaient jouir et sourire pour tant qui, hélas ! te font pleurer.

« Tu as un droit spécial à mon affection : je suis ton prêtre. Tu as nourri ma vocation. Avec tes sacrifices, tu as arrosé la divine semence. Jamais, pour des raisons d'égoïsme, tu ne m'as contrarié dans ce chemin, bien au contraire. Après Jésus, c'est à toi que je dois le bonheur et la joie d'être prêtre.

« Un jour tu verras comment, depuis ce jour, Jésus te fit cadeau de son Cœur pour te payer le fils que tu lui offrais. Depuis lors, tout ce que j'ai pu faire avec la grâce du Seigneur, comme prêtre et apôtre, retombe sur toi comme une bénédiction, comme un merci du Cœur de Jésus à ton adresse ».

Il plaît que l'apôtre du Sacré-Cœur et de la famille sache mettre tant de cœur et de délicatesse dans une lettre à sa vieille maman qu'il a quittée et ne reverra jamais.

Le sceau divin: la contradiction et la croix

« Une œuvre divine, avait écrit le Père Mateo, doit recevoir la triple consécration de l'approbation de l'Église, du miracle et de la contradiction ». Si les années précédentes lui avaient apporté avec largesse approbations et miracles, l'année 1918 serait non moins copieusement marquée par la croix.

Sans cesse sur la brèche depuis bientôt trois ans, passant sans arrêt de l'Espagne à l'Italie, de la France à la Hollande ou à la Suisse, les parcourant en tous sens à vive allure, il avait forcé la mesure. Qu'on imagine la dépense nerveuse qu'exigent des sermons d'une heure, renouvelés plusieurs fois chaque jour, la fatigue des voyages de nuit entrepris pour gagner du temps sur les réseaux désorganisés par la guerre, les incommodités de toutes sortes causées par les changements presque quotidiens de table et de lit. Vers la mi-février, alors qu'il était à Paris, il ressentit les premières atteintes d'une maladie qui désormais ne le lâcherait guère; la goutte.

Une grande joie lui était réservée dans cette épreuve de santé. À deux reprises, le Pape Benoît XV, dans les discours prononcés lors des séances préparatoires à la canonisation de Marguerite-Marie, « loue Dieu de l'admirable diffusion qu'a prise l'œuvre de la consécration des familles. L'aube laisse entrevoir ce que sera le midi et déjà il salue l'aube de ce midi tant désiré où la souveraineté du Christ Jésus sera reconnue de tous ». En relevant dans sa circulaire ces paroles du Pape, le Père Mateo rappelle que l'Intronisation est la réalisation progressive, intégrale, vivante de la vision de Marguerite-Marie. Il trouve d'heureuses formules pour la définir : « Prenant par la famille la racine même de la société, vous lui infuserez la sève vitale de la reconnaissance et de l'amour de Notre-Seigneur Jésus-Christ. L'œuvre, qui est une œuvre de royauté dans l'amour, est une œuvre de domination intime, profonde, en même temps que sociale et extérieure ».

Le discours du Pape constatait un fait ; parmi les grands mouvements qui propagent dans l'Église le culte du Sacré-Cœur, l'Intronisation avait aisément fait sa percée et occupait même l'un des tout premiers rangs. Il est juste de reconnaître qu'elle avait reçu de ses grands aînés le plus large accueil et la plus fraternelle collaboration. Après Paray où elle était née, après Montmartre qui lui avait ouvert ses portes, l'Apostolat de la Prière n'avait pas été le moins empressé. En lui promettant son concours au nom de la Compagnie de Jésus, le R. P. Turchi, provincial, avait dans une lettre au Père Mateo défini avec bonheur ce qu'il apportait de neuf et d'original : « L'œuvre salutaire instituée par vous avec une haute sagesse et propagée avec une ardeur apostolique est destinée à obtenir la restauration de la famille chrétienne, dont la société civile et religieuse dépend comme l'arbre de sa racine. Que Dieu rentre d'abord dans la famille, il fera ensuite sa rentrée dans la société civile ». Et joignant le geste à la parole, il lui avait donné dans le P. Anzuini un collaborateur de choix en même temps qu'un ami dévoué. Nouveau venu en Italie, le Père Mateo s'était naturellement adressé à ce qui tenait lieu alors d'action catholique, l'*Union des Femmes catholiques,* qui mit à sa disposition ses cadres et ses comités répartis à travers toute la Péninsule. Le succès dépassa toutes les espérances ; trois cents secrétariats fonctionnaient, dont quarante à Rome. Le P. Anzuini recevait une cinquantaine de lettres par jour. Certains discernèrent un réel péril à laisser à des femmes un apostolat qui dans sa nature relevait du clergé seul : leur dévouement était hors de doute, mais rien ne les avait préparées à leur tâche. Sans autre forme de procès, elles furent dépossédées de ce qu'elles regardaient comme leur droit et leur privilège. On imagine leurs protestations. L'affaire fut portée devant le Pape. Benoît XV ne voulut prendre aucune décision avant d'en avoir référé au Supérieur général des Pères des Sacrés-Cœurs, de qui dépendait le Père Mateo. Il lui fit demander s'il avait en nombre suffisant des Pères disponibles pour l'Italie. Sur sa réponse négative, (la Congrégation des Sacrés-Cœurs. n'avait alors qu'un pied-à-terre à Rome sans aucun religieux italien) le Pape confia la direction des secrétariats et la consécration des familles à l'Apostolat de la Prière, qui avait en abondance Pères et résidences. De ce jour l'A. P., qui venait de se reconstituer en Italie après un certain assoupissement (la fondation du *Messager* était récente), prit un essor considérable. « J'ai ressuscité un mort », disait en plaisantant le P. Mateo.

Cette mesure qui se comprenait dans une situation bien définie, celle de l'Italie, allait avoir sous peu des conséquences imprévisibles. Dans la lettre du Cardinal Gasparri, qui notifie la décision du Pape, comme dans les autres documents officiels du Saint-Siège, le mot Intronisation n'est jamais employé. Au Père Mateo qui lui en avait fait la remarque, le Pape avait expliqué : le mot n'existait pas en latin classique et il sonnait plutôt mal en italien. Mais pour qu'il n'y eût pas de contestation possible, il avait pris soin de le définir soigneusement. Cette précaution fut sans effet.

On commença à colporter que le Pape n'aimait pas le mot, et encore moins la chose. La preuve ? Le Père Mateo avait été visiblement écarté. Il se cachait maintenant on ne savait où. On n'en entendait plus parler. Bientôt parut une note enjoignant à tous les directeurs d'avoir à obéir aux directives pontificales et de remettre cadres, locaux, publications entre les mains du mouvement désigné par le Pape. Audiences pontificales, lettres, approbations épiscopales par centaines, cérémonies répétées en des millions de foyers, douze ans de travail ; tout cela était compté pour rien. L'Intronisation en tant qu'œuvre originale et indépendante était purement et simplement rayée d'un trait de plume et son auteur étouffé entre deux portes, jeté aux oubliettes.

« L'œuvre n'est pas née d'un calcul,
elle ne mourra pas d'un contre-calcul »

Devant cette lourde menace mettant en jeu l'existence même de l'œuvre, qui est la raison de sa vie, le Père Mateo conserve son assurance et sa paix. Si l'on parle devant lui de l'enterrement prochain de son œuvre, il sourit : « Il trouve ces raisonnements trop humains pour être vrais ». Il a ce mot profond qui le peint tout entier : « L'œuvre n'est pas née d'un calcul, elle ne mourra pas d'un contre-calcul... Faisons simplement la plaidoirie qu'il faut, mais raisonnons toujours surnaturellement ».

Ne pouvant aller défendre sa cause sur place, il prend le parti d'adresser un mémoire sous forme de lettre au Cardinal Van Rossum. Il rappelle d'abord qu'à ses débuts, bien loin d'être regardée comme un simple aménagement des œuvres existantes, l'Intronisation avait eu à subir le reproche de nouveauté sans fondement dans la tradition, et qu'il ne fallut rien moins que la haute autorité du Cardinal Billot pour faire tomber cette objection. La brillante intervention du Cardinal aurait-elle à ce point renversé la vapeur, qu'on taxait aujourd'hui l'œuvre de pur démarquage sans originalité profonde ? Il souligne ce qui caractérise son œuvre et la différencie de celle de ses devanciers. L'Intronisation s'adresse à la famille, mais sans s'y arrêter, elle voit en elle la cellule génératrice de la société et tend par elle à établir le règne social du Sacré-Cœur. C'est pour mieux affirmer ce but qu'elle se fait toujours au foyer et exige la présence du prêtre, représentant officiel, alors qu'auparavant le prêtre ne venait qu'exceptionnellement au foyer et que souvent les consécrations se faisaient collectivement à l'église.

Il a si peu prétendu à un monopole qu'il a choisi ses collaborateurs tant dans le clergé diocésain que parmi les religieux de toute robe et obédience, ici jésuites, dominicains, franciscains, là salésiens, spiritains, oblats. Jamais il n'a établi de secrétariat sans l'appui de la hiérarchie. Il veut faire œuvre d'église, ouverte à tous, ne réservant à sa Congrégation que la direction générale et l'animation.

Muni de ce mémoire, le Cardinal Van Rossum posa nettement la question au Pape. Benoît XV répondit avec non moins de netteté que la « mesure ne concernait que l'Italie. Au fond peu importait le mot. L'essentiel était que ce ne soit pas une consécration passagère, une fête de famille sans lendemain, mais qu'en réalité Jésus soit placé sur un trône dans la famille, qu'il y reste le Roi et que la famille se réunisse chaque jour autour du trône pour lui offrir son tribut d'adoration et d'amour ».

Une fois encore, l'Intronisation était sauvée. Elle y gagnait même une précieuse définition, qui souvent dans la suite servirait de thème aux prédicateurs.

À la lumière des événements de ces dernières années, on ne peut que regretter cette querelle. Comme les divers mouvements, au lieu de se combattre, auraient été mieux inspirés d'approfondir la doctrine et la spiritualité du Sacré-Cœur ! Le jour était proche où, faute de cet effort, ce ne seraient plus seulement les positions acquises de chacun, mais le culte même du Sacré-Cœur qui serait remis en question par les meilleurs.

En homme d'église rompu aux usages romains, le Cardinal Van Rossum savait ce qu'un cérémonial approuvé officiellement confère de stabilité et de présence à une œuvre discutée. Aussi prit-il sur lui-même de faire les démarches nécessaires. Un décret de la Sacrée Pénitencerie était signé le 1er mars 1918. Entrant pleinement dans les vues du Père, il rendait la présence du prêtre obligatoire pour le gain des indulgences. Il faut avouer que pour des prêtres, l'obligation dans le ministère de visiter les familles les unes après les autres pour les préparer, faire la cérémonie, prendre la parole était lourde, et grande la tentation d'y échapper. Mais du même coup ils enlevaient à l'Intronisation sa valeur pastorale et sa portée apologétique. Bien comprise, elle est une véritable prédication à domicile, en même temps qu'une protestation contre le laïcisme envahissant qui fait de la religion une affaire privée et confine Dieu à l'église et le prêtre à la sacristie. Dans sa hâte, le Cardinal ne prit pas garde qu'il faisait attacher les indulgences à un acte de consécration qui n'était pas du Père Mateo, mais d'un de ses confrères belges, le P. Ladislas. Ainsi la faveur même cachait une blessure que ressentit vivement le Père Mateo.

« Agitateur religieux, dangereux dans la réaction »

Que fait donc le Père Mateo ? On ne reconnaît plus l'homme des décisions rapides, des ripostes hardies, des négociations habiles. On voit ses amis agir. Lui paraît passif et pour tout dire éteint. Un voyage à Rome, et la plupart de ces épreuves lui auraient été épargnées.

Il ne faut pas seulement en incriminer la goutte, mais le gouvernement français, alors présidé par Clemenceau. La guerre meurtrière durait depuis trois ans. Réagissant vigoureusement contre le défaitisme, qui exigeait la paix à tout prix, le *Tigre*, venait d'entreprendre de retentissants procès contre les « traîtres ». Le pays en proie à « l'espionnite » en voyait partout. Le Père Mateo avait donc été dénoncé « comme un agitateur religieux, dangereux dans la réaction, à surveiller ». Sous prétexte de viser son passeport diplomatique, on le lui avait tout bonnement confisqué et on l'avait astreint à la résidence forcée, à Biarritz. Toutes ses démarches pour en sortir demeurèrent vaines. On lui répondait évasivement que son passeport avait été égaré. Il fit agir des amis puissants. On invoqua alors la multitude de noms dont il s'honorait, se faisant appeler Mateo, Crawley, Boevey, Murga (au Pérou comme en Espagne, au nom du père on joint toujours le nom de la mère). Cette situation se prolongea durant dix mois.

Le seul écart de langage qu'on ait pu reprocher au Père Mateo concernait l'affaire de Loublande. Claire Ferchaud prétendait être favorisée des apparitions du Sacré-Cœur. « Si la France se consacrait à lui et plaçait son image sur ses drapeaux, promettait-elle, elle obtiendrait la victoire. Alors s'établirait le règne du Cœur de Jésus, où elle aurait un rôle de premier rang à jouer ». Sur les instances de l'évêque de Poitiers, malgré ses vives répugnances, le Père Mateo avait consenti à voir la jeune visionnaire. Il fut conquis par elle et ne cacha pas son admiration. Ses paroles amplifiées et déformées eurent un retentissement qu'il n'avait pu prévoir. De ce jour, et notamment après la sévère décision de Rome, on lui en tiendra rigueur dans les milieux ecclésiastiques : certains ne désarmeront jamais, passant du dénigrement facile à l'opposition ouverte. Il jura, mais un peu tard, de garder désormais un absolu silence.

Il était appelé dans le même temps à intervenir dans une affaire qui touchait de bien près cette fois la France. Chacun des belligérants tentait d'attirer dans son camp les pays neutres. Une puissante campagne de presse était menée contre la France dans des pays catholiques où déjà la défiance était grande contre sa politique antireligieuse. René Bazin et son collègue de l'académie, Mgr Baudrillard, demandèrent au Père Mateo d'apporter le témoignage d'un neutre, très averti des choses françaises, puisqu'il venait de parcourir la moitié des diocèses. Dans *La France méconnue, la vraie France,* le Père distinguait la France officielle de ces dernières années si souvent sectaire et persécutrice, et la vraie France dont il exaltait le clergé, les missionnaires, les œuvres d'apostolat et de charité. Traduit en espagnol et en portugais, cet opuscule fut répandu à l'étranger à un demi-million d'exemplaires. C'est, semble-t-il, pour le remercier de ce signalé service qu'on le traitait d'agitateur dangereux, mesurant sans doute la grandeur du péril au succès de son opuscule. L'armistice était signé depuis longtemps quand on lui rendit sa liberté.

Cette réclusion ne pouvait que nuire à la longue à ce tempérament, qui semblait se recharger dans l'action. Une bronchopneumonie mit ses jours en danger. Il ne fut sauvé que par les soins du curé de Saint-Charles de Biarritz et de ses sœurs chez qui il logeait. Ses hôtes s'édifièrent de sa patience à toute épreuve. Il ne voulait pas qu'on le veillât. Il avait toujours le crucifix à la main. Sa chambre au presbytère donnait sur une tribune de l'église paroissiale. Au témoignage de l'abbé Garay, « il passait de longues heures en adoration à la tribune. Il était si zélé à faire l'adoration nocturne qu'il en était arrivé à ne dormir que trois heures par nuit ». Une année traversée d'épreuves physiques et morales, soutenue par une prière assidue, ne peut être qu'une année féconde. Il lance le *Message Mensuel,* feuille volante destinée à rappeler aux familles leurs engagements et à leur porter les consignes de leur directeur. Il corrige soigneusement aussi la *Brochure Officielle de l'Intronisation.* Les quarante deux lettres pastorales, qui cette année recommandent son œuvre aux fidèles, lui apportent l'assurance que malgré les attaques, les pressions et malgré son inaction forcée, elle est plus vivante que jamais.

Son rayonnement gagne en profondeur ce qu'il perd en étendue. Nombreuses sont les âmes qui doivent à ce séjour de Biarritz leur orientation définitive. Il est encore trop tôt pour soulever le voile. Qu'il suffise de citer son action sur le comte d'Elbée et la comtesse née de Sèze. Tout souriait au jeune ménage et le vulgaire les considérait comme des privilégiés de ce monde. Mais en l'entendant parler ils eurent la révélation d'un plus grand amour, fondé sur le sacrifice. En réparation de tant de foyers divisés et brisés, ils acceptaient de vivre désormais séparés, quoique toujours unis. Après avoir déposé leur alliance au sanctuaire de Paray, ils entraient elle chez les Carmélites, lui chez les Pères des Sacrés-Cœurs, entraînant dans leur sillage l'une son frère, l'autre ses deux sœurs. « Délicatesse du Roi, Il sépare pour mieux unir, pourra leur dire le Père Mateo. Un jour le célébrant vous donnera Jésus en récompense de l'avoir donné à Jésus comme son prêtre ».

VIII.

1919 – Septembre 1921

L'apothéose espagnole

Au début de mars 1919, le Père Mateo recouvrait comme par enchantement son passeport diplomatique ; on l'avait égaré aux Affaires Étrangères, prétendait-on, mais en réalité on l'avait retenu à la Sûreté Nationale. Voici que prenait fin son épreuve, la plus pénible sans doute de sa vie. Rien ne lui avait été épargné : maladie, manœuvres sournoises pour étouffer son œuvre, séquestration arbitraire. Après quatorze mois de silence forcé, il allait pouvoir reprendre ce ministère de la Parole, qui était sa vie et sa grâce propre. Il expérimenterait une fois de plus ce qu'il avait si souvent prêché à ses collaborateurs : « La croix est la plus prodigieuse des prédications, la plus conquérante des missions. Vous serez apôtres surtout lorsque vous souffrirez ». En Espagne dont il franchissait la frontière, il écrirait cette année les pages les plus prestigieuses de son apostolat.

L'Espagne avait su se maintenir à l'abri du conflit qui venait d'ensanglanter l'Europe. En même temps qu'elle rétablissait son économie, elle affermissait la position de l'Église. Contrairement en effet à ce que l'on pense généralement, le siècle précédent avait été pour l'Église espagnole un siècle de lutte : elle avait subi à plusieurs reprises la persécution et connu en 1834 une complète spoliation. Deux faits caractérisaient le catholicisme hispanique : la multitude des groupements religieux (confréries, unions pieuses, associations diverses) et l'abondance des vocations, plus nombreuses et plus solides toutefois dans le nord (Navarre, Pays Basque, Galice) que dans le sud (Estrémadure, Andalousie) en raison du climat et de la situation sociale. Plus de dix mille religieux et religieuses travaillaient à l'étranger soit dans les missions, soit dans les anciennes colonies. Tous signes de la foi et de la fécondité des familles.

La Bidassoa à peine traversée, le Père Mateo retrouvait à Fontarabie, la vieille cité qui garde la frontière, une Maison de sa Congrégation et deux de ses principaux collaborateurs. Le Père Eusèbe Rinkes, hollandais, venait d'achever ses études à Rome. Ses deux doctorats en théologie et en philosophie, sa parfaite maîtrise des langues occidentales, joints à sa puissance de travail et à son volontaire effacement le désignaient pour être le secrétaire d'une œuvre de présence déjà mondiale. Sur les instances du Père Mateo, il venait de fonder *Le Règne Social du Sacré-Cœur dans les Familles chrétiennes, revue internationale de l'Intronisation*. Il faut souligner le paradoxe de ces débuts ; une revue rédigée en français par un hollandais et imprimée en Espagne. Ce n'était pas pour déplaire au Père Martial Chauchard, un Aveyronnais : Supérieur d'une province française dont les deux seuls établissements étaient situés hors de France, en Espagne et en Belgique, il était dans une situation non moins étrange. Handicap que l'Intronisation en France ne remontera jamais complètement.

À plusieurs reprises, l'idée avait été émise d'élever à Madrid un monument au Sacré-Cœur. Le Père Mateo avait bien tenté d'en relancer le projet à son premier passage, mais il était resté trop peu de temps dans la capitale pour lui donner corps. Un pieux laïque, Rodrigo García en reprit l'idée et fut assez heureux pour y intéresser le Père Calasanz Baradat. Ce jeune religieux des Sacrés-Cœurs était un Navarrais plein de feu, à l'éloquence fougueuse. Il constitua un comité sous la présidence de la Duchesse de la Conquista et chargea le secrétariat madrilène de recueillir les fonds.

Entre-temps le projet avait pris de la consistance et de l'ampleur. Conçu d'abord comme un grandiose ex-voto des familles de l'Intronisation envers le Sacré-Cœur, on avait peu à peu entrevu la possibilité de faire une sorte d'Intronisation nationale dont il serait le mémorial. On choisit pour l'élever une colline de la banlieue de Madrid, regardée comme le centre géographique du pays. *El cerro de los Angeles,* la colline des anges, tire son nom d'un petit ermitage dédié sous ce vocable à la Vierge. La première pierre en fut posée à la fête du Sacré-Cœur de 1916.

L'important était que le monument ne fût pas l'affaire des seuls habitants de la capitale, mais de tous les Espagnols : Castillans et Navarrais, Catalans et Basques, Galiciens et Andalous. Le Père Calasanz entreprit donc une série de voyages à travers la péninsule, recueillant les encouragements du Cardinal-Primat, du Nonce, de l'épiscopat et l'adhésion des corps constitués, de la famille royale : le roi Alphonse XIII lui donna son plein appui. Débordé bientôt de demandes, le Père Calasanz appela à l'aide le Père Mateo. C'était en mars 1917.

Suivant une méthode éprouvée, le Père Mateo commençait par réunir le secrétariat central, prêchait une retraite aux zélatrices et consacrait un mois entier à la capitale. Puisque c'était Madrid qui avait la garde du monument, c'était là avant tout qu'il fallait éveiller les âmes à l'acte qui allait s'accomplir et créer autour de ce sanctuaire de plein vent une ambiance de ferveur et de pèlerinage : de la capitale, l'élan se communiquerait à tout le pays.

Vers la fin d'avril, le Père descendait vers le sud, remontait le littoral de la Méditerranée, contournait les Pyrénées, ne s'arrêtant guère que dans les grandes capitales : Cordoue, Grenade, Alicante, Valence, Barcelone, Saragosse, Pampelune, Saint-Sébastien, Bilbao, Santander, Burgos. Le Père Calasanz l'accompagnait partout. En deux mois et au rythme de cinq à six sermons par jour chacun, l'idée d'une Intronisation solennelle était solidement ancrée dans le public. Partout la presse locale fit le plus large écho aux prédications.

Au Cerro de los Angeles

Il fallut trois ans à l'architecte pour achever son œuvre. La cérémonie fut fixée au vendredi 30 mai 1919. Ne disposant que de deux mois, le Père Mateo renonça à parcourir l'Espagne en si peu de temps et se cantonna à Madrid. On avait choisi pour le triduum préparatoire l'église de Saint-Jérôme, la plus vaste de la capitale. L'affluence y fut telle qu'un des organisateurs pouvait dire : « C'est la *plaza de toros,* (l'arène des courses de taureaux) qu'il aurait fallu pour contenir la foule. Nous n'aurions pas eu de peine à maintenir le silence et l'ordre et ce n'est pas 5 000 mais 20000 personnes qui auraient pu entendre le Père ». Le prédicateur traita successivement du Règne intime du Sacré-Cœur dans les âmes par l'Eucharistie – de son règne social par la sanctification de la famille, principe de la société – de son règne national par la pénétration de l'esprit authentiquement chrétien dans les institutions, les législations, tout ce qui constitue la vie du pays.

Le vendredi 30 mai, une foule immense se porte sur le Cerro de los Angeles, déversée par les trains spéciaux, les caravanes d'autos ; des charrettes attelées de petits ânes amènent les paysans d'alentour. Au premier rang de l'assistance, le Roi Alphonse XIII, la Reine Victoria, la Reine Mère, la famille royale qu'entourent le gouvernement au complet, le bureau des Cortès, des représentants des corps de l'État. Des détachements de l'armée et de la marine rendent les honneurs. Le Cardinal-Primat préside, entouré de vingt-deux évêques venus des diverses provinces et d'importantes files de prêtres et de religieux en costumes de chœur. Le Nonce bénit le monument qui apparaît dans toute sa grandeur. Sur un socle élevé, d'où s'élancent des anges lui offrant la couronne royale, se dresse le Sacré-Cœur. Il ouvre les bras pour bénir et attirer. Telle une médiatrice entre le Christ et la terre apparaît Marie se penchant vers les hommes comme pour solliciter leurs hommages envers son Fils et les inviter à passer par son intermédiaire. De chaque côté en contrebas montent vers lui l'humanité glorifiée et l'humanité souffrante et laborieuse, enveloppant dans leur marche un vaste podium surmonté d'un autel. Avec un vrai sens de l'universalité la catholique Espagne a voulu y faire figurer les grands apôtres du Sacré-Cœur des différents pays ; à côté des Espagnols Thérèse d'Avila et Padre Hoyos, il y a la Française Marguerite-Marie, l'Italien François d'Assise, l'Allemande Gertrude, l'Africain Augustin, le juif Jean l'Évangéliste. L'artiste a résumé son dessein en trois mots : *la tierra, la flor, el fruto* ; la terre, la fleur, le fruit : l'Espagne, Marie, Jésus. À l'horizon les crêtes neigeuses du Guadarrama se détachent dans l'azur et forment le plus prestigieux des diadèmes.

L'évêque de Madrid célèbre la Messe. Il n'y a pas de sermon, selon le protocole, puisque le roi doit parler. Ses paroles ont la portée d'un véritable message religieux qu'il adresse au pays tout entier, en tant que chef d'une nation chrétienne. Alphonse XIII a trente-trois ans, dans tout l'éclat de sa jeunesse et de sa popularité. Fils posthume, il a été roi dès sa naissance et a d'instinct le sens du geste chevaleresque que l'on attend de lui. À l'occasion, comme en ce jour, il sait imposer sa volonté à son entourage. Il monte donc les degrés du podium et d'une voix vibrante lit l'acte de consécration : « Cœur de Jésus, Roi des rois et souverain de tous ceux qui gouvernent ici-bas, l'Espagne, nation de votre héritage et de vos prédilections, se prosterne aujourd'hui devant ce trône qui se dresse pour vous au centre de la Péninsule. Vous êtes venu sur la terre pour établir le règne de Dieu dans la paix des âmes rachetées : qu'il s'établisse donc parmi nous votre règne très saint, qui est le règne de la justice et de l'amour. De ces hauteurs que nous avons choisies pour vous comme symbole du désir qui nous anime de vous voir présider toutes nos entreprises, bénissez les enfants de ce peuple ».

La lecture finie, la foule éclate en applaudissements et en vivats. C'est la ratification enthousiaste par le peuple de l'acte royal, que chacun sait n'être pas un geste de commande, dicté par les circonstances ou par le désir de popularité. Jamais peut-être le roi n'a été si près de son peuple. Ils sont unis en ce jour par ce qu'il y a de plus profond en l'âme espagnole : sa foi. À la même heure toutes les cloches de Madrid sonnent à pleines volées, tandis que les églises se remplissent de fidèles chantant le Te Deum. Le Palais royal, les édifices publics, les maisons particulières ont pavoisé aux couleurs nationales. Tout Madrid est en liesse. Le soir la ville s'embrase sous le feu des illuminations qui jaillissent de partout, de la plus humble mansarde au palais le plus altier, tandis que chaque famille renouvelle sa consécration. Dans toute l'Espagne, le même rite est observé : consécration à l'église, consécration au foyer, pavoisement.

Sur un mot d'ordre qu'il a lancé, toute l'Espagne en ce jour rend hommage au Sacré-Cœur : aussi tous, roi, cardinal, prélats, organisateurs ont-ils voulu que se tienne au premier rang l'artisan de cette glorification unique, le Père Mateo, dont l'habit blanc se détache parmi les uniformes chamarrés du cortège espagnol.

Apothéose n'est pas pour lui synonyme de repos. Il ne craint rien tant que ces beaux feux de paille, aussi vite éteints qu'allumés. Dès le lendemain il est à nouveau au travail : il séjournera encore une quinzaine à Madrid. Puis Barcelone l'attire. C'est alors la ville la plus peuplée de l'Espagne, vraie capitale économique du pays, en même temps que brillant foyer culturel. Il veut l'associer plus étroitement au geste de Madrid, d'autant qu'elle possède le sanctuaire national dédié au Sacré-Cœur, sur le Tibidabo, hauteur qui domine la ville. Il a l'idée d'une neuvaine tournante : chaque jour il prêche dans un quartier différent. À la clôture, en la fête du Sacré-Cœur, une immense procession présidée par l'évêque se déroule à travers la ville pavoisée et illuminée. *El Correo Catalán,* qui a mené une vigoureuse campagne et fait en ce jour l'intronisation dans ses bureaux, sort un numéro exceptionnel de douze pages, consacré au Sacré-Cœur.

Le Père Mateo prolonge son séjour, visite de nouveaux quartiers où l'affluence se maintient. Il consacre sa dernière journée aux mères de famille ; il aborde devant elles un sujet qui depuis quelque temps lui tient à cœur : la modestie chrétienne. On est alors en pleine poussée de la mode moderne qui, aux robes traînantes, substitue des jupes ridiculement courtes. Le Père dénonce le danger de ces exhibitions, qui étouffent peu à peu chez les enfants le sentiment de la pudeur. Il propose la création de *La Ligue de la modestie chrétienne*.

Le P. José Palomero le dépeint ainsi : « Simple dans ses rapports avec ses confrères, d'une vraie simplicité d'enfant. Gai et agréable en récréation, sans prétendre à des préférences ou à des exceptions, content de la place qu'on lui assignait dans les endroits réguliers et de l'ameublement modeste de sa chambre modeste. Jamais, dans sa manière d'agir avec nous, il ne laissait percer la supériorité de ses talents et de ses dons de nature, ni les triomphes de son éloquence dans les chaires madrilènes ou autres, ou dans presque tous les séminaires d'Espagne, dans d'innombrables communautés religieuses. Ni les applaudissements lors de l'apothéose de Cerro de los Angeles, ni le fait de se voir poursuivi par l'affection et l'admiration de la société la plus choisie, ni les audiences auprès des Rois et des Évêques ne lui faisaient perdre son habituelle modestie.

« Pas davantage je ne puis oublier la délicatesse de sa conduite avec les dames dans les réunions qu'il présidait, ni sa persévérance à refuser avec une parfaite politesse l'offre de leurs voitures, ni la finesse de ses refus à recevoir leurs visites : qu'on m'écrive, si l'on a quelque chose à me demander, telle était sa réponse ordinaire. Il ne se laisse enivrer ni par la faveur populaire ni par le sentimentalisme féminin ».

Vingt-cinq mois en Espagne

L'Espagne ne manque pas d'orateurs de classe. Il existe dans le clergé une élite d'une grande culture théologique et la langue sonore et chantante se prête à l'éloquence. On trouverait difficilement en ces années une équipe qui attire et remue autant les foules que celle de l'Intronisation, formée d'un Péruvien, le P. Mateo, d'un Navarrais, le P. Calasanz, auxquels se joignent à l'occasion quelques confrères.

Aussi, après une année consacrée à la Belgique, à la Hollande, et à l'Angleterre, le Père Mateo revenait-il en Espagne en novembre 1920 pour y rester jusqu'en avril suivant. Avec le P. Calasanz il évangélisera vingt-quatre villes plus ou moins importantes. Il suffira de citer quelques traits.

Bilbao, ce port de la côte Basque, a pris une telle extension qu'il est devenu l'une des plus importantes villes d'Espagne. Le Père Mateo y fut l'objet d'une véritable ovation. Municipalité, gouvernement provincial, administrations diverses, entreprises de toutes sortes firent l'Intronisation.

« La seule explication de l'élan des foules, écrivait un journal, se trouve dans l'Évangile. C'est l'occasion de redire le mot des juifs : ce *séducteur* – car ce n'est ni l'homme, ni l'orateur, ni l'apôtre, qui domine la foule – c'est Jésus, Roi par son Cœur ». Son passage marqua si bien la cité que les autorités élevèrent sur la principale artère une majestueuse statue du Sacré-Cœur où il préside à l'expansion économique et industrielle.

À Vich, en Catalogne, une procession s'organise spontanément le soir de la clôture, à travers la ville pavoisée et illuminée et reconduit l'Évêque et le Père en leur demeure. Mais la foule demeure insatisfaite. Le Père doit répondre à son impatience, paraître sur le balcon et haranguer les fidèles.

Quatre ans plus tard il ferait un cinquième et dernier séjour en Espagne, qui durerait plus d'un an ; du 25 septembre 1925 aux derniers jours de novembre 1926.

La pleine maîtrise de la langue ne l'explique pas, ni même la foi de la population. En Espagne, le Sacré-Cœur est chez lui. La phrase inscrite au Cerro de los Angeles : *Reino en España,* Je règne en Espagne, est l'expression de la réalité. Moins de vingt ans plus tard une double preuve en sera donnée. La guerre civile qui éclate en 1936 entre les partisans de la tradition et de la révolution, sera en fait une guerre de religion ; 13 évêques, 4 184 prêtres, 2 365 religieux, 283 religieuses, 250 séminaristes seront exécutés. Or dans cette persécution, l'une des plus violentes de l'histoire, les apostasies seront plus rares que dans toute autre. Les milices révolutionnaires s'acharneront contre le monument du Cerro de los Angeles. Avant de le dynamiter, une compagnie mettra en joue la statue du Sacré-Cœur et le fusillera, comme l'on fait d'un vivant.

L'accueil de la Belgique

Le contraste est grand pour qui passe en juillet des terres de Castille brûlées par le soleil aux plaines toujours verdoyantes des Flandres. Le visage du catholicisme en ces deux pays n'est pas moins différent. Placée au carrefour de l'Europe, la Belgique est devenue, grâce au dynamisme de ses élites, un lieu privilégié pour les échanges d'idées. Elle s'est remarquablement armée pour ce rôle. Elle possède pour sept millions et demi d'habitants en 1919, plus de 10000 prêtres diocésains et 5000 religieux. Elle se classe au second rang des nations missionnaires du monde. Ses abbayes ont un rayonnement qui dépasse ses frontières et leurs missels liturgiques sont entre toutes les mains. Ce n'est pas non plus par hasard que dans quelques années la JOC y verra le jour. De cette puissante vitalité, l'université catholique de Louvain est le centre, tant par le nombre de ses maîtres et de ses étudiants que par l'ensemble des publications qu'elle dirige.

Ici encore le terrain avait été sérieusement préparé à l'action du Père Mateo. La Congrégation des Sacrés-Cœurs, avec sa douzaine de Maisons, y était plus solidement implantée que partout ailleurs. Dès 1908 du reste, le P. Ladislas, supérieur du scolasticat de Courtrai, avait mené une vigoureuse action en faveur de la consécration des familles, titre que portait encore l'œuvre. La Maison-Mère transférée de Paris à Braine-le-Comte avait consacré un fascicule de sa revue officielle à l'Intronisation et l'avait répandu à profusion, en même temps que tracts et cérémoniaux. La Maison provinciale de Louvain touchait de préférence la partie flamande, notamment les très nombreux pèlerins qui fréquentaient la chapelle de Saint-Joseph au Mont Saint-Antoine.

Les ordres religieux : oblats, capucins… avaient offert leur concours. Un rédemptoriste du Luxembourg, le

P. Henry, avait publié une brochure de 72 pages sur *l'Intronisation, son histoire, ses merveilles*. Il avait même pris l'initiative, pour soutenir la persévérance des familles, de créer un billet mensuel, *Le Petit Courrier du Sacré-Cœur*. Un jésuite, orateur de talent, le P. Lintelo avait composé coup sur coup trois brochures sur l'Intronisation : *La Grande Mission du Sacré-Cœur ; 1918 au S. C. ; La Belgique au S. C.*, dont certaines vues, notamment sur la mission et l'engagement, sont d'une singulière avance sur son temps, puisqu'elles furent le thème du Congrès de 1960. « Bien compris cet acte émouvant constitue un engagement solennel et précis de la famille envers Jésus-Christ, comme son Seigneur et Maître. Il grandit le père et la mère en leur restituant leur rôle religieux. Il fait entrer le Sauveur dans l'intimité, comme un ami incomparable, dont la présence et l'action se devinent à chaque instant ».

Même accueil et même compréhension dans l'épiscopat, qui a recommandé chaudement l'œuvre dans ses pastorales. Un des premiers le Cardinal Mercier a saisi ce qu'apportait d'original et de précieux pour la pastorale l'œuvre du Père Mateo. « L'idée est heureuse, écrit-il, de faire intervenir le prêtre au sein de la famille même, pour la vénération publique du Sacré-Cœur dans la famille ». Pendant la guerre, la Belgique s'était consacrée au Sacré-Cœur. La victoire obtenue, il avait été décidé qu'elle renouvellerait solennellement cette consécration. Entre-temps le mouvement des intronisations avait pris une telle ampleur que, au mot près, ce fut une véritable Intronisation nationale, comme le pendant de l'acte accompli un mois plus tôt par le roi Alphonse XIII au Cerro de los Angeles. La veille avait été signé le traité de Versailles qui consacrait les droits de la Belgique. Aussi une foule immense, évaluée à plusieurs centaines de milliers, s'était-elle portée sur la colline de Koekelberg, où devait s'élever la future basilique du Sacré-

Cœur. Au premier rang avaient pris place le roi Albert Ier, la reine Élisabeth, le premier ministre Jaspard et les délégations des corps constitués. Entouré du Nonce, d'une vingtaine d'évêques ou d'abbés mitrés, le Cardinal Mercier lut l'acte de consécration : « Cœur de Jésus, au nom de notre roi Albert le Victorieux, au nom de la patrie belge et de ses pouvoirs publics, au nom de ses populations flamandes et wallonnes, au nom de ses religieux, de ses prêtres et de ses évêques, nous vous rendons grâces, nous vous louons, nous vous acclamons ».

Si le Père Mateo n'avait pu prendre part à ce grand acte, il en avait été indirectement l'un des principaux artisans. Il allait en cueillir les fruits. Il était impatiemment attendu. Dès la signature de l'armistice, le P. Lintelo écrivait : « Pressez-le de venir au plus tôt… Il en eut le témoignage dans l'accueil chaleureux que lui réservèrent les évêques qu'il avait tenu à visiter pour se concerter avec eux. Le Cardinal Mercier tint à ce qu'il consacrât les prémices de son apostolat aux prêtres. Par ses effectifs (plus de 6000 prêtres diocésains ou religieux) le diocèse de Malines est de loin le premier du monde. Au cours des dix retraites sacerdotales de Malines et des trois retraites de Namur, le Père Mateo put toucher dans les 2600 prêtres.

Il serait fastidieux de retracer par le menu son itinéraire. La Belgique est de peu d'étendue et pourvue d'un excellent réseau de communications. Pendant près de huit mois, du 29 juillet 1919, au 9 mars 1920, ce fut un incessant chassé-croisé. Il s'attarda longuement aux sièges des six évêchés et dans les trois capitales politique, économique, intellectuelle : Bruxelles, Anvers, Louvain, sans négliger pour cela les localités moins importantes.

« Il ne prêche pas, il prie tout haut »

La Libre Belgique rend ainsi compte de son apostolat : « Ses sermons sont de pures merveilles d'art, parce qu'ils sont uniquement des choses de piété et rien que cela. Variant à chaque fois son discours, le missionnaire de la divine charité arrive toujours à la même grandeur. Rien dans sa forme n'est préparé ; c'est bien après l'espèce d'enivrement qu'elle nous communique qu'on remarque son extrême exactitude ».

Un après-midi de décembre, son auto filait à belle allure, quand soudain à l'entrée d'un village trois prêtres surgissent et forment barrage :

– Une bénédiction pour mes paroissiens, supplie le curé.

– Mais c'est impossible ; je suis attendu plus loin.

– Donnez-nous au moins quelques minutes. On savait que vous deviez passer. Nos gens vous attendent depuis trois quarts d'heure.

Le Père cède et suit le zélé pasteur à l'église. Elle est pleine malgré l'heure et le travail qui presse. Ému, le Père se prosterne un instant devant le Saint-Sacrement et monte en chaire. Il parle de la préférence de Jésus pour les petits, les simples, ceux qui souffrent, les pécheurs. Le sermon fini, la foule entoure la chaire. On ne le laisse pas partir qu'il n'ait béni les enfants, serré la main des vieillards.

L'enthousiasme du village du Namurois n'est que l'écho de celui des villes. À Anvers, il prêche un triduum à Saint-Joseph ; une heure à l'avance il n'y a plus de place disponible. À la cathédrale où 8 000 personnes se pressent dans l'énorme vaisseau, il parvient à électriser son auditoire et lui arracher des acclamations. Le sermon s'achève dans une sorte de dialogue entre l'orateur et les auditeurs.

Mais c'est peut-être sur les étudiants de l'Université de Louvain qu'il fit la plus profonde impression. « Vous êtes habitués, leur dit-il, à recevoir des leçons avec des raisonnements de sagesse et d'érudition que j'admire chez vos maîtres, mais que je ne possède pas. Je viens vous faire une affirmation, une seule, sans autre raisonnement de sagesse que la divine folie de la Croix. Ma seule affirmation, celle de la Personne adorable de Notre-Seigneur dans l'intégrité de ses droits absolument souverains. Parlons donc du Maître, ce grand méconnu. On étudie toutes les philosophies, excepté la seule école de divine philosophie, l'Évangile. On consulte tous les maîtres, excepté le Maître des docteurs, et le Docteur des maîtres ».

Mgr Louis Picard le juge ainsi dans *L'effort de Bruxelles* (25 janvier 1920) : « L'apôtre mondial du Sacré-Cœur vient de passer quelques jours à Louvain. Jamais personne n'a parlé comme cet homme, disaient avec enthousiasme les auditeurs de Jésus. Le Père Mateo non plus ne parle pas comme les autres orateurs. Il ne prêche pas, il médite, il prie tout haut ». On est sensible à l'accent personnel de sa prédication : « Plusieurs m'ont dit : vous prêchez toujours la même chose. Les vengeances et la justice infinie de Dieu sont aussi réelles que sa miséricorde. J'ai répondu : c'est par la miséricorde de Jésus que je suis catholique, moi fils de protestant. C'est par la miséricorde de Jésus que je suis apôtre ». Mgr Picard poursuit : « Ce n'est pas un poète. Il croit ardemment à Jésus et l'aime plus encore. Et au pied de sa chaire, sous le rayonnement de sa foi et de sa charité, nous, hommes de peu de foi et de moins d'amour encore, nous entrevoyons quelque chose de ces sublimes réalités plus belles et plus émouvantes que toutes les intuitions des artistes et des poètes… »

Le Père Mateo avait projeté de faire une incursion de quelques semaines au Luxembourg. L'Intronisation y était bien connue, depuis surtout que la Grande Duchesse Adelaïde avait, en mai 1917, intronisé solennellement le Sacré-Cœur en son palais. Il put à grand-peine achever le triduum inaugural à la cathédrale, et prendre contact avec les prêtres réunis au nombre de deux cents ; grippe et goutte l'obligèrent à cesser momentanément toute prédication.

Le Cardinal Mercier et le Roi Albert Ier

Deux hautes figures dominent la Belgique de ce temps ; le Cardinal Mercier, le Roi Albert Ier. Le Cardinal Mercier a marqué son passage à l'Université de Louvain par la création de l'Institut supérieur de philosophie thomiste. Nommé archevêque de Malines il s'est employé à jeter les fondements d'une spiritualité propre au clergé diocésain. Homme de caractère il a su en imposer pendant quatre ans à l'armée d'occupation. Grand, émacié, hiératique, il semble descendu d'un vitrail. Du premier jour le Cardinal et le Père Mateo se sont compris et aimés en Dieu. Une amitié étroite va les lier. Le Père n'aura pas de plus sûr appui, et aux jours de difficultés et d'attaques, de plus ardent défenseur. Il est des intimes que le Cardinal aime à inviter et retrouver en son ermitage de Braine l'Alleud. Ce n'est pas le moindre étonnement de cette histoire de découvrir comment le Père Mateo entre dans l'intimité des personnages les plus marquants et les plus divers de l'Église et se trouve comme naturellement de plain-pied avec eux.

Deux ans plus tard, écrivant au nouveau Pape Pie XI, le Cardinal Mercier fait cet éloge de son ami : « Ce vaillant apôtre, tout le monde le sait, s'est dépensé comme personne par la parole, par l'action, par la souffrance à renouveler l'atmosphère chrétienne des familles en y intronisant, comme Roi d'Amour, le Cœur de Jésus. J'ai été témoin en Belgique de l'efficacité de son apostolat. Dans toutes les villes où il a exalté la charité du Sacré-Cœur, il a laissé des traces permanentes de son passage, des œuvres de piété qui prolongent son action sur les âmes. Tout homme impartial doit rendre hommage au caractère surnaturel, modeste, prudent de son zèle. Aussi fut-il, sous les pontificats de Pie X et de Benoît XV, un instrument de premier ordre de rénovation chrétienne dans le monde » (29 avril 1922).

Et c'est précisément parce qu'il reconnaissait en lui un instrument de premier ordre qu'il le poussa à demander une entrevue au Roi Albert. Le Père hésitait, remettait à plus tard, ne parvenait pas à se décider. Le Cardinal savait à l'occasion parler en chef, non moins qu'en ami. « Êtes-vous ou ne voulez-vous pas être l'apôtre du Cœur de Jésus ? Votre mission ne doit pas s'arrêter aux familles et aux humbles. Vous avez parcouru tout le pays. Faites un pas de plus. Arrivez au sommet. Le Roi est un Belge. Il doit savoir ce que vous prêchez ».

L'audience est fixée au 8 mars 1920. Le Père offre au Roi une belle statue de bronze du Sacré-Cœur et sur sa demande l'intronise dans son bureau. Le roi insiste pour entendre à son tour ce que le Père a si bien prêché à son peuple. Albert Ier est dans la force de l'âge (45 ans comme le Père Mateo) et dans tout l'éclat de sa gloire et de la popularité que lui a valu sa fière attitude durant la guerre ; pour tous il est le Roi-Chevalier. Nullement intimidé, le Père parle, puis demande à son royal auditeur de se mettre à genoux et de prier avec lui. Le prêtre suggère les invocations, le roi les répète après lui. L'audience s'est prolongée trois-quarts d'heure. En le reconduisant, le chef du protocole lui fait remarquer que ce n'est pas tout à fait les cinq minutes qu'il a sollicitées. « Non, répond le Père, car l'audience n'était pas pour moi, mais pour le Roi des Belges, le Cœur de Jésus ».

Là ne se borna pas l'intervention du Père Mateo. Il écrivit ensuite à Albert Ier et, fort de la simplicité évangélique que le roi aimait à trouver dans les ministres du Seigneur, il se permettait de lui rappeler ses engagements et sa mission de chef d'une nation chrétienne.

Le Chapitre général de 1919

Comme l'année 1918 avait été d'un bout à l'autre traversée d'épreuves et d'échecs, 1919 serait pour le Père Mateo de bout en bout une année d'encouragements et de succès. Pour être moins spectaculaire que les journées de Cerro de los Angeles ou de Koekelberg, la reconnaissance officielle et la prise en charge de son œuvre par la Congrégation des Sacrés-Cœurs n'en avaient pas moins de prix et de portée. Appelé par la confiance du T. R. P. Prat à siéger au Chapitre général et à en prêcher la retraite initiale, le Père put présenter lui-même son œuvre aux capitulaires. À cette date (septembre 1919), l'œuvre de l'Intronisation était implantée en quatorze pays d'Europe, dix-neuf d'Amérique, six d'Asie, quinze d'Afrique, sept d'Océanie. À l'issue des délibérations, la Congrégation des Sacrés-Cœurs adoptait l'œuvre de l'Intronisation comme sienne, c'est-à-dire qu'elle en assumait la responsabilité et la direction, tout en lui maintenant son caractère d'œuvre d'Église, ouverte à toutes les collaborations. Un comité directeur était créé comprenant le Supérieur général, le T. R. P. Prat, le Père Mateo et un secrétaire général, le P. Eusèbe Rinkes. Ainsi la Congrégation se prononçait officiellement sur l'Intronisation : elle la jugeait en tous points conforme à son esprit propre et apte à l'aider dans la mission qu'elle avait reçue du Saint-Siège : « Répandre la véritable dévotion au Sacré-Cœur telle qu'elle a été approuvée par l'Église ». Son bras droit, le Père Eusèbe Rinkes, est frappé de la transformation opérée en lui : « Son assurance se fait plus grande, son ton plus affirmatif et plus audacieux, son éloquence plus conquérante. Dans sa conscience de plus en plus vive d'être l'instrument du Cœur de Jésus, il parle, il conjure, il commande même en son nom et avec autorité. Aucun auditoire ne l'arrête ni le trouble, car il sait que son message s'adresse à tous sans exception. Il possède le secret de s'adapter à tous les milieux ».

On se souvenait des conférences qu'il avait données deux ans plus tôt au Congrès Eucharistique de Bruxelles. On fit donc encore appel à lui pour le Congrès Marial ; il prit comme thème de sa conférence aux prêtres : *Au Roi d'Amour par la Reine des Cœurs*. Publiée à part par les soins des Pères montfortains, elle portait en guise de préface ce joli mot du Cardinal Mercier ; « Une introduction est bien superflue : l'apôtre de l'Intronisation a l'oreille de la Catholicité ».

En effet, après la France, l'Espagne, l'Italie, la Suisse, la Hollande et la Belgique, le Père Mateo était parti à la conquête de l'Angleterre.

Au pays de son père

Le premier séjour du Père Mateo en Angleterre (du 18 juin au 24 octobre 1920) se place visiblement sous le signe de sainte Marguerite-Marie ; il s'inaugure en effet avec les solennités de sa canonisation, il se clôture avec celles de sa première fête publique. Quand on connaît la grande dévotion qu'il a pour elle, on ne peut manquer de faire un rapprochement avec un épisode peu connu de la vie de la sainte. Sait-on que l'Angleterre fut une des toutes premières nations, sinon la première, à recevoir le message de Paray ? Il lui fut porté par celui que la Providence avait donné comme guide et collaborateur à Marguerite-Marie, le bienheureux Claude de La Colombière, de la Compagnie de Jésus. Après dix-huit mois seulement de présence à Paray-le-Monial, son confesseur la quittait pour l'Angleterre, où son zèle ne tardait pas à le faire arrêter et expulser.

La situation a bien changé depuis 1678. Tandis qu'on assiste chez les protestants à un renouveau liturgique, monastique, missionnaire, on voit les catholiques, grâce à l'immigration irlandaise et au mouvement des conversions, améliorer leurs positions et gagner du terrain. Vers 1920, ils dépassent sensiblement les deux millions et demi, avec un peu plus de cinq mille prêtres qu'épaulent près d'un millier de couvents. Les expulsions françaises de 1903 y ont introduit de nombreuses congrégations qui, en échange de la généreuse hospitalité renouvelée de la Révolution, ouvrent d'autant plus facilement des écoles que le gouvernement subventionne l'enseignement libre. Sous peu, aux conférences de Malines, le Cardinal Mercier tentera un rapprochement prématuré avec l'Église anglicane. Se présenter comme son ami est une précieuse référence que ne manque pas de mettre en avant le Père Mateo.

Il se disposait donc à gagner le Royaume-Uni, quand un télégramme de Rome l'avertit que le Pape Benoît XV souhaitait vivement sa présence aux cérémonies de la canonisation de sainte Marguerite-Marie, fixée au 13 mai 1920. Un désir du Pape est un ordre pour lui. Il peut faire confiance à la sainte ; sa protection saura compenser le mois de prédication qu'il doit supprimer. Tandis que se déroulent à Saint-Pierre du Vatican les fastes de la Liturgie, le Père Mateo savoure le triomphe de l'humble visitandine, dont il se proclame le disciple. Il se plaît à associer les familles à ce triomphe qui est aussi le leur. Il insiste sur deux idées : « Notre entreprise ne consiste pas uniquement et principalement à introniser une image, mais quelqu'un de vivant ». Ce geste a une portée sociale : « Dans ces citadelles familiales peu à peu converties en sanctuaires par l'Intronisation vivante et vécue, nous obtenons la communion fréquente et quotidienne des familles, la communion réparatrice des familles, la fête du Sacré-Cœur intime et traditionnelle dans les familles ». De la famille, le mouvement s'est communiqué aux institutions sociales : écoles, bureaux, usines, mairies; il est entré dans les palais des gouvernements, dans les manifestations nationales. Le Pape lui accorde une audience privée le 24 mai. Il s'informe de ses courses récentes en Espagne, en Belgique, en Hollande, demande des précisions sur les résultats obtenus. Il le consulte aussi sur une pétition signée d'un grand nombre d'évêques, demandant l'institution d'une fête de la royauté du Christ. Le Père répond que cette fête existe déjà: c'est la fête du Sacré-Cœur, qui honore sa royauté d'amour. On a eu assez de mal à en obtenir la célébration avec éclat, l'institution d'une autre fête ne risquerait-elle pas de lui faire tort? C'est aussi l'avis du Pape; la pétition n'eut pas de suite. En lui accordant sa bénédiction, Benoît XV lui fait promettre de ne plus rester si longtemps sans venir à Rome. Des échos lui sont parvenus de l'apostolat qu'il y exerce en ce moment même. Durant ce court séjour d'un mois il a trouvé le moyen de tenir trois grandes réunions publiques et de prêcher dans une trentaine de communautés: Dames du Sacré-Cœur, Franciscaines de Marie, Séminaire français. On conserve ses notes pour une douzaine d'entre elles.

« Je prêche en anglais, je n'en crois pas mes oreilles »

On se rappelle ses préventions d'enfant contre l'anglais et la justification de sa résistance qu'il s'était forgée. Ses années de professorat ont peut-être étendu son vocabulaire et approfondi sa syntaxe; elles n'ont pas amélioré son accent.

Aussi dès son arrivée en Angleterre le 18 juin 1920, s'enferma-t-il durant une quinzaine à Weymouth, plage renommée de la Manche, dans le Dorset, chez les religieuses des Sacrés-Cœurs: sœurs, visiteurs avaient reçu la consigne de parler au Père, de l'écouter, de ne pas hésiter à le reprendre. Puis il fit ses essais dans un triduum aux élèves.

Il partit pour Londres, réservant son premier effort aux couvents si nombreux dans la capitale et dans la banlieue.

C'était un principe chez lui ; cette fois-ci, c'était de la prudence. Il lui fallait se familiariser avec la langue et plus encore avec la mentalité. Il en toucha plus de cinquante en trois semaines, faisant bonne part aux Franciscaines de Marie et aux Pères assomptionnistes, à qui était confiée l'Intronisation dans le Royaume-Uni.

Le Père commença son périple par le grand port militaire de Plymouth, où il prêcha à la cathédrale aux prêtres, aux enfants de Marie, aux communautés. L'essai fut concluant. Il remonta vers Bristol et s'attarda quelque temps dans les grandes cités manufacturières, qui toutes dépassent le demi-million d'habitants : Sheffield, Leeds, Manchester, où par exemple il prêche à la cathédrale et en trois autres paroisses, avec un grand concours de fidèles. Il avait prévu une visite en Irlande. La tension aiguë qui existait alors entre elle et la Grande-Bretagne ne lui permit pas de mettre son plan à exécution. Il se rabattit alors sur l'Écosse, s'arrêtant particulièrement à Edimbourg et à Glasgow : certains auditeurs, bien qu'habitant à plus de 20 milles (32 km) s'ingénièrent à ne manquer aucune conférence, qu'elles fussent données à la cathédrale, à Saint-Patrick, à Notre Dame, ou chez les Franciscains.

Revenu à Londres, il visitait une vingtaine de paroisses. En clôture, une foule immense se portait le 17 octobre à la cathédrale de Westminster. Les trois nefs de l'immense vaisseau polychrome, imité du roman de Byzance, étaient combles. Les fidèles refluaient dans les chapelles latérales. Le Cardinal Bourne présidait. Nulle part au monde sans doute, pas même à Paray, la première fête de sainte Marguerite-Marie ne fut célébrée avec autant d'éclat ; céleste revanche de l'expulsion en 1678 de Claude de La Colombière, son premier messager. « Beaucoup parmi les auditeurs sont protestants. Mais ils écoutent avec avidité, malgré son piètre accent, cet étranger aux cheveux noirs. Ils s'unissent à leurs frères catholiques pour reprendre avec eux les acclamations qui, comme à l'accoutumée, terminent chaque sermon : Cœur de Jésus que votre règne arrive ».

« Si je réussis à gagner quelques prêtres et un certain nombre de communautés, nous pourrons chanter le Magnificat », avait-il écrit en partant pour le Royaume-Uni. Les faits montraient qu'il avait vaincu, avec quelle maestria, son double complexe devant l'anglais et le protestantisme. « Je prêche en anglais ! Je n'en crois pas mes propres oreilles. Je suis sûr que ma mère non plus ne croit pas la chose possible, et elle sait bien pourquoi ». Il est juste de faire leur part dans ce succès à deux collaborateurs d'une qualité exceptionnelle que le Père Mateo sut s'attacher de ce jour jusqu'à leur mort, trente ans plus tard. Nommé directeur de l'Intronisation, le Père Benedict Caron, assomptionniste, eut la charge d'écrire aux évêques, aux curés, aux supérieurs et d'organiser la tournée, en évitant les jours creux et les voyages inutiles. Sa complaisance fut souvent mise à l'épreuve, obligé sans cesse de réajuster les horaires compromis par des réunions supplémentaires que le Père Mateo s'était laissé arracher, contraint parfois de le remplacer au pied levé au grand désappointement des auditeurs. Il eut tout le loisir de déployer son habileté dans les négociations, sa puissance de travail, non moins que son esprit surnaturel.

Plus frappant peut-être est le cas de sœur Renée Dumonteil, Sacrés-Cœurs, cheville ouvrière du secrétariat de Weymouth. Simple religieuse, sans sortir de son couvent, elle sut susciter jusqu'aux extrémités les plus reculées de l'Empire britannique un immense courant vers le Sacré-Cœur. En constatant plus tard sur place son influence aux Indes et à Ceylan, le Père Mateo parlera de « charisme ». On ne s'explique pas autrement qu'à cette énorme distance, sans autre radio que celle de ses lettres enflammées, elle ait pu obtenir de pareils résultats.

Tous deux devaient fonder, au second passage du Père, une revue mensuelle : *The Tabernacle and The Home*, Le Tabernacle et le Foyer, et une feuille également mensuelle, *Emmanuel*.

Second séjour en 1924-1925

Trois ans plus tard le Père Mateo revenait en Angleterre pour un long séjour de dix-sept mois (du 24 juillet 1923 au 3 mars 1924). Après un vaste périple qui, entre temps, l'avait mené en Espagne, en Belgique, en Suisse, en Italie et par deux fois en France, il éprouvait la nécessité de se remettre sérieusement à l'anglais. On lui avait volontiers pardonné une première fois ses mots écorchés et ses phrases boiteuses. Les appels réitérés qu'il avait reçus d'Angleterre justifiaient alors son audace. On se montrerait cette fois-ci plus exigeant. À nouveau il demandait donc l'hospitalité à Weymouth et se mettait aussitôt au travail.

Pour se faire la main, il composait directement en anglais une plaquette intitulée : *La Sainte Petite Thérèse de l'Enfant-Jésus,* car il avait l'intention de placer cette seconde tournée en Angleterre sous la protection de la seconde sœur de son âme. C'est là encore une de ses habitudes. Si le thème dominant de sa prédication reste toujours le même : le règne familial et social du Cœur de Jésus, il le mêle et le colore en quelque sorte avec un thème secondaire qui, lui, varie chaque année. Son thème secondaire sera ce que la sainte de Lisieux appelle « sa petite voie » : donner du prix aux actions les plus ordinaires, les plus banales de la vie, en les chargeant de beaucoup d'amour et de confiance. En contre-épreuve il en faisait la traduction en français et les livrait l'une et l'autre à l'impression : 32 000 exemplaires allaient préparer le terrain. Il se délassait en écrivant une longue préface pour l'édition italienne de *Jésus Roi d'Amour* qui devait amorcer sa tournée en Italie, prévue après celle d'Angleterre.

Il entreprenait ensuite un travail plus directement lié à sa prédication et qui éclaire un sujet débattu. Il s'agit du récit de douze cas de conversions qu'il attribue au Sacré-Cœur et dont il fut l'instrument. On sait qu'il aimait à émailler ses causeries de traits vécus. Mais il existe de telles variantes qu'on s'est posé la question : ont-ils été vraiment vécus par lui ? C'est oublier le caractère avant tout pratique de sa prédication. Il cherche à produire un effet déterminé ; aussi adapte-t-il ses histoires à l'auditoire qu'il a sous les yeux, au sujet qu'il traite, et se livre-t-il à l'inspiration du moment. En fait, il traite ces faits comme des paraboles dont il veut dégager une leçon. En écrivant à tête reposée et pour lui seul ces récits avec les noms propres de personnes et de lieux, les détails circonstanciés, il marque assez que ce sont des faits véridiques, au moins quant à la substance.

Ainsi armé il commençait sa tournée par le Nord. L'hiver le ramenait vers le Sud, sensiblement moins rigoureux. Londres avec ses deux diocèses de Southwark et de Westminster, que sépare la Tamise, le retenait jusqu'à son départ. Le Père Paul, directeur de l'œuvre en Belgique, qui l'accompagnait, énumère dix-huit diocèses visités sur les vingt-cinq que comptait alors le Royaume-Uni, soixante-quinze grands sermons aux fidèles dans les cathédrales ou les paroisses, douze réunions de prêtres, cent-vingt de Communautés religieuses, vingt de groupes d'œuvres. Le Père Mateo laissait derrière lui une organisation solide : soixante-dix secrétariats s'ajoutaient aux vingt existants déjà. Londres et sa banlieue en comprenaient une vingtaine, que prenaient en mains trois cents confrères de la conférence de Saint-Vincent-de-Paul et diverses communautés.

« Tout marche à l'unisson : évêques, prêtres, organisation et foules, écrivait-il. La chaleur divine est en proportion inverse du froid glacial que nous subissons. Tournées aussi belles et fructueuses que les plus belles de France, d'Espagne et de Belgique ». Dans la préface qu'il donnait peu après à l'édition anglaise de *Jésus Roi d'Amour,* il évoquait l'accueil chaleureux et la compréhension qu'il avait trouvée dans la patrie de son père. « Ils ont saisi ce qui me tient tant à cœur: que ce n'est pas une dévotion que je prêche aux familles, mais une vie ». Au sortir de la cathédrale de Westminster, un archevêque missionnaire des Indes l'abordait: « Au début j'étais sceptique. Je permis cependant à mon clergé de faire des Intronisations. Les résultats furent si consolants que maintenant je n'ai pas de bonheur plus grand que de faire les cérémonies moi-même ».

« De notre propre main, très affectueusement... »

Le jour de Noël 1923 ramenait le ving-cinquième anniversaire de sa première messe. Il voulut passer ce jour dans la solitude et le recueillement et se retira au couvent de Weymouth. Lettres et télégrammes affluèrent de toutes parts: cardinaux Gasparri, Van Rossum, Mercier, secrétariats... Le Pape Pie XI le connaissait et l'appréciait. Il voulut prendre part à sa joie et lui envoya une lettre autographe.

« ... La preuve de votre zèle ressort principalement de votre souci à propager partout la dévotion au Sacré-Cœur de Jésus. Et cela de telle façon que non seulement les familles se consacrent une à une à ce divin Cœur, mais qu'en outre Notre-Seigneur Jésus-Christ soit honoré comme Roi à la place d'honneur de chaque foyer. Aussi profitons-nous de cette occasion pour vous donner un témoignage de notre bienveillance et vous combler, tout comme nos prédécesseurs, des louanges que vous méritez.

« ... Aujourd'hui plus que jamais, dans l'extrême perturbation de toutes choses, il est absolument nécessaire que règne enfin sur la société humaine le Roi pacifique qui seul est la voie, la vérité et la vie ».

Pie XI faisait suivre sa signature de ces mots : « De notre propre main, très affectueusement dans le Seigneur ».

IX.

Octobre 1921 – Juillet 1928

« À Lourdes on va pour recevoir,
à Paray on vient pour donner »

À trois reprises déjà, on se le rappelle, ses prédications avaient conduit le Père Mateo en France : pour six semaines en 1914-1915, cinq mois en 1916-1917, six mois en 1917-1918, sans compter son séjour forcé de huit mois à Biarritz. La nouvelle campagne qu'il entreprenait en octobre 1921 le retiendrait jusqu'en mars 1923, à part l'été qu'il passerait à Rome et en Belgique.

On imagine sa joie de débuter à nouveau par Paray, où il prêchait le second des trois triduum qui clôturaient le jubilé accordé pour la canonisation de sainte Marguerite-Marie. Les pèlerins étaient rares en cette arrière-saison. On s'était donc contenté de la chapelle de la Visitation, celle où, quatorze ans plus tôt, le Père Mateo avait reçu la grande illumination de sa vie. Dès le soir, l'affluence forçait à émigrer de la chapelle des moniales à la basilique. Il y définissait fort heureusement Paray : « On est venu ici pour recevoir, c'est entendu, parce que nous sommes tous des besogneux. Mais on est venu surtout pour se donner par une oblation intime, intégrale du cœur et de la volonté au Roi d'amour et de miséricorde ». Le mot fit fortune. À un pèlerin demandant si on verrait jamais à Paray les foules de Lourdes, une humble femme répondit : « Non, car à Lourdes on va pour recevoir, à Paray on vient pour donner ».

Le Père passait ensuite à l'Est, visitant les Ardennes, la Lorraine, l'Alsace, la Franche-Comté, la Savoie, le Dauphiné. Les évêques lui donnent tout leur appui. « Nous vous avons préparé du travail, beaucoup de travail, lui disait l'évêque de Strasbourg. Nous vous sommes très attachés, mais nous ne voudrions tout de même pas vous faire creuser votre tombe ». Sa résistance est étonnante. C'est toujours le même programme chargé : triduum aux fidèles, conférences aux prêtres, aux séminaristes, à l'élite des œuvres, visite et exhortation aux communautés, heure sainte pour clôturer, avec quelques pointes vers des centres plus éloignés. « Sa venue est considérée comme une grâce de choix et réunit des auditoires exceptionnels. Un jour de plus, entend-on souvent, et il aurait fallu tenir la réunion sur la place », dit son secrétaire le Père Fily. Le Père Mouly fera peu après la même constatation. Il a pour le guider en Alsace le chanoine Mathias, qui le présente en allemand et résume ses instructions. À la cathédrale de Strasbourg, il doit dédoubler son triduum. Il craint l'emballement irréfléchi et, annonçant l'heure sainte, avertit ses auditeurs : « Je ne veux pas de curieux. Ce ne sera ni une prédication ni une conférence, ce sera une prière ». La prière dut être fervente, car cette fois encore l'immense vaisseau était comble. Dans une commune rurale, il arrive avec une heure et demie de retard. L'assistance a fini par se lasser et a quitté l'église. À peine son arrivée est-elle signalée par la volée des cloches que l'église se remplit comme par enchantement. Le Père ne peut parler qu'un quart d'heure et suggérer quelques invocations, mais les bonnes gens se déclarent enchantées.

Le Père Mateo consacrait ensuite janvier et la moitié de février à la capitale. Que ce fut dans les grandes paroisses Saint-Honoré d'Eylau, Saint-Augustin ou plus modestement à Saint-Antoine et à Saint-Médard, les curés assurés de voir remplir leurs églises se l'arrachent ; mais lui aussi sait s'arracher aux foules qui le réclament pour se consacrer aux communautés et à l'élite des œuvres, c'est-à-dire à cette légion d'âmes-apôtres qui dans la prière, le recueillement, le sacrifice, la vie d'hostie, travaillent à l'extension du Règne du Christ. Il considère sa présence à Paris, si privilégié sur ce point avec ses 600 Maisons religieuses, comme une mission auprès des amis de Notre-Seigneur pour provoquer une vague de zèle et récolter une moisson de prières et de sacrifices. Tel cet écho glané chez les contemplatives : « S'il se présente une contrariété, un renoncement, nous nous encourageons mutuellement : c'est pour la bourse du Père Mateo ».

« La canonisation de l'œuvre par la voix du ciel »

Un témoin bien placé assure qu'il ne suffisait pas à la tâche pour recevoir les âmes que sa parole avait entraînées à implorer le pardon de Dieu. Il va jusqu'à affirmer qu'il ne connaît aucune localité visitée par le Père qui n'ait été marquée d'un retour à Dieu. Voici, à titre documentaire, le témoignage de l'un d'eux qui signe : « Un vaincu du Cœur de Jésus » : « Les plus grandes églises se sont remplies à déborder. On s'y pressait, on s'y écrasait des heures avant l'instruction. On faisait des prodiges d'endurance dans la chaleur, la petite place, la fatigue ; mais on voulait entendre. Que disait donc la voix ? L'amour n'a qu'un nom : Jésus. Il n'a qu'un symbole royalement choisi par lui : son Cœur. Jésus ! C'est l'obsession de l'apôtre, obsession qui nous poursuit et devient nôtre par une grâce plus puissante que nos résistances et nos refus... La voix était fatiguée, cassée, brisée par l'effort incessant. Elle bégayait parfois et cherchait des mots que sa langue d'enfant n'avait pas prononcés. Et nous étions émus pourtant. Le feu prend par le feu. L'apôtre qui brûle allume de véritables foyers ».

Les grands froids passés, le Père reprenait ses pérégrinations dans le Nord d'abord, puis dans l'Est en direction de Lyon et du Centre. Ici il trouvait un terrain bien préparé, comme à Beauvais, où chaque curé avait été invité par une lettre personnelle à amener une dizaine de paroissiens, choisis parmi les plus zélés. On y avait joint tous les renseignements concernant les horaires des trains, les repas. Grâce à ce système ingénieux et pratique, ces « Journées du Sacré-Cœur » rassemblèrent l'élite de ce diocèse rural. Là au contraire, le Père se heurtait à la défiance, voire au sabotage et au persiflage : « Il paraît qu'il raconte de petites histoires et prêche une petite dévotion à l'eau de rose, avec des petites pratiques de piété ». On faisait le vide devant lui.

Ces attaques ont l'avantage de le forcer à réfléchir sur son œuvre, son but, ses méthodes et à l'occasion lui procurent le loisir d'écrire.

Un de ces arrêts inopinés lui a permis de composer une de ses plus belles circulaires. « À l'idée générale d'honorer le symbole sacré de l'amour du Sauveur, à l'idée de consacrer les familles dans une réunion collective à l'église, à l'idée même de la consécration au foyer familial, notre croisade a ajouté comme caractéristique essentielle : la reconnaissance officielle et pratique de sa royauté d'amour, de sa souveraineté sociale, acclamée et acceptée par la petite patrie qu'est la famille. Pour symboliser et perpétuer à la fois cet acte de foi et d'amour, elle installe au foyer même à la place d'honneur, en présence de toute la famille réunie sous la présidence du prêtre, l'image préalablement bénie du Roi.

« On peut affirmer en toute vérité que l'Intronisation est un plébiscite, le plus authentique des plébiscites, celui des familles, dont les voix constituent devant Dieu la plus autorisée des voix nationales ».

Il conclut un bref historique de l'œuvre par ces mots : « Il y a eu quelque chose de plus beau même que la voix des évêques et le cri de *Dieu le veut* retentissant dans le monde entier : ce fut la canonisation de l'œuvre par la voix du ciel, je veux dire les miracles de conversion nombreux et éclatants, obtenus un peu partout… »

À la même époque, il publiait *Triple attentat sacrilège*, qu'il résume ainsi lui-même : « Trois titres de noblesse chrétienne sous le couteau de la guillotine moderne. L'autorité du Roi des rois amoindrie : crise d'autorité, d'ordre et de paix ; la sainteté du Roi d'amour outragée : crise de pudeur, de modestie et de morale ; l'honneur du Roi dédaigné : crise des vocations sacerdotales et religieuses ». Le livre obtient immédiatement une excellente presse : « Magnifique triptyque, brossé de main de maître », dit une revue française, tandis que la Revue du clergé italien voudrait voir le volume entre les mains de tous les prêtres et de tous les fidèles.

Rencontres avec Pie XI

En mai 1922, le Père Mateo se rendait à Rome pour y participer au 26e Congrès Eucharistique international. Le président Mgr Heylen, se rappelant son passage à Namur, lui avait confié une des grandes conférences. « Le thème vous en est familier, lui avait-il dit : la royauté du Christ par l'Évangile. Et c'est le désir formel du Pape ».

Sur ces entrefaits mourait Benoît XV. Il avait donné à l'Intronisation sa charte et investi en quelque sorte le Père Mateo d'une mission officielle dans l'Église. Il l'avait reçu longuement à chacun de ses passages à Rome et avait suivi de près son apostolat dans les divers pays d'Europe. S'il avait paru parfois se laisser manœuvrer, ce n'était pas dans l'intention de le contrecarrer, mais bien de l'aider. Il craignait de le voir débordé par l'ampleur même du mouvement qu'il avait suscité. Il le voyait seul : sa congrégation manquait de sujets et hésitait à le suivre à fond dans ce qu'elle croyait encore une œuvre personnelle et passagère. En Benoît XV, le Père perdait son plus solide appui. Retrouverait-il en son successeur semblable confiance et même compréhension ?

C'est le Pape Pie XI qui lui succédait en février. On ne peut trouver carrières, tempéraments, aspects même plus dissemblables. La longue fréquentation des archives et des bibliothèques, jointe au commerce assidu d'une élite de chercheurs, lui ont donné à la fois une culture informée de l'histoire contemporaine et un esprit ouvert aux besoins du temps. Petit, trapu, sa démarche décidée, appuyée même, trahit sa présence au monde et son besoin d'agir. Les yeux dardés sous des sourcils légèrement contractés fixent impérieusement le visiteur. La vigueur du geste, l'éclair du regard, la tension de la mâchoire révèlent le chef. C'est l'impression dominante : plus un chef qu'un père. Ainsi l'a présenté le Cardinal Mercier : homme complet, foi ardente, science profonde, un chef.

On dit le Pape inabordable en cette veille du grand rassemblement de la Chrétienté qu'est un Congrès Eucharistique. Le Père Mateo s'arme d'audace et demande une audience. Elle lui est accordée aussitôt, longue, paternelle : et comble de surprise, tout comme Benoît XV, Pie XI l'invite à assister à sa messe dans sa chapelle privée que suit une nouvelle audience. Le Père lui offre alors au nom des secrétariats un très beau médaillon du Sacré-Cœur.

– Cet émail restera sur ma table de travail, promet le Pape. Chaque fois que je le regarderai, et ce sera souvent, je vous enverrai une bénédiction.

Pie XI tint parole. Son testament ouvert dix-sept ans plus tard portait cette clause : « Le Sacré-Cœur, qui est sur la commode en face de mon lit, m'a été donné par le Père Mateo, à qui je désire qu'il revienne en signe de bon souvenir ».

Ainsi dès cette première audience, des liens étroits et durables se sont formés : affectueusement paternels d'un côté, respectueusement confiants de l'autre. La chose apparaît moins surprenante, quand on analyse les lignes de force du Pontificat de Pie XI, qui a pu être appelé le Pape de l'Action catholique, le Pape du Sacré-Cœur, du Christ-Roi, ou encore le Pape des Missions. Ce sont précisément celles qui dominent l'apostolat du Père Mateo.

Il existe d'ailleurs un lien entre elles. C'est parce qu'il a la hantise du règne du Christ et veut pour l'établir mobiliser toutes les forces vives de la chrétienté, que le Père Mateo fait un appel constant à l'apostolat des laïques. Il leur confie de vraies responsabilités évangéliques comme la visite des familles susceptibles de faire l'Intronisation, leur préparation spirituelle, leur persévérance. Ces apôtres ont pour tâche de relier les familles aux prêtres, de faciliter les contacts avec eux, de les suppléer au besoin. Le Père les groupe en secrétariats paroissiaux, diocésains et nationaux qu'il prend soin de relier étroitement à la hiérarchie, pour en faire des outils de travail servant au mieux le curé ou l'évêque. Sans aucun doute le Père Mateo a été un des précurseurs de l'Action catholique, spécialement de l'action familiale, puisqu'il confie la conquête des familles aux familles déjà conquises. Cela est si vrai que, lorsque Pie XI voudra organiser l'Action catholique italienne, il conseillera aux dirigeants de faire appel au Père Mateo et de publier ses circulaires dans leurs bulletins.

La doctrine du Sacré-Cœur fournira l'animation spirituelle de cette action catholique. Tout apostolat s'enracine dans l'amour. L'apôtre est celui qui est dominé par l'amour de Dieu et par l'amour des hommes. Or le Sacré-Cœur n'est pas autre chose que Jésus considéré selon ce double amour. Aussi le Père Mateo invite-t-il les militants à rechercher dans le Cœur de Jésus les lois, le modèle, la source de leur apostolat.

Le relief saisissant que le Père Mateo donne au Règne social du Sacré-Cœur rappelle le but suprême de tout apostolat et lui apporte une dimension catholique, en le gardant du danger de ne voir que son action personnelle ou celle de son groupe. C'est encore l'obsession de ce Règne qui a imprimé à la vie du Père Mateo son caractère missionnaire et lui a fait quitter son pays et son continent pour parcourir l'Europe, en attendant d'aller porter la Bonne Nouvelle aux Missionnaires d'Extrême-Orient. Ainsi le Père Mateo et Pie XI, si différents de formation, de caractère, sans parler de la situation, étaient cependant faits pour se comprendre. Rencontre de deux hommes : l'un, le précurseur, qui fonce avec l'audace et la fougue d'un prophète sur le chemin qu'il doit en partie se frayer ; l'autre, le chef, qui sait découvrir, dans les expériences particulières, les lois générales qui sauvent le présent et construisent l'avenir.

Ce fut pour le Père Mateo une insigne faveur de la Providence de trouver dans le Chef de l'Église une telle compréhension et un si puissant appui. Mais il n'est pas téméraire de penser que ce fut aussi une grâce pour Pie XI de rencontrer dès le début de son pontificat un homme en qui s'incarnait ce qui seraient les lignes de faîte de son action et qui l'aidait ainsi à prendre une conscience plus vive de leur urgence et de leur efficacité.

Dans sa circulaire annuelle de 1923, le Père Mateo commentait ainsi la première encyclique du Pape sur la Paix du Christ dans le Règne du Christ : « Quelle joie pour les secrétariats de l'Intronisation d'y trouver tout notre idéal d'apostolat, tout notre plan de guerre sainte, tout notre programme de travail organisé pour le Règne Social du Roi Sauveur, du Roi d'Amour ».

« J'ai visité une Terre Sainte. »

Les pérégrinations à travers la France reprenaient en septembre. Elles débuteraient par une retraite aux zélatrices venues non seulement de France, mais de Belgique, d'Angleterre, de Pologne, de Tchécoslovaquie. Puis le Père Mateo parcourrait à nouveau l'Alsace, l'Auvergne, le Périgord, la Bretagne et la Normandie, toujours au même rythme, comme en font foi ces chiffres que donne le Chanoine Mathias pour la seule Alsace : le Père a pris 280 fois la parole, visité 90 paroisses, 20 communautés, 22 écoles, 13 centres d'œuvres. Il a aussi touché en dix réunions plus de 600 prêtres, soit la moitié de ceux que compte le diocèse. « Vous ne nous avez pas convaincus, mais convertis », lui disent certains à la sortie.

Les rapports envoyés les années suivantes signalent un nombre considérable d'Intronisations, même dans des familles qui n'y auraient pas songé. À Mulhouse les magasins ont été littéralement envahis et pillés pour y acheter des images du Sacré-Cœur. Ailleurs les intronisations sont célébrées avec la plus grande solennité et la communion générale des membres de la famille, parfois le jour même du mariage. Le nombre des communions le Premier Vendredi a augmenté considérablement. L'opposition à la communion privée des enfants s'est brisée d'elle-même. Les offices du dimanche ont vu une assistance plus pressée.

« Je n'ai pas été en Palestine cette année et j'ai cependant visité une terre sainte », pouvait écrire le Père Mateo en sa circulaire. Cependant l'opposition ne désarmait pas et semblait même croître avec le succès. Certains se crurent gens avisés de profiter de l'avènement du nouveau Pape pour évincer une fois pour toutes le Père Mateo et prendre en main le puissant mouvement de la dévotion au Sacré-Cœur qu'il avait suscité en nombre de pays. Un peu partout en France, en Hollande, en Suisse, en Angleterre, en Pologne, les attaques reprirent de plus belle. Ne s'avisait-on pas de vouloir à nouveau étendre au monde entier la décision prise par Benoît XV en 1918 pour la seule Italie, et qui confiait l'œuvre à l'Apostolat de la Prière pour cette raison majeure, on l'a vu, que le Père Mateo n'y possédait aucun confrère pour la prendre en main ?

On alla jusqu'à faire donner la grosse artillerie ; L'*Osservatore Romano* publia en février un article qui mit le feu aux poudres. Le journal s'étonnait que le décret de Benoît XV n'ait pas eu plus de suites et demandait qu'on en urge l'application. Des suites, l'article en eut plus que ne l'eût souhaité son auteur… Des protestations s'élevèrent d'un peu partout : du Cardinal Van Rossum, du T.R.P. Gemelli, de l'ambassadeur du Pérou. Les lettres, au dire de Mgr Caccio Dominioni, maître de chambre, pleuvaient au Vatican. Les évêques du Chili adressèrent une lettre collective au Saint-Siège. Le Cardinal Mercier écrivit à plusieurs reprises au Pape : « Je connais personnellement le Père Mateo. Voilà seize ans que cet humble religieux pratique à la lettre le programme de saint Paul : *omnia impendam et superimpendar ipse* (Je dépense sans compter et me dépense moi-même tout entier pour vous). Ses prédications toutes de foi et de charité opèrent des conversions merveilleuses… ».

Apparemment le Père Mateo semblait planer au-dessus de la mêlée : « Prions, écrivait-il, pour que le Roi d'Amour fasse la lumière, sa lumière, car tout est là : voir les choses à travers ses yeux et pas autrement ». Cependant le Pape faisait répondre au Cardinal Mercier par son secrétaire d'État, le Cardinal Gasparri, que l'article de l'*Osservatore Romano* devait être considéré comme d'inspiration purement personnelle. En même temps il convoquait le Père Mateo, le recevait longuement et lui confirmait son appui total.

Une décision s'imposait. Pour mettre fin à cette querelle préjudiciable aux uns et aux autres, Pie XI avait demandé aux deux partis de se réunir pour échanger leurs vues et aboutir à un accord pratique. Puis se ravisant il chargeait le Cardinal Sbaretti de présider les réunions et lui donnait des consignes précises : « C'est le désir du Pape que les difficultés soient levées, que les malentendus disparaissent par un accord mutuel, basé sur la marche parallèle de deux œuvres distinctes ».

Un accord était signé le 9 mai, qui reconnaissait les droits du Père Mateo et de sa Congrégation, et les plaçait sous la sauvegarde de la Congrégation du Concile. Cette fois un orage était bel et bien dissipé, ne laissant plus apparaître ici ou là que quelques éclairs de chaleur.

En Italie : le T. R. P. Gemelli

Au Congrès Eucharistique de Rome en 1922, le Père Mateo avait fait, nous l'avons vu, la rencontre des deux fondateurs de l'Université Catholique de Milan : le T.R. P. Gemelli et Mlle Armida Barelli. Sur-le-champ, celle-ci avait été conquise et, femme de décision prompte, sur-le-champ aussi, elle avait invité le Père Mateo à prêcher une retraite à l'Université. Visiblement le P. Gemelli s'était laissé forcer le main, une fois de plus. Il demeurait sceptique, craignant quelque prédication doucereuse, plus propre à crisper son auditoire qu'à le retourner. Et puis le moment lui paraissait des plus mal choisis, le 14 juillet, en pleines vacances des professeurs et des étudiants.

Malgré le renfort du comité directeur de la Jeunesse féminine catholique italienne, mobilisé d'office, le nombre des participants fut très restreint. Armida Barelli nous a laissé ses impressions : « Avec un fort accent étranger, des phrases brèves et incisives, un ton chaud de conviction et d'expérience intime, ce prêtre parle à un auditoire qui l'écoute dans un parfait recueillement. Toute sa prédication se résume en ces mots : croire à l'amour. Il faut l'avouer, il ne dit pas de choses nouvelles, il exprime des vérités communes, des vérités fondamentales ; mais il les dit d'une façon nouvelle et avec l'expérience de quelqu'un qui les annonce parce qu'il les croit, qui les affirme parce qu'il les a vues. Venant d'une telle plume, ce jugement est à retenir ».

Le P. Gemelli se connaissait en hommes. Prit-il alors conscience que le prédicateur était un frère aîné qui, vingt ans plus tôt, n'ayant pas même trente ans, l'avait devancé sur la voie où il s'engageait maintenant, en jetant les bases d'une Université catholique en Amérique du Sud ? À son tour il fut conquis. De ce double petit cénacle, celui de l'Université et celui de la Jeunesse catholique, surgiraient bientôt les plus vastes projets.

L'amitié du P. Gemelli serait précieuse pour le Père Mateo, car son influence n'allait pas tarder à grandir et à s'imposer. De quelques années son cadet, le P. Gemelli avait vécu sa première jeunesse loin de l'Église. Il s'était même inscrit au parti socialiste et en était devenu un militant convaincu. Soudain, à 25 ans, il avait interrompu une carrière médicale qui s'annonçait brillante, pour entrer chez les Franciscains. Tel était l'homme : pas de demi-mesure. Qu'on juge de la consternation de sa famille et de ses amis. Ils allèrent jusqu'à le déclarer atteint d'aliénation mentale et tentèrent même de l'enlever de vive force. Ils avaient compté sans la robustesse de ses bras. Il s'agrippa aux meubles. Ils ne purent pas plus le décramponner de sa cellule que de ses résolutions.

Le franciscain de fer et de feu se lança dans l'apostolat intellectuel, dont il avait plus que d'autres senti la nécessité. Il fonda la *Revue de Philosophie néoscolastique* et la *Revue du Clergé italien*. Ce n'était toutefois que la préparation de ce qui serait la grande œuvre de sa vie : l'Université catholique de Milan, qui à sa mort compterait près de 400 maîtres et 9000 élèves.

Armida Barelli

Le P. Gemelli avait rencontré en Armida Barelli une collaboratrice de choix, celle qui savait aussi bien traduire du français et de l'allemand un article ardu de philosophie qu'injecter littéralement à l'interlocuteur de rencontre la conviction que l'Université catholique était pour lui une affaire personnelle, que rien ne lui tenait plus à cœur, qu'il était prêt pour elle aux plus grands sacrifices. Belle, riche, vivante, supérieurement douée, la même ardeur qu'elle avait mise à écraser les orteils de ses partenaires trop empressés aux soirées dansantes, elle l'employait maintenant à grouper les jeunes filles, dont elle voulait être la *sorella maggiore*, la sœur aînée. Invitée par le Cardinal Ferrari à créer un mouvement chrétien pour la jeunesse féminine, elle avait si bien réussi dans sa tâche que Benoît XV lui avait demandé d'étendre son action à toute l'Italie. Sur le moment elle s'était récusée, invoquant son incapacité. Le Pape avait pris alors un visage sévère : « Si l'Église ne peut compter sur ses enfants, sur qui devra-t-elle s'appuyer ? » Dès lors elle ne s'était pas ménagée, levée avant l'aube, prolongeant sa veillée tard dans la nuit. Un de ses collaborateurs disait plaisamment d'elle : « On aurait dit qu'elle avait fait un double vœu ; celui de ne jamais arriver à la gare avant le train, celui de ne jamais le manquer. Du vif argent ».

Son succès éclatant en Italie, le Père Mateo le dut en grande partie à Armida Barelli qui lui apportait d'entrée l'appui des 225000 membres et de quelque 4000 centres de la G.F.C.I. Mais très réaliste, en offrant beaucoup, elle ne demandait pas moins. Pour soustraire une année entière à un programme surchargé, le Père devait bouleverser ses plans, remettre à plus lointaine échéance la visite des pays envers lesquels il s'était engagé, tels le Portugal, la Tchécoslovaquie, la Norvège (il ne verrait jamais ces deux derniers). Surtout ne lui était-il pas interdit de prononcer le mot d'Intronisation, l'œuvre de sa vie ? Enfin il parlait à peine l'italien. C'étaient là, il faut en convenir, des arguments de poids. Pas assez cependant pour faire reculer cette femme intrépide, dès que l'enjeu lui paraissait en valoir la peine. Avec autant de ténacité que de diplomatie, elle sut amener le Père à ses fins.

Dès le début elle avait pris soin de mettre le Pape dans son jeu. Faisant part à Pie XI de son désir de faire appel au Père Mateo, pour lui confier la formation spirituelle de ses jeunes dirigeantes : « Oui, prenez-le, lui avait-il conseillé : c'est un homme de Dieu ». Son intuition ne l'avait pas trompée. Entre elle et lui, elle avait découvert une parenté spirituelle. Il prêchait comme elle priait. C'étaient les mêmes idées familières : le Sacré-Cœur, sa royauté d'amour, l'attrait pour l'adoration du Saint-Sacrement prolongée souvent dans la nuit, la confiance humble et audacieuse, la réparation préparant le terrain à la conquête. Car Armida Barelli fut autant une âme de prière qu'une femme d'action. Parallèlement à l'activité déployée en faveur de l'Université et de la Jeunesse féminine, elle fondera avec le P. Gemelli l'œuvre de la Regalità, destinée à répandre la doctrine de la royauté du Christ, à propager l'adoration nocturne, à ouvrir des maisons de récollection, à promouvoir l'apostolat liturgique.

« C'est le farniente »

Le Père Mateo arrivait à Rome le 7 mars 1924 en bien piteux état. Trois jours plus tôt, il était encore en Angleterre.

Sans doute pensait-il que la douceur du printemps italien lui tiendrait lieu de repos. Mais la goutte l'avait ressaisi pendant le voyage. Il fallut le descendre du train comme un colis. Toute la semaine il resta cloué sur son fauteuil. Point d'abattement pour autant. Le moral restait élevé. « C'est le farniente, écrivait-il avec humour. Ce n'est pas encore la langue, mais c'est déjà quelque chose de bien italien ». Une accalmie se produisant, il commença sa première retraite, en français, aux dirigeants. Il put la mener à bien jusqu'au cinquième jour, où les douleurs reprirent de plus belle, aux deux pieds cette fois. À nouveau, malgré ce handicap, il avait conquis son monde. « Lumineux, pacifiant », ainsi s'exprime Armida Barelli. Saisie au vol, la retraite fut aussitôt traduite et publiée sous le titre : *L'Apôtre dans le monde*, qui dans une réédition devint : *S'élever pour élever.*

Sans attendre d'être remis, il partait à Turin. De 185 au premier soir, les retraitantes devenaient bientôt 400 ; il fallut fermer les portes. Pour atténuer les regrets, la nouvelle retraite fut traduite et publiée : *Rencontre avec le Roi d'Amour.*

Il gagnait ensuite Milan. La retraite devait se clôturer par une Journée universitaire, où avait été conviée l'élite de cette capitale intellectuelle et économique de l'Italie du Nord. Sans effort apparent, semble-t-il, comme s'il n'avait eu qu'à élever la voix pour remplir un vaisseau plus vaste, l'orateur entre si bien dans le vif du sujet qu'à la lettre il subjugue son difficile auditoire. Témoin le compte-rendu des *Amis de l'Université* : « Magnifique discours, éloquence bouleversante qui entraîne l'auditoire de l'enthousiasme délirant aux tressaillements de l'émotion la plus vive ». Il a pris pour sujet de son discours le titre même qu'elle arbore : Université du Sacré-Cœur. Qu'est-ce à dire, sinon qu'elle se propose dans son enseignement de révéler le Cœur du Christ, chaire de vérité et sanctuaire de l'amour, pour renouveler à son contact le cœur des hommes, des familles, de la patrie. La péroraison est particulièrement goûtée : « Ce ne sont pas les gladiateurs mourants devant César, mais les catholiques victorieux qui saluent le Roi d'Amour triomphant au chant de l'Ave Rex ».

Le compte-rendu de la retraite qu'il donna peu après à Assise analyse avec une rare finesse ce que le Père Mateo apportait de traditionnel et d'inédit en ces milieux où ne manquaient ni le zèle ni le talent. « L'éloquence d'un grand artiste. Il n'argumente pas, il décrit. Il ne décrit pas seulement, il peint. Il ne peint pas seulement, il dramatise. À peine a-t-il lancé le fondement de sa doctrine, qu'il la documente par des faits. Chacun de ces faits prend dans sa bouche une efficacité indicible. Il a une façon à lui de porter son manteau blanc à multiples plis, en relevant un pan sur le bras. Le contenu ? Jésus-Christ, la seule réalité, le seul bonheur, l'unique amour – L'Eucharistie, la confiance, l'abandon, comme les moyens de monter à Lui rapidement – L'abandon, mesure de notre amour et de notre sainteté – Le devoir d'apostolat ». Ainsi s'exprime Armida Barelli.

Si répandue que fût alors la connaissance du français en certains milieux, le Père Mateo ne pouvait cependant atteindre qu'une fraction des dirigeantes. L'ensemble des cadres, sans parler des troupes, lui échappait. Il lui fallait donc sans tarder se mettre pour de bon à l'italien.

Le Père Mateo a une façon à lui d'apprendre l'italien. Il reçoit l'hospitalité au célèbre collège Capranica : derrière sa façade du XVe siècle aux baies gothiques géminées et aux meneaux en croix, il abrite les séminaristes qui feront l'armature de la chancellerie romaine et de l'épiscopat. À tour de rôle, les séminaristes viennent avec gentillesse lui tenir conversation et lui donner la réplique. Le Père leur parle de ce qui seul le passionne : la connaissance, l'amour, le service du Roi d'Amour. C'est une vraie direction spirituelle, plus efficace à ses yeux que la grande prédication, puisqu'elle oriente les futurs chefs de l'Église.

L'après-midi il donne des conférences dans une communauté religieuse. À ses côtés une « sœur écoute », connaissant parfaitement le français, lui souffle le mot qui momentanément lui échappe… Après l'instruction, elle relève les locutions, constructions, prononciations fautives. C'est, avec quelques perfectionnements, le système employé avec succès l'an passé pour l'anglais et qu'il reprendra bientôt pour le portugais. Toujours ce mélange de réalisme pratique et d'idéalisme apostolique pour une grande fidélité à sa mission. À 49 ans, c'est une belle performance.

Dès qu'il avait connu son arrivée à Rome, le Pape Pie XI avait dit : « Moi qui veux tant de bien au Père Mateo, pourquoi donc ne vient-il pas me voir ? » S'il n'avait tenu qu'à lui, le Père aurait couru se jeter aux pieds du Pape, sans attendre même une invitation aussi chaleureuse, mais la goutte ne le lâchait toujours pas. Il s'en excusa auprès de Mgr Pizzardo de la secrétairerie d'État : « Puisque ma croix m'approche du Sacré-Cœur, j'espère qu'elle ne m'éloigne pas de son vicaire ».

L'audience dut être reportée au 21 juin. Pie XI se montra affectueux et enjoué. Le voyant se déplacer avec peine, il alla lui chercher un coussin et tint à le placer lui-même sous le pied malade. Il plaisanta le Père sur sa goutte : « C'est le mal des paresseux. Il va falloir vous trouver du travail pour vous guérir ». Le Pape lui redit combien lui tenait à cœur la prédication en Italie. Le grand Pontife sentait poindre le grave danger que constituerait bientôt pour l'Église la tentative de mainmise du régime sur la jeunesse, attirée par les réalisations accomplies en tout domaine et le nouveau style imprimé au pays.

Mis en confiance le Père Mateo se hasarda à parler en italien au Pape, qui le félicita de ses étonnants progrès. Mais le

Père Mateo avait été trop éprouvé par la maladie et sa double tournée en Suisse et en Angleterre. Avant de se lancer dans une nouvelle entreprise, où il devrait s'employer à fond, il était d'une élémentaire prudence qu'il prenne quelques mois de repos.

Travail d'équipe dans la Péninsule

Le Père ne commença guère sa tournée qu'à Noël 1924 pour la terminer fin juillet 1925. En plus de sept retraites (une par mois) et de deux grands discours de circonstances, il avait été prévu dix-huit semaines d'études pour lesquelles avait été réunie une équipe de choix. Mgr Olgiati, assistant ecclésiastique, se chargeait des cours proprement dits d'Instruction religieuse et traitait des grands problèmes de la vie chrétienne : l'adoption divine, la grâce, les sacrements. Armida Barelli et ses collaboratrices s'étaient réservé les questions plus techniques et féminines concernant l'organisation, l'apostolat concret des groupes de jeunes. Au Père Mateo revenait l'animation spirituelle à la lumière de la doctrine du Sacré-Cœur. Deux instructions étaient prévues : un *fervorino* le matin, une plus longue l'après-midi. Chaque semaine se clôturait par une journée de récollection, dont il avait la charge. De plus, le vendredi était réservé aux prêtres. Ce programme déjà serré ne tarderait guère à s'allonger d'un substantiel postscriptum, comme il l'écrivait ; et cela dès le départ.

La première semaine donnée à Milan connut un tel succès qu'on fut obligé de la dédoubler. Quelques jours après, le 11 janvier, l'Université catholique célébrait sa reconnaissance officielle par le gouvernement italien. Sur les instances du P. Gemelli, le Père Mateo dut prendre la parole. Rien n'est plus difficile que d'intéresser le grand public à la recherche scientifique, pure et désintéressée, dont il ne voit pas l'intérêt immédiat et dont souvent la nature lui échappe. Aussi avec un sens remarquable de l'auditoire renverse t-il la situation et montre que l'Université est leur œuvre à tous. La victoire que l'on fête aujourd'hui n'est pas seulement celle des noms illustres inscrits sur le parchemin qu'on a enfoui dans la première pierre. Elle est trop belle pour n'être pas le fruit d'un amour héroïque et divin. Et l'orateur d'évoquer la multitude de ces petites âmes qui, soit par leur immolation cachée, soit par l'assiduité de leurs prières devant l'ostensoir, ont arraché au ciel la victoire. Que veulent-elles ces âmes ? Non un pseudo-catholicisme maladif, tronqué, fossile, mais un catholicisme authentique, exigeant, fondé sur la folie de la croix. La seule lumière de la science ne peut redonner vie au cadavre moral et social, mais bien le Christ, Résurrection, Vie et Amour.

Ce discours venait si à propos que le Père Mateo fut prié de le répéter chaque samedi en clôture des semaines d'études, qui de ce fait devinrent aussi des semaines de l'Université. L'écho en vint rapidement au Pape Pie XI qui chargea le Cardinal Gasparri, secrétaire d'État, de le remercier « de contribuer à la consolidation de ce bel institut, en lui suscitant des amis et en faisant pénétrer dans la conscience chrétienne la conviction de sa grande utilité ».

Vingt ans plus tard, la guerre anéantissait l'Université. Pour la reconstruire, le P. Gemelli fit de nouveau appel à son ami « pour y recommencer une campagne de vie surnaturelle comme celle que vous avez menée en Italie et dont le souvenir est encore bien vivant dans beaucoup d'âmes sacerdotales). Est-il meilleur témoignage de l'efficacité de cette prédication itinérante, qui atteignit 50000 amis de l'Université ?

Le P. Gemelli souligne ici l'effet bienfaisant de ces journées sacerdotales qui en moyenne réunissaient cent cinquante prêtres et s'étendirent bientôt aux séminaristes et aux communautés. « Pour les prêtres comme pour les apôtres dans le monde, répète inlassablement le Père Mateo, il n'y a qu'une seule doctrine : aimer, aimer, aimer. Remplissez votre cœur d'amour, incendiez les cœurs par l'amour. Tenez Jésus vivant dans votre cœur, comme je vous l'ai donné vivant dans l'Eucharistie ». Sa conférence fut publiée sous le titre : *Diliges* (tu aimeras), *une parole aux prêtres*, ainsi que celle aux jeunes filles : *L'unique félicité*.

Les témoignages abondent, venant de tous les milieux.

Le Père Mateo vient de lier par hasard conversation avec un avocat, en attendant l'auto qui doit venir le prendre. Quand elle arrive, il change aussitôt de destination. « Montez, c'est chez vous que je veux passer la journée », dit-il à l'avocat en le poussant dans la voiture. Une lettre de l'avocat laisse deviner ce qui s'est passé. « Je vous ai vu partir avec un sentiment de tristesse indéfinissable. Un grand ami s'éloignait, un ami d'un jour était devenu un ami pour la vie, un ami qui m'avait adressé des paroles de paix, de confiance, de salut, des paroles d'une profondeur jamais atteinte, jamais entendues ».

Au cours d'un voyage en train, la conversation s'engage avec un professeur et sa femme. Le professeur révèle qu'il a été élevé dans le positivisme. Il sent le vide de sa vie. Le Père lui demande son adresse et lui promet une visite. Une lettre postérieure en dévoile le mystère : « Je me souviens chaque jour de cette rencontre, de vos paroles chaudes et profondes, je ressens encore tout de cette journée : ma longue et impatiente attente, votre arrivée calme et souriante, ma confession immédiate et pénible, vos paroles intenses et denses de sollicitude et de réconfort, et votre accolade dont je ne perdrai jamais le souvenir, dussé-je vivre mille ans ».

Plus encore que les 50 000 amis de l'Université qu'il a gagnés, plus que les 3 000 prêtres et les milliers de jeunes filles qu'il a évangélisées, plus que les 600 sermons pleins de feu et les assistances silencieuses qui buvaient ses paroles, ce sont ces conversions nombreuses qui ont fait dire à ses collaborateurs et témoins de chaque jour : « C'est une Pentecôte d'amour que le Père Mateo a suscitée en Italie, partout il a porté un immense flot de vie divine ».

Au Portugal

Quand le Père Mateo le visite pour la première fois en 1927, le Portugal vient de traverser les heures les plus sombres de son histoire religieuse. La proclamation de la République en 1910 a été suivie de près de la séparation de l'Église et de l'État, de la suppression des Ordres religieux et d'une véritable persécution. Il n'y a eu que peu de réaction dans le pays.

Depuis longtemps déjà, le Père Mateo a promis sa visite et sa venue a été bien préparée. Le Cardinal Netto, patriarche de Lisbonne, a publié une pastorale sur l'Intronisation, que son évêque auxiliaire a commentée dans une série d'articles de la *Vida Catolica*. Les évêques de Coïmbre et de Béja le pressent de venir. L'archevêque d'Evora multiplie ses instances et pour préparer le terrain, il a fait traduire en portugais ses *Conférences à l'Abbaye de Sept-Fons*. On l'attend un peu comme le Messie.

Il avait été prévu pour chaque diocèse un séjour de trois semaines environ, avec des exercices propres à chacune des catégories que l'on voulait atteindre : retraites pour les prêtres et les séminaristes, conférences pour les élites d'hommes et de femmes séparément, triduum pour les fidèles.

Le Père Mateo débuta en décembre à Evora par deux retraites sacerdotales. L'avidité de l'entendre fut telle qu'il dut en improviser une troisième pendant les vacances. Le mot du prédicateur : « Jamais encore je n'ai touché le miracle éclatant de plus près », laisse entrevoir l'œuvre de la grâce, mais aussi bien des misères. Le Portugal est le pays des contrastes. Au triduum préparatoire aux fêtes de Noël, l'assistance comprenait plus d'hommes que de femmes. Il dut confesser pendant plus de sept heures « rien que des hommes ».

À Braga, au nord, dans le diocèse le plus vivant du pays, la foule était si dense que l'archevêque et le Père mirent vingt minutes pour aller du porche à l'autel. À la messe de cinq heures du matin, trois mille fidèles l'attendaient déjà, en majorité des hommes, et la plupart communiaient. Les journées étaient si chargées qu'après les deux retraites sacerdotales de Coïmbre, le Père, épuisé, devait s'accorder quelques jours de repos. La Providence l'y attendait.

Le Cardinal Cerejeira

Le Père Mateo logeait dans un vieux palais pombalien, rua Dos Grilos, qui abritait déjà deux professeurs de la célèbre université. Tous deux avaient décidé de vivre en république, comme ils disaient, c'est-à-dire en communauté, partageant les frais d'un unique foyer, servis par une servante au grand cœur.

L'abbé Manuel Conçalves Cerejeira, titulaire de la chaire de littérature et d'histoire, venait d'être pressenti comme auxiliaire et futur successeur du Patriarche (c'est le nom que porte l'archevêque de Lisbonne). Il hésitait, invoquait son âge, n'ayant pas encore quarante ans, les lourdes responsabilités qui l'attendaient. Il ne voyait pas clair en lui. Il s'ouvrit de ses perplexités au Père Mateo, qui réfuta ses objections et lui montra dans cet appel la voix de Dieu. Trente ans plus tard, le Cardinal Cerejeira évoquait avec émotion le souvenir de celui qui « reste si intimement lié à ma vie épiscopale. Il fut l'ange du Sacré-Cœur qui m'assista à l'heure de l'appel et guida mes premiers pas de Patriarche. Il me tint par la main avec la ferveur d'un apôtre, avec l'affection et la prédilection d'un père. Comment pourrais-je l'oublier sans m'oublier moi-même ? L'archevêque d'Evora, qui aimait et appréciait grandement le Père Mateo, me disait un jour que c'était moi qui avais le mieux reçu son esprit. Plaise à Dieu qu'il en soit ainsi ! »

On dit également que le Père Mateo ne serait pas étranger à la décision que devait prendre quelques mois plus tard l'autre ami, le professeur d'économie politique, de quitter sa chaire pour se charger des destinées de l'État.

Il convient aussi de signaler sa rencontre avec le P. Cruz. C'était une sorte de Curé d'Ars itinérant. Il allait tout courbé, édenté, d'un bout à l'autre du pays, prêchant, confessant, convertissant les pécheurs les plus endurcis, dont il se faisait comme une spécialité. Voici ce que rapporte son biographe qui l'appelle encore : le saint Vincent de Paul du XXe siècle. « Le Père Mateo, plus jeune et plus alerte, se jeta à genoux pour solliciter sa bénédiction. Mais le Père Cruz en fit autant, et ce fut une concertation digne de Rodriguez et des Pères du désert ».

Embouteillages à Porto et à Lisbonne

Entre temps, le Père Mateo avait repris ses prédications, notamment à Porto, la seconde ville du Portugal. À la fin du siècle dernier, Porto avait joué un rôle non négligeable dans le développement du culte du Sacré-Cœur et partant de l'Intronisation. C'est en effet à la demande d'une religieuse du Bon Pasteur de Porto, sœur Marie du Divin Cœur, née Droste zu Vischering, que le Pape Léon XIII consacrait le genre humain au Sacré-Cœur. Aux premières vêpres du jour choisi par le Pape pour accomplir ce qu'il appelait lui-même le plus grand acte de son pontificat, mourait inconnue la religieuse dont était parti cet immense mouvement de piété. Le succès du Père Mateo dépasse toute imagination. Cinq heures avant le sermon, la foule stationnait déjà devant la porte de la cathédrale et bloquait toute circulation. Pour dégager les trams et les autos, la police dut faire ouvrir l'église fermée l'après-midi selon la coutume. Même affluence et même embouteillage à Lisbonne, où cependant on avait retenu le *Politeama*, la plus grande salle de la capitale. Puisque le culte et la doctrine du Sacré-Cœur répondaient si bien aux aspirations et aux besoins de la population, le Père Mateo s'enhardit à demander aux évêques de consacrer leur pays au Sacré-Cœur et de promettre de faire célébrer sa fête le jour même où Notre-Seigneur l'avait demandé, c'est-à-dire en semaine, le vendredi après l'octave de la Fête-Dieu. Conscient du bien réalisé par le passage du Père, l'épiscopat répondit par une pastorale collective, fixant la consécration du Portugal au Sacré-Cœur au dernier dimanche d'octobre, fête du Christ-Roi.

C'était là encore, comme en Espagne et en Belgique, l'Intronisation solennelle qui couronnait dignement la multitude d'Intronisations individuelles faites dans tout le pays, et qui annonçait pour l'Église du Portugal une ère de renouvellement et d'approfondissement.

Ce premier séjour avait duré huit mois : de novembre 1927 à juillet 1928. Jamais encore, depuis quatorze ans qu'il était en Europe, le Père Mateo n'avait suscité un tel enthousiasme. Aussi promit-il de revenir le plus tôt possible achever le travail si bien commencé. Il ne put tenir sa promesse que deux ans et demi plus tard, qui avaient été employés à une longue et fructueuse tournée en Italie.

« Comme dans les actes des Apôtres. »

Il y séjourna sept mois de janvier à juillet 1931. Le programme prévoyait une retraite pour les évêques, seize pour les prêtres, onze pour les séminaristes, et un nombre important de conférences et de sermons aux secrétariats, aux comités paroissiaux, aux fidèles, sans compter les imprévus. Il y en eut tant que pour honorer ses promesses le Père dût prolonger d'un mois son séjour. Quelques années plus tard, le Cardinal résumait son impression en cette phrase lapidaire : « La tournée du Père Mateo est le plus beau commentaire que je connaisse des Actes des Apôtres ». Cette tournée eut un épilogue. Deux mille prêtres environ avaient participé aux retraites prêchées par le Père : pour prolonger leur influence, le Cardinal confiait la direction du séminaire patriarcal aux Pères des Sacrés-Cœurs. À leur intention le Père Mateo résuma les idées maîtresses qui l'avaient guidé dans son action.

1 - La sainteté sacerdotale, fondée sur la grâce du sacerdoce et la mission du prêtre. Attaquer sans pitié le fonctionnarisme : ces machines consacrées, au lieu des saints prêtres dont on a besoin.

2 - La grandeur de la messe quotidienne, préparée, savourée, remerciée, vécue. La messe, centre de vie intérieure, foyer d'apostolat.

3 - La vie intérieure profonde : cherchez avant tout le royaume de Dieu… qui est en vous.

4 - La méditation quotidienne comme préparation immédiate et la meilleure à la messe. Ne jamais laisser cette préparation sous aucun prétexte, sauf des cas rares, un moribond.

5 - La confession, cette pénitence classique, fréquente, élément indispensable de chasteté.

6 - Vivre et ensuite prêcher la dévotion au Sacré-Cœur. Non pas simple dévotion, mais substance et vie, résumées en ces quatre idées : eucharistie, confiance, sacrifice, apostolat.

7 - Prédication simple, catéchistique, évangélique, doctrinale. Surtout pas dévotionnelle. Combattre les mille petites dévotions. Couper la bosse superstitieuse du peuple.

Le Père Mateo rentra « épuisé comme jamais ; les cheveux longs à pouvoir faire des bigoudis et tout gris ».

Vingt-cinq ans plus tard, le Cardinal Cerejeira formulait le jugement suivant : « Le Père Mateo occupe une place éminente dans la rénovation religieuse du Portugal. Il fut associé par la Providence au miracle de la restauration de l'Église. L'histoire de cette période de vie spirituelle au Portugal – et je crois qu'elle sera une période des plus glorieuses – ne pourra être écrite sans y inclure le nom et l'action apostolique du Père Mateo. S'il pouvait revenir au Portugal, quel changement il remarquerait, changement en mieux ! »

Le Père Matéo CRAWLEY-BŒVEY, SS.CC.

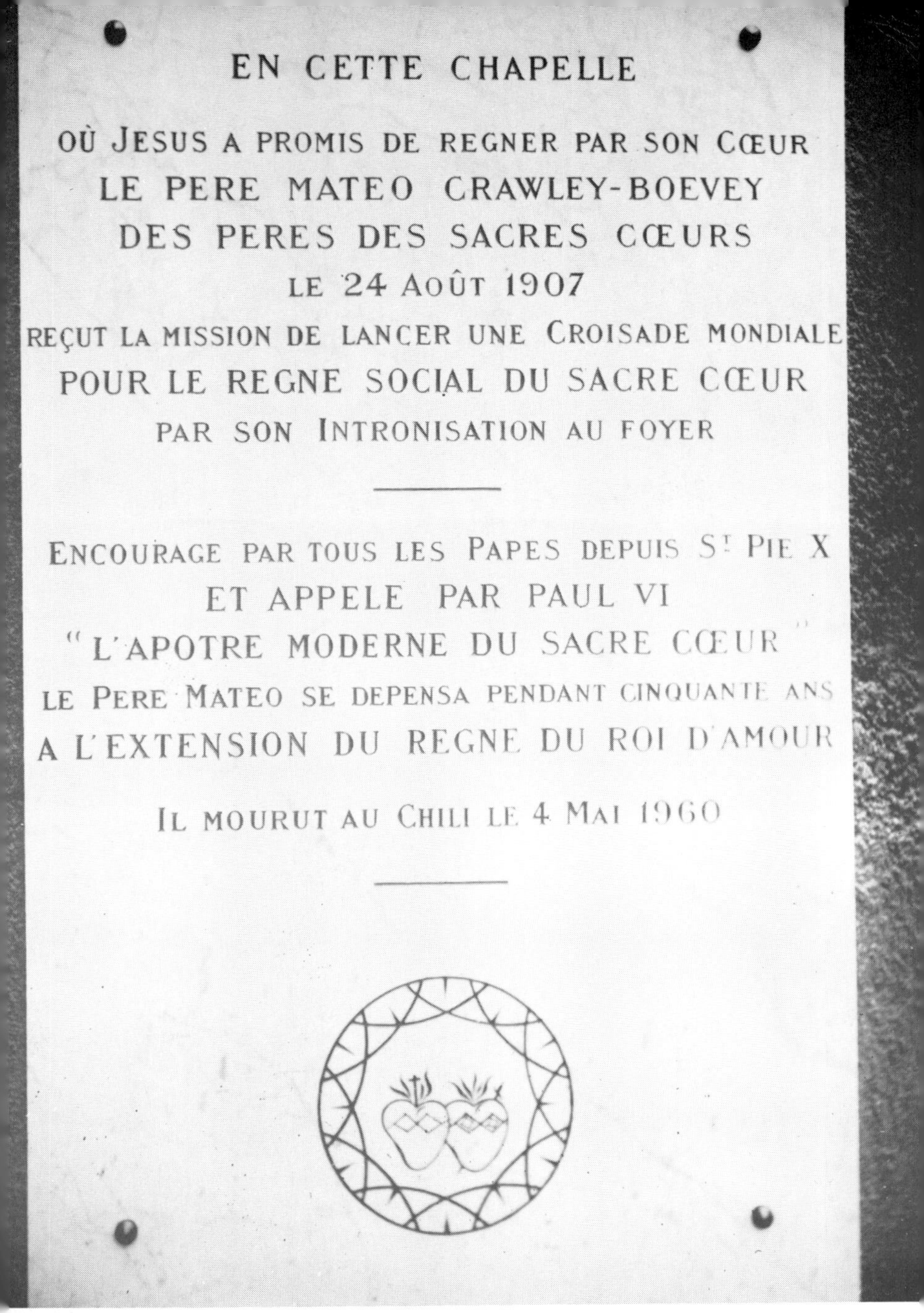

Chapelle de la Visitation – Paray-le-Monial.

Maria Francisca Murga,
mère du Père Matéo.

Carlos Octavio Crawley-Bœvey,
son père.

Eduardo avec sa mère et sa sœur Mary.

Frère Matéo, vers 1893,
5 ans avant son ordination.

Espagne 1936.
Monument du Cerro de los Angelos.
Une compagnie des milices révolutionnaires met en joue la statue du Sacré-Cœur avant de la dynamiter. (cf. page 132).

Corée : Taïkou, 1936. (en haut)
Mandchourie, Sze-ping-kai, 1936. (en bas)

Hanoi – 1939. (en haut)
Indonésie – Retraite aux Pères des SS.CC.
1939 (en bas).

Intronisation du Sacré-Cœur. San Francisco – Californie 1940.

Canada 1952
Le Père Matéo avec Frère Larwin.

Copie authentique de la 1re image du Sacré-Cœur vénérée par Ste Marguerite-Marie, en 1685, au Monastère de Paray-le-Monial.

Trois rivières, Canada, août 1952. Visite de son neveu, le R.P. Juan Pandazuri Riketts, actuellement Cardinal – Archevêque de Lima.

Septembre 1952. 60 ans de profession.

Le Père Matéo, mort, devant son autel, dans son oratoire privé, où le Saint-Sacrement était réservé par permission spéciale de Pie XII.

Jeudi Saint 1927

Cher et bienaimé P. Matteo,

Nous Nous hâtons de profiter du relatif – bien relatif – loisir que ces saints jours Nous amènent pour vous dire combien Nous Nous sommes consolé en lisant votre bonne et si filiale lettre du 27 mars p.p. et les beaux et pieux dactylogrammes y joints.

Continuez, cher et bon P. Matteo, et ne cessez de prier et de faire prier pour cette chère France, pour cette jeunesse toujours la prédilégée de Notre cœur même quand elle est trompée et égarée – alors plus que jamais – pour ceux qui la trompent et égarent, pour tous les égarés et pour… le Pape aussi. Comme vous le voyez, les afflictions ne manquent pas au cœur du Père; mais les consolations non plus et votre lettre avec celle du bon P. Jean d. S.C. les ont augmenté ; que le bon Dieu vous en récompense... Nous devons vous dire que les afflictions Nous deviennent une source de consolation. Nous avons prié le bon Dieu de ne pas Nous les épargner, pourvu qu'elles hâtent le triomphe de sa cause, qui est la cause de son Église, des âmes et de la France aussi. Voyant comme Il a exaucé la première partie de Notre prière, Nous Nous rassurons toujours plus de l'exaucement de la seconde partie : tout ce que vous Nous écrivez et envoyez augmente Notre confiance.

Les petites images que vous trouverez ci-jointes n'affectent que d'être les documents visibles de toutes les bénédictions que Nous vous envoyons, à vous et aux chers Enfants que le divin Époux a appelé déjà d'ici bas "ad cœnam nuptiarum Agni" et auxquels vous voudrez bien les faire parvenir. Soignez avec patience votre santé et priez pour Nous.

De tout cœur

Pius PP. XI

X.

1928 – 1934

Le nerf de cette guerre sainte

Le Père Mateo n'a cessé de répéter que l'Intronisation est une œuvre éminemment surnaturelle dans son origine, ses buts, ses moyens. Sans faire fi, loin de là, des ressources humaines, elle doit, pour rester dans sa ligne, s'appuyer avant tout sur le secours divin. D'où le souci constant du fondateur de lui ménager un capital de grâces. C'est le rôle des *Ligues auxiliaires de l'Intronisation*, qu'il crée de toutes pièces ou qu'il emprunte sans façon à l'un ou l'autre de ses collaborateurs.

Une zélatrice de Sées a pris l'initiative de faire célébrer chaque jour une messe pour le règne du Sacré-Cœur. La messe est assurée, à tour de rôle, par les différentes paroisses du diocèse et annoncée le dimanche précédent au prône, afin que les fidèles puissent s'y unir et y assister. Une autre zélatrice de Paray-le-Monial demande à chacun d'offrir à la même intention une communion à jour fixe, une fois par semaine ou par mois, de manière à établir comme une chaîne de communions ininterrompue dans une paroisse ou un diocèse. En signalant aux secrétariats ces deux initiatives qu'il fait siennes, le Père rappelle « que nous n'établirons jamais une relation assez étroite entre le culte du Cœur de Jésus et celui de l'Eucharistie, entre les deux tabernacles, le tabernacle eucharistique et le tabernacle familial. Tous nos efforts tendent à former, par l'Intronisation vécue, des familles vraiment eucharistiques ».

De son propre mouvement cette fois, il lance un appel aux communautés religieuses. « Des bonnes volontés s'offrent de toutes parts. Prêtres, religieux, personnes du monde consacrent leur activité à l'Intronisation. Mais il faut plus que l'action. Quelle ne serait pas leur force et leur persuasion, si les âmes consacrées les appuyaient de leurs prières et de leurs mérites ! » Il leur demande donc de se partager les jours de la semaine ou du mois et d'offrir à la date désignée une journée de fidélité et de générosité. Ainsi naquirent les trois ligues de la *Messe quotidienne,* de la *Communion perpétuelle* et de *l'Apostolat des Communautés religieuses pour le règne social et familial du Sacré-Cœur.*

Une quatrième allait sous peu voir le jour : *La Ligue des Benjamins et des Tarsicius* se propose de mobiliser les enfants au service du Roi d'Amour. Ils sont aujourd'hui comme autrefois les amis privilégiés de Jésus. Le plus sûr moyen de conquérir les familles est encore de gagner les enfants. À la différence des autres groupements qui visent d'abord leur sanctification, le Père Mateo, et c'est son originalité, veut les éveiller à l'apostolat. Sans doute avec un sens pédagogique averti demande-t-il aux divers groupes d'adopter une mission lointaine, mais avant tout il les aiguille vers l'apostolat que pratique l'Intronisation : l'avancement du règne de Dieu dans les familles.

Comme le financier détenteur d'une valeur sûre recherche les souscripteurs en vue d'augmenter son capital et de développer son entreprise, le Père Mateo ne pouvait manquer de faire appel aux âmes souffrantes, si nombreuses dans toutes les classes de la société.

« On a beaucoup parlé de la prière, comme d'un élément de première valeur dans l'apostolat, faisait-il remarquer. En échange il me semble qu'on n'a pas insisté, au moins au même degré, sur l'immolation et le sacrifice, en tant que les croix et les douleurs constituent la plus forte et la plus féconde des prières pour la gloire et le règne du Cœur de Jésus. On a dit et redit que la souffrance est un élément de purification, que le sacrifice est une sorte de sacrement qui nous rend agréable à Dieu. Mais on n'a pas suffisamment insisté sur la puissance prodigieuse de la croix, en tant qu'apostolat réel et effectif.

« Un grand coupable peut résister à tous les assauts, à ceux du bon exemple, à la tendresse d'une personne aimée. Mais le Seigneur permet souvent que la douleur ait le pouvoir, à elle réservé, de jeter à terre ce géant de l'incroyance ou ce rebelle de libertinage. Femme, fille, sœur, quelqu'un de Béthanie a pleuré, mais avec amour pour ramener cette âme ; et voilà qu'après peut-être de longues années, quand tout semblait perdu, le prodigue est vaincu. À son tour il pleure, mais de repentir et d'amour.

« Ce prodige d'un pécheur terrassé, converti, transformé par une âme crucifiée, par une parcelle d'hostie de la famille, je l'ai vu cent fois et plus. La croix donnant le coup de grâce, ce n'est pas nouveau, cela date du Calvaire ».

En raison du caractère intime, souvent secret des épreuves, le Père ne put donner à cette *Ligue des âmes souffrantes* une organisation visible. Il conseilla simplement de réciter chaque jour cette prière : « Cœur de Jésus, je vous offre par le Cœur Immaculé de Marie le trésor de toutes mes souffrances physiques et morales. Et plus encore je vous bénis, Roi d'Amour, dans mes douleurs, en échange de votre règne social ».

Un test audacieux : l'Adoration nocturne au foyer

Il y avait déjà vingt-cinq ans que le Père Mateo avait conçu à Paray-le-Monial ses projets de croisade mondiale. Les intronisations se chiffraient par dizaines de millions. Loin de faiblir avec le temps, son succès personnel ne faisait que croître.

On ne pouvait nier un effort d'évangélisation, dont on ne trouverait que peu d'exemples dans l'histoire : une douzaine de nations, des centaines de diocèses, des milliers d'églises et de chapelles avaient entendu proclamer avec des accents bouleversants qu'un Dieu les aimait à la folie et qu'après leur avoir donné la croix, l'eucharistie, il venait leur demander l'hospitalité dans leur demeure pour partager leurs joies et leurs peines et établir avec leur concours son règne d'amour sur la société tout entière. Mais, faisaient remarquer certains, ces foules qui assiégeaient sa chaire, qui se déplaçaient avec le prédicateur, en quoi leur mentalité, leur vie personnelle avaient-elles été changées ? Et ces foyers, une fois la cérémonie de l'Intronisation terminée, les cierges éteints et les bouquets fanés, ne retrouvaient-ils pas l'engourdissement du train-train journalier, l'accaparement des soucis matériels, l'affrontement des caractères ? Les familles s'y étaient-elles enrichies de la présence d'une personne vivante ou d'une image de plus ?

Les conversions, les vocations, fruits de son œuvre, étaient certes des témoignages de valeur. Mais elles ne se rencontraient que dans un nombre limité de familles. Il fallait, pour que l'expérience fût probante, soumettre l'ensemble des familles à une sorte d'épreuve de force suffisamment exigeante et prolongée pour qu'on ne puisse mettre en doute les résultats. Le Père Mateo trouva ce test.

La congrégation des Sacrés-Cœurs se consacre, entre autres activités, à l'adoration perpétuelle. Les adorateurs se succèdent de demi-heure en demi-heure le jour, d'heure en heure la nuit devant le tabernacle. Pour mieux en assurer la perpétuité, une branche de sœurs double celle des frères. À leur tour, les fidèles sont invités à y participer en entrant dans l'Association Extérieure, qui est comme la troisième branche de l'Institut. Beaucoup de pieux fidèles, retenus par leurs obligations, l'éloignement, la maladie ne peuvent se rendre à l'église. Ne pourrait-on, pense le Père Mateo, les enrôler parmi les adorateurs, en leur demandant de faire l'heure sainte chez eux, devant l'image du Sacré-Cœur, la veille du premier vendredi, toute la famille étant réunie ? Le premier appel date du début même de l'Intronisation en 1908.

En mars 1927, il franchit un pas de plus. Au lieu d'une heure sainte collective, il propose que la famille se partage les heures de la nuit et qu'à tour de rôle père, mère, enfants, serviteurs prennent la garde devant l'image du Sacré-Cœur. « Est-ce trop exiger en demandant une heure d'adoration nocturne par mois et sans sortir du foyer, quand des milliers et des milliers de personnes passent des nuits entières, perdent leur conscience et leur santé dans des exagérations mondaines, la plupart du temps dangereuses, coupables même ? Le péché aurait droit acquis et non la réparation d'amour ? Judas peut veiller pour trahir et il trouve des complices qui veilleront avec lui, et les apôtres et les amis seront-ils toujours accablés de sommeil ?

« Je lance l'idée comme un dard de feu qui a jailli, non pas de mon pauvre cœur, mais de celui du Roi lui-même. Et maintenant Lui et moi nous attendons, chères Béthanies, votre réponse ».

Les adhésions affluèrent si nombreuses que quelques mois plus tard, il pouvait écrire : « Pour la millième fois dans ma carrière déjà longue d'apôtre mendiant, la magnificence de sa réponse et de sa générosité a surpassé de loin mon espérance. Malgré mon optimisme systématique, je ne m'attendais pas à une récolte ni aussi exquise ni aussi abondante. Les amis du Roi ont donné un démenti catégorique à sa plainte si amère : "J'ai cherché des consolateurs et je n'en ai pas trouvé" ».

Toujours plus audacieux, il propose en octobre aux familles chrétiennes d'assurer l'adoration non plus seulement une nuit par mois, mais toutes les nuits du mois : de cette façon l'adoration serait perpétuelle. « Je jette encore une fois le filet au nom et pour la gloire de mon Roi et de votre Ami : que répondrez-vous ? Oh ! la splendide fête d'amour que seront les trente nuits du mois pour Jésus dans ces Béthanies privilégiées ! »

En un an, il recueillit 24 000 adhésions. Deux ans après, il en comptait 42 000 et l'année suivante 125 000 : l'adoration était perpétuelle dans seize pays.

On a parfois contesté au Père Mateo la paternité de cette initiative. Il eut de fait des précurseurs. Sans rien retirer de leur mérite à ses devanciers, on doit constater qu'il sut imprimer à son œuvre dès son départ un élan dont rien n'approchait avant lui. À une poignée d'adorateurs il substitua une véritable armée. À sa mort, les adhérents atteignaient le million.

De plus, il a fait œuvre originale. « Il a attendu, comme il le dit lui-même, que la croisade de l'Intronisation ait ouvert le sillon, travaillé les âmes, leur ait donné une soif ardente d'amour réparateur ». Mais déjà, dès son premier appel en 1908, il dévoilait sa pensée : « Unir les deux sanctuaires, le temple et le foyer, joindre aux solennités de l'église celle de la famille ». Sa pensée suit une marche logique. Il étend progressivement à de nouvelles catégories de fidèles et selon des modalités propres où se révèle son génie, ce que sa congrégation pratiquait dès l'origine.

Il ne cache pas que les siens le taxèrent longtemps de rêveur tant ils croyaient peu au succès. « Cette initiative, écrit-il aux directeurs, correspond totalement à notre vocation en tant que religieux de l'adoration réparatrice et perpétuelle. Faites comprendre aux familles qu'elles seront d'autant plus adoratrices qu'elles seront des réparatrices ».

La réparation est en effet une des caractéristiques de son œuvre. « Voilà une œuvre qui réalise toute ma pensée, dira bientôt le Pape Pie XI. C'est la réalisation de mon encyclique sur la réparation » (Audience du 20 décembre 1928).

L'adoration nocturne au foyer est donc bien une création, la plus audacieuse sans doute, du Père Mateo. Pie XI ne s'y est pas trompé. Dans un discours adressé le 29 mai 1930 à la Jeunesse féminine italienne, il la félicitait « de ne pas être absente de l'Adoration nocturne au foyer, cette délicatesse exquise de la piété et de la charité chrétienne pour le Cœur de Jésus ; délicatesse, ajoutait-il, pour laquelle il fallait un cœur d'apôtre comme celui du Père Mateo ».

En 1959, les adorateurs devaient approcher du million. Au tableau d'honneur figuraient l'Irlande avec 135 000, l'Italie : 60 000, l'Espagne : 49 000, les États-Unis : 300 000, l'Inde : 189 000.

Vers le Roi d'Amour

Le Père Mateo a lancé son appel de la maison-mère des religieuses des Sacrés-Cœurs, à l'ombre de cette chapelle de la rue de Picpus, à Paris, où l'adoration n'a jamais été interrompue depuis 1805, sauf quand les quatre-vingt-quatre sœurs ont été emprisonnées par la Commune en 1871. Il en a fait son quartier général. Il a reçu des religieuses le plus large concours. Ce sont elles qui ont financé l'impression de ses premières brochures et le lancement du Règne Social. Leur secrétariat a étendu son influence sur la France entière et rayonne sur les cinq parties du monde. De nouvelles attaques de goutte et de diabète vont l'obliger à y prendre un repos prolongé de novembre 1926 à novembre 1927.

Le Père met à profit cette longue réclusion pour traduire en espagnol *Vers le Roi d'Amour* que les Visitandines de Lyon ont publié dix ans plus tôt sur des notes prises au cours de ses prédications. Il est toujours malaisé à un auteur de se traduire lui-même. Il est tenté de refaire son œuvre. C'est ce qui advint. D'un labeur assidu de plusieurs mois commencé en Espagne, il sortit un ouvrage entièrement nouveau : les 220 pages étaient devenues 430. Aussi changea-t-il légèrement le titre en *Jésus, Roi d'Amour*. L'original français ne répondant plus à la nouvelle version, il se remit au travail et il en fit lui-même la traduction en français. On en connaît aujourd'hui des versions en onze autres langues : allemand, anglais, chinois, hollandais, hongrois, italien, japonais, polonais, portugais, ainsi qu'en konkany et en malayalan, langues parlées aux Indes. Plus de 50 000 exemplaires s'écoulèrent en France et en Belgique et près de 100 000 en Italie.

Le livre comprend deux parties : Intronisation et retraite d'apôtres. Les divers chapitres : vie de foi, d'amour, de confiance, appel à la sainteté, devoir de l'apostolat, Marie, Mère du Bel Amour, Adoration nocturne, dévotion au Pape, portée sociale de l'Intronisation reprennent les thèmes habituels de ses conférences. *Jésus, Roi d'Amour* porte du reste en sous-titre : *Recueil de prédications du R. P. Mateo Crawley-Boevey*. Le moindre attrait n'est pas d'y avoir inséré nombre de faits vécus, qu'il présente comme les fruits de cette doctrine évangélique.

Il compose, mais il lit aussi beaucoup. Nous le savons par la sœur secrétaire, qui note *Histoire du dogme de la Trinité* de Lebreton, *Mysterium fidei* de La Taille, *L'Idée de sacri-*

fice d'après le P. de Condren et M. Olier, de Lepin… Il a été vivement intéressé par les comptes-rendus de l'*Ami du clergé* et autres revues et par les échanges de vue avec ses visiteurs. Il veut remonter aux sources et se plonge jour et nuit dans l'étude des savants volumes. « C'est une prière de lire des choses pareilles. C'est une nourriture : il faut la transformer en sang pour notre vie spirituelle ».

La Messe lui apparaît dès lors dans toute sa lumière. On peut parler d'une découverte, d'une étape importante dans sa vie spirituelle. La Messe deviendra désormais le thème habituel de sa méditation et de sa prédication. Aux fidèles, il déclarera : « Si le décret de Pie X sur la communion fréquente n'a pas donné les effets escomptés, c'est que trop d'âmes pieuses séparent le sacrifice du sacrement : elles font du Saint-Sacrement une dévotion fade et sans substance, comme un lait écrémé. Dans le sacrifice, le Verbe fait chair se livre au Père en hostie ; dans le sacrement, toujours en hostie, il se livre à l'Église et au peuple fidèle ».

Aux prêtres, il présentera ces remarques savoureuses : « Selon les desseins du Seigneur, la Sainte Messe devrait toujours réaliser deux grands prodiges : celui de la transsubstantiation et celui de la sanctification du célébrant. Le premier des prodiges se produit infailliblement à toutes les messes. Le second souffre, hélas ! de très nombreuses exceptions ».

« Si l'hostie et le calice pouvaient parler, ils pourraient dire au célébrant : à la parole sacerdotale la substance du pain et du vin a disparu, nous n'en conservons que les accidents ou apparences ; nous sommes devenus le Christ, Fils du Dieu vivant. Et toi, prêtre consécrateur, quand feras-tu avec toi-même ce miracle d'amour ? Quand, par la vertu et la grâce de ta messe, n'auras-tu plus à l'autel et dans ton sublime ministère, que les apparences d'un homme, devenant en réalité un autre Christ ? »

Il résumait ses entretiens dans cette résolution : une messe soigneusement préparée, délicieusement savourée, profondément vécue.

Cent séminaires, douze mille prêtres

Ainsi rechargé spirituellement, le Père Mateo entreprend une longue campagne en Italie, qui le retiendra près de deux ans, de novembre 1928 à août 1930. Dans les pourparlers qui la précèdent, il a rappelé le désir exprimé par Pie XI de le voir s'adresser principalement aux prêtres, aux séminaristes et à la jeunesse. Sur cette base le programme dressé par Armida Barelli prévoit au départ 35 retraites ou récollections pour le clergé et 5 pour les dirigeantes des Jeunesses catholiques, 78 allocutions aux jeunes et 87 aux femmes. On y a joint 82 conférences en faveur de l'Université catholique de Milan.

Le Père ne s'adresse guère qu'à une élite désireuse de s'engager à fond dans la vie chrétienne et l'apostolat. Il ne tente d'élargir son public que pour plaider la cause de l'enseignement supérieur et de la recherche scientifique. Aussi centre-t-il sa prédication sur ces trois thèmes : la sanctification du clergé, l'action catholique, l'adoration nocturne.

Des milliers de lettres, les comptes-rendus des journaux et bulletins locaux, les attestations des évêques et des supérieurs expriment leur gratitude et leur réconfort. Les rapports signalent l'empressement des prêtres à venir l'entendre. Nombreux sont ceux qui s'imposent de durs sacrifices pour y prendre part et insistent pour rester à la retraite suivante.

Le Père arrive un soir épuisé au grand séminaire de Trévise. Il a prêché huit fois déjà dans la journée et s'excuse de ne pouvoir adresser qu'un simple mot. Son italien est piètre, il ne parle guère que par infinitif. Et cependant à plus de trente ans de distance, un de ses auditeurs, Mgr Cunial, alors vice-gérant de Rome, peut reconstruire la causerie. Ce fut pour lui comme une révélation: une façon nouvelle de voir le Christ, le sacerdoce, la vie. L'impression en est vive comme au premier jour.

On s'arrache son *Gesù, Re d'Amore*. Le recteur de Reggio Calabria en commande une centaine d'exemplaires. Six mille s'écoulent en trois mois. Les prêtres ont saisi la portée de l'adoration nocturne et marchent à fond. « Jamais le foyer n'est davantage un temple que dans cette adoration, lui écrit l'un d'eux. Les dirigeantes ne se montrent pas moins empressées. À la clôture d'une retraite, elles lui présentent une liste de 82 déléguées, qui se sont engagées à trouver chacune un mois complet d'adoration, soit 240 adorateurs chacune.

Rien d'étonnant qu'au premier juin le bilan indique 40 000 adorateurs répartis sur 229 diocèses, preuve que le mouvement est général. Parmi eux on dénombre 800 prêtres et 107 communautés. En fin de campagne, les inscriptions monteront à 65 000. L'*Heure sainte pour l'Adoration nocturne,* qu'il a composée entre-temps, sera traduite en dix-sept langues: l'édition anglaise sera imprimée en huit pays, l'édition espagnole en six.

Un ancien professeur d'université, âgé de 83 ans, promet de faire une heure chaque semaine pour obtenir la conversion de son fils.

Un mari s'offre de prendre deux heures, l'une pour lui, l'autre pour sa femme dont il déplore le manque de piété, car elle trouve trop pénible le lever de nuit.

Quelques intermèdes rompent cette course à travers la Péninsule: les voyages en Sardaigne et en Sicile, le pèlerinage en Palestine, plusieurs audiences du Pape, entre autres celle du 27 juin 1930. Le Père Mateo a voulu à son habitude passer la fête du Sacré-Cœur dans le silence et la prière.

Apprenant sa présence à Rome, Pie XI le fait prendre en auto.

– Bonne fête, Père Mateo, car c'est aussi votre fête, lui dit-il en l'accueillant. Après une journée chargée de soucis et d'audiences, je n'ai pas voulu laisser s'achever cette grande fête sans m'entretenir avec l'apôtre du Sacré-Cœur.

Le Pape a eu de nombreux échos de sa tournée, mais il voudrait en avoir le récit de sa propre bouche. Dans son compte-rendu, le Père insiste sur son apostolat dans les séminaires (il en a visité plus de cent) et auprès des prêtres (il pense en avoir atteint directement près de douze mille).

– Je sais aussi, complète le Pape, que des ingénieurs, des avocats, des professeurs d'université, des employés ont déclaré qu'à travers votre parole, ils ont cru entendre le Sacré-Cœur et le Pape lui-même.

C'est l'occasion pour le Père de remercier Pie XI de la vigoureuse impulsion qu'il a imprimée à la croisade du Règne social, en publiant coup sur coup ses deux magistrales encycliques sur le Christ-Roi et le Sacré-Cœur. Sur son bureau le Pape avait préparé le cadeau qu'il lui réservait : une relique ex ossibus de sainte Thérèse de l'Enfant-Jésus.

– Et maintenant soignez votre santé, car il vous faudra encore beaucoup travailler.

– Impossible, Très Saint Père.

– Pourquoi impossible ?

– Parce que Votre Sainteté ne me donne pas l'exemple.

« L'adveniat est la respiration de sa vie »

Plus qu'un compliment joliment tourné, ces mots exprimaient la réalité. Le Père quittait bien l'Italie pour un séjour en Suisse, mais c'était pour y entreprendre avec l'évêque de Lugano une tournée dans le Tessin ; il pousserait même une pointe vers Soleure. Il gagnait ensuite la Belgique, car à Malines se tenait le Congrès eucharistique national et on lui avait réservé une conférence aux dames et jeunes filles, ainsi que l'heure sainte à la cathédrale.

Au moment de prendre la parole les hauts-parleurs cessent soudain de fonctionner. Il retrouve alors la puissante voix des années 20, quand les foules belges assiégeaient les églises où il prêchait pour crier à cette multitude de 40 000 dames et jeunes filles : « Il n'y a pas de christianisme sans chasteté – Il n'y a pas de chasteté sans pudeur – Il n'y a pas de vie chrétienne sans eucharistie ». Et il leur laisse ces consignes : « Sauvez la Belgique et le monde par la messe quotidienne. Réparez par l'adoration nocturne : achevez ce qui manque à la Passion du Christ par une prière et une pénitence personnelle ».

Au mois d'octobre, il est à Paray-le-Monial pour une retraite de dix jours. Après sa messe il se réfugie derrière l'autel, dans sa tranchée comme il l'appelle. Il y reste prosterné à terre entre le mur et les degrés de huit heures à midi et de deux heures à la fermeture, même les jours de nettoyage où on le couvre de poussière. « Ma retraite était simple, dira-t-il à un intime : pas d'examen particulier, pas de lecture spirituelle. Je ne sais pas si j'ai ennuyé le Roi, mais moi je suis très content de lui ».

Il passe ensuite au Portugal où il reste sept mois ; puis sans la moindre trêve il amorce une nouvelle campagne, la huitième, en France (août 1931).

Diabète et goutte récidivent de plus belle. Il peut cependant, appuyé sur deux cannes, aller du nord au sud, du centre aux frontières. En descendant de chaire de Notre-Dame des Victoires, il demande au Suisse sa hallebarde pour marcher. Madame de Gontaut-Biron lui tend sa canne. Il se décrit au P. Gemelli « en pleine bataille d'apostolat, vivant entre le train, la chaire et l'auto ». C'est partout le même enthousiasme.

– Apôtre dans toute l'étendue du mot. À le voir, à l'entendre, on est saisi, vaincu, transformé. On est apôtre soi-même, dit-on à Quimper.

– Il remue les cœurs à des profondeurs insoupçonnées, écrit l'évêque de Tulle.

– L'Adveniat est la respiration de sa vie, telle est la frappante définition que donnent de lui les institutrices qu'il évangélise à Lourdes.

Deux choses surtout touchent le Père : « Là où il revient pour la seconde fois, le souvenir de son premier passage, même après dix, douze, quatorze ans, est encore vivant et même très vivant ; les demandes de retraites pastorales se multiplient ».

Il débute dans ce ministère auprès des prêtres à Nantes. De sa pleine réussite le supérieur du grand séminaire apporte ce critère irrécusable : « C'est la plus silencieuse de toutes celles auxquelles il m'a été donné de participer. Jésus a passé au milieu des retraitants comme il ne l'a jamais fait ».

Le Père Mateo ne put pousser plus loin : une fois encore la maladie le condamnait à un repos prolongé à Picpus, d'octobre 1932 à avril 1934. Au début de sa tournée le Père avait senti le besoin de se renouveler. Aussi en toute simplicité demandait-il au P. Eusèbe Rinkes, son bras droit, de lui préparer quelques textes de valeur de saint Paul et de saint Thomas à l'appui de certaines affirmations, de Saint Paul surtout. Le Seigneur exauçait sa prière en lui ménageant de studieux loisirs.

« Milice volante et non garnison de forteresse... »

Du même coup, la Providence semblait lui imposer de renoncer à un projet longuement caressé et mûri : celui de gagner les missions d'Extrême-Orient. Il s'en était ouvert à Pie XI : Le Pape des Missions l'avait encouragé à poursuivre ses démarches, mais quand le Père lui avait demandé un mot de recommandation : « Vous n'en avez nul besoin, lui avait-il répliqué. Vous êtes vous-même une recommandation pour les autres. Que de fois on me dit : je suis l'ami du Père Mateo ».

Des amis et des admirateurs le Père n'en manquait pas parmi les missionnaires, ni même d'invitations. Le P. Candau, supérieur du grand séminaire de Tokyo, lui avait offert à plusieurs reprises de venir évangéliser ses séminaristes et ses confrères.

Mais le Père Mateo voyait plus loin : il rêvait d'une action d'envergure sur les pays de mission à l'image de ses tournées européennes. Or un simple coup d'œil sur la carte lui montrait les difficultés de l'entreprise. De nombreuses sociétés missionnaires se partageaient ces territoires. Comment passer de l'un à l'autre suivant un plan cohérent, qui économise temps et argent ? Il fallait que l'initiative vienne des chefs de missions eux-mêmes. Poussé par le P. Candau, Mgr Gaspais, des Missions étrangères de Paris et vicaire apostolique de Kirim, revenait à la charge au nom de ses collègues de Mandchourie, de Corée et du Japon. Pour donner plus de poids à sa requête, il la fit apostiller par le Cardinal Van Rossum, préfet de la Propagande, le Pape Rouge, comme on l'appelait.

Cette lettre comblait tous ses vœux. Cependant, chose étrange, le Père Mateo la tint secrète durant toute une année. Sans doute se souvenait-il du veto opposé précédemment par ses supérieurs à une tournée en Égypte ? Ils avaient alors allégué les menaces qui pesaient sur sa santé. Que diraient-ils maintenant qu'ils le voyaient condamné au repos absolu ? Il avait toute chance d'essuyer un nouveau refus. Mieux valait attendre qu'une amélioration sensible de son état lui ait permis de reprendre son apostolat.

Au printemps suivant, ses forces revenues, il donnait à titre d'essai quelques prédications à Paris, chez les Lazaristes, à Notre-Dame des Victoires, à Picpus même où résidait alors le Père Général. Convaincu d'avoir réduit à l'avance les objections, il se hasarda à présenter sa pétition. À la vue de ces onze signatures d'évêques missionnaires lui demandant comme une faveur insigne l'envoi d'un de ses fils pour évangéliser leurs prêtres, le T. R. P. Prat ne put maîtriser son émotion. Pourtant il ne se rendait toujours pas. Il voulait, disait-il, réfléchir, prier. Après une neuvaine de messes célébrées à l'autel de Notre-Dame de Paix, Vierge miraculeuse honorée à Picpus, il donna enfin son consentement.

Soudain tout s'écroule : on veut rappeler le Père Mateo au Pérou pour en faire un évêque. Il ne s'agit plus comme les fois précédentes de rumeurs, de sondages plus ou moins officieux. Le Père apprend de source autorisée que le gouvernement propose sa candidature à l'archevêché de Lima. Son nom figure même en tête de la *terna* (liste de trois noms) que l'ambassadeur a mission de présenter au Saint-Siège. Le Père Mateo est atterré. Plus de trente lettres, une dizaine de télégrammes et le journal de la sœur secrétaire permettent de suivre ce drame de conscience.

L'enjeu est d'importance. C'est un véritable S.O.S. que lui adressent ses amis péruviens : « Il ne manque que votre acceptation et l'Église du Pérou aura ce chef rendu indispensable par les circonstances que traverse votre chère patrie », lui écrit M. Alfred Herrera, leader de la majorité parlementaire. Il le conjure, au nom du Président de la République, de ne pas refuser son concours : « Il est nécessaire que vous fassiez un sacrifice et que vous mettiez, au service de votre pays, votre capacité, vos hautes qualités morales, votre prestige ». Comment rester insensible à cet appel ? « Ils sont dans une situation angoissante, confie-t-il. Ils voient en moi le pilote qui les sauvera. Mon refus ne sera pas compris ».

D'un autre côté, s'il accepte, c'est l'anéantissement de ses projets d'apostolat en Extrême-Orient si prometteurs. Il devra renoncer à ce qui lui apparaît de plus en plus comme sa grâce propre, sa vocation: se spécialiser dans le ministère auprès des prêtres. Mais surtout recevoir l'épiscopat, c'est mettre un point final à la mission qu'il a reçue à Paray-le-Monial du Sacré-Cœur lui-même, qui depuis vingt-six ans l'a constitué comme son héraut dans le monde. En a-t-il le droit?

Cette charge de Primat du Pérou l'effraie. « C'est comme si on vous faisait sortir du couvent pour vous marier, explique-t-il à sa secrétaire. Je n'ai rien pour faire un archevêque. Je n'ai pas le don du gouvernement des hommes. Je ne possède nulle aptitude pour l'administration, aucune connaissance pratique à ce sujet. J'ai l'expérience de la vie et des hommes, beaucoup plus que certains évêques, mais c'est insuffisant.

« Si Notre Seigneur me veut archevêque, je ne serai ni un politicien ni un administrateur. Je veux être un saint, un autre François de Sales, un autre Torribio (archevêque de Lima, canonisé). Je veux être l'homme de la prière, l'homme de l'apostolat.

« Je ne peux croire, ajoute-t-il, que Notre-Seigneur veuille cela pour moi. Dans toutes les folies il y a une sagesse, et ici je ne vois pas la sagesse. Mais Notre-Seigneur fait de telles folies que j'ai peur qu'il n'en fasse une ». Il avoue son trouble: « J'en ai été bouleversé, comme si j'étais tombé d'un septième étage. Je m'en suis confessé ».

Dans son désarroi il écrit au Pape, au Cardinal Pacelli: « J'ai fait à la Très Sainte Trinité par le Cœur de Jésus un double vœu: celui de travailler à devenir un saint et celui de m'abandonner aveuglément, en tout et toujours à la volonté de Dieu ». Pendant qu'il se débattait et faisait son autocritique avec cette acuité que donne l'habitude de se voir dans la lumière de Dieu, les événements se précipitaient. Le

Président de la République péruvienne était assassiné. Au nouveau Président Rome demandait que le nom du Père Mateo ne figurât pas sur la nouvelle terna. Pie XI en donnait la raison à l'ambassadeur, M. Mimbella : « Le Père Mateo est une milice volante, ce n'est pas une garnison de forteresse : sa vocation est d'être missionnaire ».

« ... sa vocation est d'être missionnaire » (Pie XI)

L'Amérique définitivement écartée, il peut consacrer désormais tous ses soins à la préparation de son apostolat en Extrême-Orient. Il parle couramment cinq langues : l'espagnol, le français, l'anglais, l'italien, le portugais. Il pourra donc atteindre directement les missionnaires de ces nationalités. Mais il voudrait également toucher les prêtres indigènes. Or bien peu connaissent nos langues, alors qu'ils possèdent assez bien le latin, souvent mieux que nous. Qu'à cela ne tienne : il se remettra au latin. On conserve une dizaine de cahiers qu'il a couverts d'exercices de déclinaisons, conjugaisons, syntaxe, tout comme un élève de sixième.

Il coupe ce fastidieux travail de quelques retraites sacerdotales. Après celle des Fils de la Charité, leur Supérieur général écrit que tout l'institut a été renouvelé par ces exercices. Le Père Mateo est souvent revenu dans sa correspondance sur celle de Toulon. Il les avait vus arriver tels des lycéens chahuteurs comme pour une réunion de cours. Dès le premier après-midi, le changement était remarquable : les lycéens s'étaient mués en novices. Le second jour ils ressemblaient à des moines profès recueillis, silencieux, priants. À la seconde tournée, il n'y avait plus de lycéens. Les retraitants de la première récollection en leur vantant les bienfaits du recueillement leur avaient prêché le sermon d'ouverture.

Au passage il s'arrête longuement à Ars, près de la châsse de celui qu'il aime à présenter comme le modèle de la sainteté et de l'apostolat. Il pousse jusqu'à Soleure en Suisse pour y subir un examen médical approfondi, qui le comble de joie, car le grand spécialiste lui a signé un « bon pour les missions » sans réticence.

Le Père sent qu'il lui manque encore cette aisance, cette spontanéité, indispensables à qui improvise sans cesse. Il court donc s'enfermer à Braine pour travailler son latin avec son secrétaire. « Ma santé est parfaite, ma puissance de résistance à toute épreuve, écrit-il le 6 juin 1934. Pendant huit heures, debout, je ne fais que mastiquer le latin et j'ai plus de soixante ans. Décidément le Roi le veut, car non seulement je ne suis pas las, mais je jouis de ce rude travail d'écolier tardif ».

Mais avant de partir, il tient à faire face aux engagements contractés avant sa maladie et prêche cinq retraites sacerdotales à Sées, Pamiers et Lourdes. Il séjourne dans cette ville pendant le pèlerinage des Anciens Combattants. Précisément l'évêque de Lourdes, Mgr Gerlier, cherche pour eux un prédicateur polyglotte. Il fait appel au Père Mateo. À la stupéfaction de l'immense multitude, il s'adresse à chacun en sa langue maternelle. Et puisqu'on est venu à Lourdes prier pour la paix et la réconciliation, il suggère comme dans ses heures saintes de brèves invocations qu'il demande aux divers groupes de reprendre après lui. Saisissant raccourci de ce que sera son apostolat dans les années qui suivront.

Le mot missionnaire vient du latin *missus* et veut dire envoyé. Est donc missionnaire celui qui reçoit mandat d'aller planter l'Église dans un territoire déterminé. Sans doute le Père Mateo est-il destiné à passer de mission en mission. Mais évangéliser les missionnaires dans les pays infidèles n'est-ce pas aider à y planter l'Église ? Il sait tout le crédit que lui a valu dans le passé le fait de pouvoir se dire envoyé par Pie X, Benoît XV, Pie XI pour établir le Règne social du Sacré-Cœur dans le monde. Il voudrait, pour cette nouvelle tâche dont il mesure l'importance et la délicatesse, pouvoir se présenter comme le messager, le porte-parole du Saint-Père.

Aussi le 19 octobre 1934 est-il à Rome aux pieds du Pape. Il lui présente la lettre d'invitation des onze vicaires apostoliques.

– Et moi aussi je suis un évêque missionnaire, déclare Pie XI. Il la signe à son tour et ajoute : « À notre cher Fils le Père Mateo Crawley et à tous ses auditeurs, mais surtout aux missionnaires, nous accordons avec un immense amour la bénédiction apostolique ».

Le Pape lui parle des missions, lui donne ses conseils, ses directives. « C'est, raconte le Père Mateo, le père qui, à la veille d'un grand départ, déverse sur l'enfant qui peut tout craindre de sa faiblesse un soleil de lumière et d'amour ». Il lui fait présent d'un beau crucifix et lui mettant la main sur la tête : « Je vous dis comme le vieux Tobie à son fils : que l'Ange du Seigneur vous accompagne, vous conduise et vous ramène. Votre tournée terminée, venez chez le Pape. Je vous attends ».

Au retour le Père s'arrête à Paray. « Après la visite au Vicaire du Roi, il fallait bien me rendre auprès du Roi lui-même et lui demander de confirmer la bénédiction de Pierre ».

Une dernière fois, il alerte à Notre-Dame des Victoires la grande famille des adorateurs nocturnes. « Je vais prêcher aux missionnaires. J'y vais pour attiser la flamme des grands incendiaires de l'amour dans le monde. Leur fécondité n'est pas dans leur travail. Leur fécondité est dans la prière et dans l'amour. Bernadette égrenant son chapelet : merveille d'amour, prédication ».

Grand incendiaire de l'amour dans le monde : pouvait-il laisser à l'Europe une image de lui plus expressive ?

XI.

1935 – 1940

Le missionnaire des missionnaires

Enfant, le Père Mateo avait rêvé de missions lointaines. Il déclarait, montrant sur la carte le Brésil ou l'Afrique : « C'est là que j'irai et je serai mangé par les cannibales ».

Sa mère le reprenait :

« Tais-toi, on ne dit pas cela », mais dans son cœur déjà elle offrait à Dieu son fils.

Et voici que, par des détours imprévus où se complaît la Providence, la réalité dépassait le rêve : à soixante ans, il devenait le missionnaire des missionnaires. Il allait en Extrême-Orient pour y prêcher des retraites sacerdotales tant aux missionnaires européens qu'aux prêtres indigènes. Il se prêterait certes de grand cœur à la pieuse avidité des communautés religieuses, mais il n'y donnerait guère plus qu'un triduum, souvent même une seule conférence. Rien ne le distrairait de son objectif, le sacerdoce, à qui il voulait consacrer son temps et ses forces.

À ces soldats d'élite placés aux avant-postes pour y planter l'Église, à ces apôtres si bien faits pour comprendre l'un des leurs, il allait pouvoir prêcher, pensait-il, ce qui lui tenait le plus à cœur, à savoir le Sacré-Cœur « au service de Qui il avait promis le jour de sa profession de vivre et de mourir » et l'Intronisation, « cette œuvre de salut social à laquelle il avait, sur l'ordre de Pie X, consacré sa vie ».

Sa déception fut amère. Dans ces missions en avance sur l'Europe, qui connaîtra quinze ans plus tard la même crise, cette dévotion est peu connue ou plutôt méconnue. La plupart la regardent comme un luxe qu'on peut se payer à Montmartre, mais non en pays de mission, du moins en Extrême-Orient. Certains même, la jugeant sur certaines pratiques abusives, la taxent de dévotionnette à l'eau de rose, de bosse difforme de la vraie piété, de déviation dangereuse du dogme chrétien. Le Père fut parfois témoin de discussions violentes. On s'en excusait ; sa personne n'était pas en cause ; on préférait le prévenir pour qu'il ne gâche pas, en prenant une fausse piste de départ, tout le bien qu'on attendait de lui. Sans doute aussi sa vivacité et sa susceptibilité en ont-elles exagéré la portée.

« Servir le bordeaux authentique en supprimant l'étiquette »

Le Père ne cachera pas plus tard quel enrichissement profond fut pour lui cette opposition de principe. Il aurait pu défendre et justifier sa position et, répliquant du tac au tac, invoquer l'autorité du grand Pape des Missions, Pie XI, qui avait proclamé dans une récente encyclique : « Le Sacré-Cœur est la somme, la synthèse de la religion catholique, la règle de vie parfaite ». Il préféra changer de tactique. À soixante ans, il fit peau neuve. Un tel retournement chez un maître de la prédication témoigne d'une rare faculté d'adaptation. Il s'en est ouvert en toute liberté dans un mémoire adressé à son Supérieur général.

« Avant et au-dessus de l'Intronisation, il y avait une œuvre transcendante, celle de la sanctification des prêtres.

Dans l'impossibilité de faire accepter l'Intronisation, je me décidai, dit-il pittoresquement, à servir le *bordeaux* authentique de la doctrine, tout en supprimant l'étiquette ». Au lieu d'un exposé sur l'œuvre de l'Intronisation, il fit un cours complet sur la théologie du Sacré-Cœur, source de vie et de sainteté.

« S'il ne fut pas libre, poursuit-il, d'exposer la simple dévotion au Sacré-Cœur selon les révélations de sainte Marguerite-Marie, il put toujours prêcher le merveilleux évangile et l'enivrante théologie du Cœur de Jésus *secundum Paulum*: "La charité du Christ nous presse; la plénitude de la loi, c'est l'amour" ». Le Père avouait « qu'à l'expérience l'incomparable apôtre des épîtres donna au clergé missionnaire une plénitude de substance doctrinale, que Marguerite-Marie n'aurait pu lui fournir. S'il n'avait pas eu la joie d'allumer la lampe sacrée aux couleurs de Paray-le-Monial, il avait eu celle d'allumer la flamme de l'amour avec celui dont il est écrit: le cœur de Paul, c'est le Cœur du Christ. Qui me séparera de la charité du Christ? Ma vie à moi, c'est le Christ ».

« Sur cette base granitique il a affirmé à temps et à contretemps le "soyez des saints", non comme un conseil, mais comme une loi. La sainteté sacerdotale se mesure toujours à la charité et à l'amour, le premier commandement reste toujours le premier et le plus grand, primum et maximum ».

« Nous pensions tous, moi le premier, conclut-il, que ma tournée en Orient serait un vibrant appel aux missionnaires en faveur de l'Intronisation ». Le Roi d'Amour déjoua nos plans et sans nous consulter faisait converger fortement et suavement tout mon apostolat à la sanctification du clergé, moyennant la doctrine du Sacré-Cœur profondément vécue. Et voilà une autre Intronisation autrement pratique et féconde, qui n'était pas explicitement du moins au programme ».

Quatre mots résumeraient assez bien cette épopée missionnaire : déception amère, retournement total, enrichissement profond et succès considérable.

Aux pays du Soleil levant et du Matin calme

Le Père Mateo quittait Marseille le 25 janvier 1935 sur l'Athos II à destination de Tokyo. Le P. Candau, grand connaisseur des choses nippones, s'est constitué son introducteur en Extrême-Orient. Il a alerté ses confrères des Missions étrangères, si bien qu'à chaque escale, Singapour, Hanoï, le Père voit l'évêque monter à bord pour le saluer et l'entraîner dans une tournée miniature. Lui-même l'attend à Tokyo avec une importante délégation et d'entrée lui propose la retraite des ordinands japonais.

C'est l'occasion d'essayer ce que donnerait une prédication purement latine. Mettant de côté ses sermons laborieusement composés à Braine, il se livre à l'improvisation. Les prédications se doublèrent de causeries particulières toujours en latin. Nombreux furent ceux qui voulurent lui ouvrir leur cœur. Certains et non des moindres en furent marqués pour toujours, tel ce professeur : « Je rends grâce à Dieu de m'avoir donné la joie de vous connaître. Vous êtes le premier qui, loin de combattre le bouillonnement de ma nature exubérante, l'avez comme canalisée pour que de cascades en cascades, elle aille se perdre dans le Cœur de Notre-Dame, cause de notre joie ».

La saison ne se prêtant guère à une tournée au Japon, le Père se dirigea vers la Mandchourie. À peine est-il arrivé à Séoul qu'un câblogramme venu d'Arequipa, le pays natal, lui annonce que sa mère est gravement malade. Il répond par ces mots, dont la douce musique lui rappelant la voix de son padrecito dut bercer les dernières heures de la vieille maman : « Bendígote, bendíceme, de corazón contigo, – je te bénis, bénis-moi, de cœur avec toi ». Sa mère lui avait écrit avant son départ : « Ce matin, après avoir communié, j'ai sommeillé ; j'ai rêvé que tu étais à mes côtés, que tu m'embrassais et me faisais mille caresses. Et moi de même. Le réveil fut triste. Mais du moins j'avais passé un moment avec toi ».

Au reçu du télégramme, lui apprenait-on, Doña Maria avait demandé qu'on lui apporte la photo de son fils, l'avait embrassée et, l'une de ses filles lui guidant la main, l'avait béni avec effusion. Ses souffrances avaient été atroces. Dans son délire elle appelait son fils. Son confesseur lui avait alors suggéré d'offrir ses souffrances pour l'apostolat de son padrecito. Cette pensée semblait lui avoir donné un courage nouveau. Son âme s'était affinée jusqu'au bout. Elle s'était éteinte le Jeudi Saint. Pour que le fils tant aimé fût présent auprès de sa mère, le confesseur avait eu la délicate pensée de lire, pendant la veillée funèbre, l'Heure Sainte composée pour le Jeudi Saint. Sur l'image mortuaire, le Père fit mettre ces mots extraits d'une de ses lettres : « Je voudrais tant te revoir avant de mourir, mais j'en fais volontiers le sacrifice pour être apôtre du Cœur de Jésus avec toi. Oui, prêche, prêche toujours et ta mère arrose de ses larmes la semence jetée par son prêtre ».

Le Père Mateo semble avoir retrouvé une nouvelle jeunesse. Il parcourt la Corée, passe en Mandchourie, revient au Japon. En sept mois, en plein été, il ne donne pas moins de vingt-quatre retraites : quinze au clergé, neuf aux religieuses. Pour mesurer l'effort qu'il s'impose, il faut savoir comment il comprend une retraite. Elle dure d'ordinaire cinq jours à raison de quatre instructions par jour d'une heure chacune. Il se donne à fond et en sort exténué. Loin de se renfermer ensuite dans sa chambre, il reçoit chacun, l'écoute et d'une formule brève lui fixe la voie à suivre. Sa porte est constamment assiégée.

« Le Cœur de Jésus a dépassé, et de loin, mes espérances et celles de mes auditeurs, écrit-il à sa secrétaire parisienne. Des ouragans de prières et de sacrifices m'accompagnent et prêchent mieux que le prédicateur ». Et pour les lecteurs du Règne social : « Personne ne m'a si éloquemment prêché que ces missionnaires recueillis, priants, dont les yeux me dévoraient, mais dont la docilité généreuse et la piété m'ont si souvent bouleversé. Une retraite trouve chez eux un terrain extraordinairement favorable. C'est une pluie de feu sur une forêt vierge ».

Des expressions semblables se retrouvent dans les lettres des missionnaires : « Il parle au milieu du feu. Il remue du feu. Il jette du feu. Il faudrait se garer pour ne pas en être atteint ». Ou encore : « C'était comme si j'avais été frappé par les foudres du Sacré-Cœur ». « Que de larmes silencieuses perlaient au bord des paupières devant ces superbes entretiens sur le Roi d'Amour. Qui eut dit que ces barbes fleuries, ces vétérans durcis aux combats de trente, quarante années d'apostolat eussent conservé un cœur aussi vibrant ? Effet de la parole de feu de l'apôtre du Roi d'Amour ? » Les évêques leur font écho. De Mgr Roy, de Kagoshima : « Quelle idée géniale a eue le Pape de nous envoyer non un missiologue, mais l'apôtre du Sacré-Cœur ! Le Sacré-Cœur est venu en personne en Extrême-Orient, consoler et fortifier les missionnaires dans leurs pénibles travaux ». Du futur Cardinal Léger, de Montréal : « Entendre l'apôtre fut pour moi une révélation. J'ai été conquis et c'est de grand cœur que je devins un apôtre du Cœur de Jésus. Nous avons tous rivalisé de silence, de générosité et de docilité ».

Que le Père Mateo, en changeant de méthode et en se mettant à l'école de saint Paul, ait atteint plus sûrement son but : dévoiler aux missionnaires les richesses insondables du Cœur de Jésus, les lettres des retraitants en sont l'irrécusable témoignage. Si l'on hésite devant telle affirmation échappée à l'enthousiasme : « Un saint nous a prêché. Donnez-nous quelques Pères Mateo et nous convertissons la Mandchourie en peu d'années, comment ne pas souscrire à celle-ci : « Il y avait longtemps que les broussards n'avaient pas été à pareille fête ». Et cette formule lapidaire : « Il m'a retourné comme une galette ».

Hong-Kong, plaque tournante

– Quelle est votre résidence habituelle ? lui demandait-on souvent.

– Entre deux gares, les trains ; entre deux églises où je vais prêcher, l'auto ; entre deux pays, le bateau… Ce sont les grands chemins par où passent les assoiffés d'or et les assoiffés d'amour et de gloire divine. Ce fut ainsi en Occident et c'est là encore en Orient ma résidence habituelle ».

C'est sans doute de Hong-Kong, dont il fit son port d'attache durant les années 1937-1938, qu'on peut le mieux prendre une vue panoramique de l'apostolat du Père Mateo. Après un mois consacré aux Missions étrangères de Paris et aux multiples communautés qui ont pris position sur la petite île, il s'embarque pour les Philippines, où l'appelle le Délégué apostolique, pour une participation active au Congrès eucharistique international. Le Père saisit cette occasion unique de lancer une vigoureuse campagne en faveur de l'Intronisation, de l'Adoration nocturne et de l'Heure sainte. Sans doute ne put-il atteindre que les prêtres et l'élite qui parle l'espagnol et l'anglais. Mais nulle part ailleurs en Extrême-Orient, semble-t-il, le Père ne rencontra pareille audience, tel « ce triduum inoubliable qu'il prêcha en l'église des Lazaristes à une foule assoiffée de la doctrine du Cœur de Jésus ou cette heure sainte du Jeudi Saint où l'on pria entre des sanglots pour la victoire de l'Église en Espagne, cette Espagne qui a fait des Philippines une nation catholique et qui est présentement déchirée par la guerre civile ».

On l'invita au Palais présidentiel pour y tenir une session réservée aux dames et dont le thème était : appel et formation à l'apostolat. À Caceres sa retraite sacerdotale, qui groupe soixante participants, connut un tel succès qu'il dut sur le champ en recommencer une autre pour les quatre-vingts autres prêtres du diocèse.

Trois mois plus tard, il était de retour à Hong-Kong pour y prêcher en italien aux prêtres des Missions étrangères de Milan. La semaine suivante, il allait à Macao donner une retraite en portugais aux missionnaires de l'enclave. De retour à Hong-Kong il évangélisait en anglais les missionnaires de Maryknoll.

« Le dimanche de la Trinité, sous une pluie battante, il s'embarquait sur un petit bateau, plus habitué à transporter du bétail et du charbon que des passagers, à destination de Swatow où il devait rencontrer les prêtres des Missions étrangères de Paris, puis le clergé chinois. À la mi-juin, en pleine canicule, il était à Canton pour y parler en latin encore au plus important auditoire de prêtres indigènes qu'il ait eu jusque-là : soixante-trois retraitants ayant à leur tête l'évêque auxiliaire. » Dans nos pays, écrit-il dans le Règne social, si vous voyez un prédicateur l'éventail à la main pendant le sermon, il vous ferait l'effet d'un soldat allant à l'attaque avec un parapluie. Ici rien de plus normal. Me voici donc tout comme mes auditeurs, y compris l'évêque, muni de cet appareil que j'ose appeler respiratoire. Si la Pentecôte interne du Paraclet a correspondu à celle du Frère Soleil, la retraite aura été un miracle de feu. »

Il avait dans ses projets, une fois les grosses chaleurs tombées, de reprendre la tournée de Chine si heureusement amorcée. Il en fut détourné par les incidents sino-japonais.

Renonçant à remonter le Fleuve Bleu, il se tourna vers les Philippines où le Délégué apostolique le pressait de revenir. Il n'était pas en peine d'y trouver de l'embauche. Le problème était plutôt de savoir refuser sans blesser.

Il profite de l'audience qu'il s'est acquise pour lancer un solennel avertissement : « Prenez garde, ne vous croyez pas en sûreté. Plus que l'Océan, l'ouragan qui sévit dans le monde entier secoue déjà votre archipel. Vous en subissez ici les rafales violentes. Vous avez un loup dans la bergerie, le schisme aglypayen. Vous avez les fils des ténèbres, les francs-maçons, qui sapent avec habileté et ténacité votre société. Vous avez déjà le virus du communisme qui fermente et se développe. Et vous avez contre vous le très grand péril de l'ignorance religieuse dans la masse populaire. Priez, veillez, montez la garde au foyer, à l'école, dans la vie internationale : le seul Sauveur est le Christ-Roi ».

En Indochine

Le premier janvier 1938, le Père Mateo était à Hanoï, appelé par les Vicaires apostoliques d'Indochine, pour une tournée qui le conduirait du Tonkin au Cambodge à travers l'Annam jusqu'au pays des sauvages Ban-Hars. Après avoir relaté « qu'il a clôturé sa troisième retraite de Than-Hoa dans une véritable apothéose », il ne peut se tenir d'ajouter : « Du froid dans les pays chauds, libera nos Domine ». Il sortait des Philippines où il avait pris un long bain de vapeur. La chaleur l'avait apprivoisé ; il l'aimait presque. En tout cas, elle lui avait fait un bien réel à la santé tout en le mortifiant. Il ressentait par contre très vivement le froid au sortir de cette fournaise. Peut-être était-ce un effet de l'âge (65 ans) ? Le froid est d'autant plus sensible que le pays est censé tropical et que l'hiver y est doublement l'hiver. Le lit est une simple natte sur les fers sans draps.

Sur le bateau qui le ramène à Hong-Kong, il se lie avec un Américain venu chasser le tigre et l'éléphant. Fier de ses prouesses, celui-ci lui montre les dépouilles de ses victimes, qui plus d'une fois ont failli faire leur proie de l'audacieux chasseur. En l'écoutant le Père pense : « Par la miséricorde du Cœur de Jésus, rien que par sa miséricorde, je suis un chasseur d'âmes. Quelle différence de vocation et aussi de trophées ! »

Il revenait à la mi-novembre en Indochine, s'attardait à nouveau au Tonkin dans les missions confiées aux Dominicains et aux Rédemptoristes canadiens, et à petites étapes pour ne pas manquer sa messe gagnait la Cochinchine. Il avait à Saïgon la surprise d'être invité par l'empereur Bao-Daï, immobilisé par un accident de chasse. Le Père ne cache pas qu'il a été sensible au charme du jeune souverain, non moins qu'à sa vaste culture. L'empereur manifesta le désir de le revoir plus longuement en son palais de Hué et lui offrit de le faire prendre en auto au lieu et à la date qu'il voudrait bien fixer.

Le Père Mateo put offrir, en même temps qu'un beau crucifix, trois longs entretiens à Bao-Dai. Il lui demanda le sens qu'il fallait attacher à certaines cérémonies du rituel païen qui pouvaient gêner les consciences catholiques. À l'origine de ces entretiens se reconnaissait l'influence de l'impératrice qui, à une foi éclairée joignait une formation intellectuelle peu commune. Cependant dans ce concert d'égards et de louanges une note discordante s'est fait entendre, qui est plus un regret qu'une critique : « La prédication du Père Mateo aurait porté encore davantage, s'il avait eu plus le sens de la pauvreté. Pourquoi voyage-t-il en première classe ? C'est un luxe qu'un missionnaire ne se permet guère ».

C'est exact. Le Père n'a jamais pu se défaire dans ses voyages de cette recherche d'un certain confort qu'il tenait de son origine anglaise et de son éducation sud-américaine. S'il a visité, reçu le menu peuple, s'il s'est occupé de lui, s'il l'a aimé, il a toujours vécu loin de lui. Sa place naturelle lui semble être en première comme dans son pays. Pour le grand voyageur qu'il est, sans cesse par monts et par vaux, qui souvent monte dans le train en descendant de chaire encore tout épuisé de l'effort qu'il a fourni, un certain bien-être est indispensable. Il sait qu'il prendra la parole dès son arrivée, sans avoir le temps de se retourner. Sa préoccupation ou mieux son instinct lui dicte d'être en forme, afin de tirer le meilleur parti de son rapide passage. Il faut avouer que la cohue d'une troisième classe ou d'une classe touriste, surtout en Orient, n'est guère propice au recueillement et à la concentration.

Ses voyages sont ses seuls moments de repos et de détente. Une cabine ou un compartiment de première lui procurent la solitude et le loisir pour prier, lire, écrire. Ainsi s'explique sa volumineuse correspondance, qui double son action de prêcheur. C'est donc pour lui une question d'efficience. Il est une autre raison qui à ses yeux prime tout. Il tient à sa messe quotidienne car, dit-il, « je n'ai pas le droit d'en priver mes auditoires d'élite : ma première prédication est celle de mon calice ». Aussi son premier soin à bord est-il d'entreprendre la conquête du commandant et de se faire donner une cabine individuelle. Il entretient par la suite une correspondance avec lui, s'informe des dates de passage du bateau qu'il commande ; et s'il donne parfois la préférence à telle ligne de navigation, c'est qu'il a la certitude d'y trouver un ami qui lui accordera la faveur recherchée.

La question financière ne le touche guère. Il se déclare incompétent en la matière. Il est totalement désintéressé. Il compte sur la Providence, sur ses amis. Le fait est qu'il trouve à point nommé la somme dont il a besoin. Il a aussi quelques manies. Changeant sans cesse de table et de régime, il insiste pour avoir des pommes qu'il juge indispensables à son diabète, sans songer que si l'on en trouve aisément sur un paquebot, c'est denrée rare dans les résidences missionnaires.

Il est à remarquer que cette faiblesse réelle, si elle étonne ou fait sourire, ne diminue en rien la ferveur de ses admirateurs et la vénération de ses amis. Et cet archevêque dont on a relevé le propos est le premier à lui demander de revenir évangéliser ses frères que dans un premier voyage il n'a pu toucher. Un chroniqueur espagnol de renom, qui a eu tout le loisir d'observer le passager de première, apprécie, lui, sa gentillesse pour les porteurs et sa pauvreté : « Ses vêtements étaient misérables, son allure négligée. La taille moyenne accusait le poids des années. De sa soutane mal boutonnée, il tire un immense mouchoir tout chiffonné avec lequel il s'essuie la figure, sans toucher les cheveux d'un gris roux et toujours mouillés : c'est là sa plaisante manie. Les traits du visage sont réguliers, un peu sombres comme ceux d'un vieux tableau. S'il raconte une histoire qui lui plaise particulièrement, alors son visage s'anime, ses yeux brillent malicieusement. Cependant ni le ton enjoué ni les histoires n'altèrent en rien sa radieuse gravité. Mais ce qui domine en lui, c'est sa puissance d'aimer » (Garcia Sanchiz).

À travers l'Océan Pacifique et l'Océan Indien

Sa vocation était née à Valparaiso, le grand port d'escale du Pacifique. Chaque matin quand il descendait des hauteurs où habitait sa famille pour aller servir la messe, il voyait les navires entrer et sortir dans la baie. Il se les représentait chargés de missionnaires partant évangéliser les îles de l'Océanie, dont les noms lui chantaient dans la mémoire : Tahiti, Hawaï, Molokaï. Ils lui étaient familier, car ils formaient le champ d'apostolat confié à ses maîtres, les Pères des Sacrés-Cœurs. C'était peu de mois après la mort du Père Damien, l'apôtre des lépreux, et inspiré par son exemple, qu'il avait osé l'audacieuse démarche auprès de sa mère et lui avait arraché à quinze ans son consentement. Souvent par la suite il s'était répété la prophétie du Père Coudrin, le fondateur de la congrégation des Sacrés-Cœurs : « Je vois mes fils partir pour les îles ».

La guerre sino-japonaise lui fermait définitivement l'entrée de la Chine. Le Vicaire apostolique d'Honolulu multipliait ses instances en faveur des soixante Pères des Sacrés-Cœurs et de la centaine de religieuses des Sacrés-Cœurs qui l'aidaient dans l'évangélisation de l'archipel. Le Père Mateo saisit au vol cette occasion de partir lui aussi pour les îles. Il fit le pèlerinage de Molokaï, la léproserie du Père Damien, s'arrêtant longuement dans la petite église construite de ses mains ulcérées, cherchant vainement par contre la maisonnette de bois où il vécut et mourut ; cette relique ayant été brûlée par sacrilège souci d'hygiène.

Il prêche en anglais : « Cela suppose un terrible effort car, écrit-il, il me faut rattraper cette langue déjà bien rouillée et qui est celle que je manie le moins bien ». L'effort fut payant si l'on en croit ses auditeurs : « Il ne cherche ni ses mots ni ses expressions. Il a prêché bon nombre de retraites et ne se répète jamais. Prêtres, Frères, Sœurs sont enthousiastes de ses brûlantes conférences. Il a dit ses vérités aussi bien à l'évêque qu'au dernier des petits frères ou des petites sœurs. Toutes ses conférences sont en anglais et en excellent anglais : c'est un vrai linguiste. Chacune dure une longue heure. Personne ne se plaint, elles semblent durer cinq minutes. Après chacune il est complètement épuisé ; mais pendant qu'il parle, il semble l'homme le plus vigoureux du monde ».

Au retour, il retrouvait d'autres confrères à Banka, dans l'Insulinde. C'était la visite d'un frère célèbre à ses frères lointains ; c'était aussi l'appel véhément d'un apôtre, qui s'autorisait de sa mission et de son expérience pour leur rappeler les exigences de leur vocation : « Ce qui caractérise notre institut, c'est sa vocation sublime de vivre d'amour, mais d'un amour réparateur. Voilà pourquoi les tempêtes, les grandes contradictions, outre qu'elles sont une épreuve divine pour nous comme pour tous les autres, deviennent chez nous une grâce d'état toute spéciale, une sourdine providentielle, qui nous maintient dans notre voie, dans l'esprit de notre vocation ». Ces paroles allaient s'avérer prophétiques. Moins de trois ans plus tard, tous les retraitants étaient enfermés par les Japonais au camp de concentration : dix pères sur dix-sept, sept frères sur quinze y laisseraient la vie. Ils rayonneraient si bien sur leurs compagnons que le camp de la mort deviendrait pour eux le camp de la vie.

Pour combien de missionnaires de Corée, de Mandchourie, de Chine, du Tonkin le souvenir de la retraite prêchée par le Père Mateo illumina la dure captivité. (Témoignage du supérieur sulpicien de Hanoï).

Sur la route des Indes

Il lui fallut six mois pour répondre aux appels de la Malaisie et de Ceylan. La presqu'île malaise est une vraie tour de Babel avec ses quarante langues ou dialectes. Au séminaire de Pinang, on avait résolu élégamment le problème : la langue officielle était le latin, aussi bien pour l'enseignement de la théologie que pour les sports : les joueurs de football s'invectivaient dans la langue de Cicéron ou de Plaute. Le Père est sensible au climat spirituel : « Toutes les races se rencontrent et fusionnent dans l'ardeur d'une grande charité, sous la direction d'un prêtre hors ligne. Les Frères des écoles chrétiennes et les Dames de Saint-Maur constituent une vraie puissance spirituelle, les premiers avec leurs huit écoles et leurs quatre-vingts religieux, les secondes avec leurs dix couvents et leurs trois-cents sœurs ».

Le jour même de son débarquement à Colombo, il était conduit à la cathédrale où l'attendait la foule des grands jours : familles intronisantes et adorateurs nocturnes étaient venus l'entendre parler de ce qui lui était si cher : le Cœur de Jésus, la messe quotidienne, l'intronisation, l'adoration nocturne. « Les Oblats ont travaillé pour l'œuvre, écrit-il à son secrétaire, comme vous à Braine et c'est tout dire ».

Il aurait voulu s'attarder plus longtemps parmi eux. Mais le nouveau Supérieur général, son fils spirituel de Biarritz, le T.R.P. d'Elbée, lui a demandé d'abréger son séjour en Extrême-Orient car l'Amérique multiplie ses appels. Il ne pourra accorder que six mois aux Indes où un Carme, le P. Aurélien, lui a préparé un programme de deux ans. Il lui faut mettre les bouchées doubles. Les évêques des vicariats confiés aux M.E.P. qui ont eu par leurs confrères des échos de son passage, ne veulent pas manquer l'aubaine de le posséder à leur tour. Ils proposent de grouper les missionnaires des divers diocèses. Les autres les imitent. Les retraites auront des effectifs jamais atteints : cent, deux-cents, trois-cents prêtres ou séminaristes. Il suffira de rogner sur les temps de repos.

Il débutait chez les prêtres du rite syro-malabar récemment revenus à la communion avec Rome. « C'était la première fois qu'ils entendaient l'évangile du Sacré-Cœur. Comme ils ne connaissaient que le tamoul et que je prêchais en anglais, toutes les deux ou trois minutes leur métropolite Mar Ivanios faisait la traduction ». Celui-ci écrivait à l'un de ses confrères, le célèbre Mgr Roche, jésuite : « Nos prêtres ont été saisis par la merveilleuse manière dont il les a conduits graduellement vers le Sacré-Cœur ».

En deux mois et demi, le Père donna ainsi une dizaine de retraites. « La tournée des Indes est une formidable apothéose du Roi d'Amour, était-il en droit d'écrire. Nulle part, je crois, l'ensemble de l'œuvre, intronisation et adoration nocturne, n'a été compris comme ici ». De fait, le secrétariat établi au séminaire d'Alwaye sous la direction du P. Aurélien devait recueillir en dix ans 75 000 inscriptions à l'adoration nocturne et 125 000 en vingt ans, preuve évidente que son rapide passage allumait plus qu'un feu de paille aussi vite éteint qu'allumé. Les foules qui se pressent autour de lui à l'enclave portugaise de Goa, près du tombeau de saint François-Xavier (cinq-cents séminaristes et autant de prêtres) lui font revivre les heures inoubliables de Porto et de Lisbonne.

À la retraite de Bengalore qui clôture sa tournée aux Indes, le Délégué apostolique et deux évêques des Missions étrangères de Paris ont tenu à être présents : ils lui apportent avec la gratitude de l'Église indienne celle de leur société, puisqu'au cours de ces cinq ans il a parcouru une bonne vingtaine de leurs missions.

En quittant l'Extrême Orient pour les États-Unis d'Amérique, le Père Mateo invitait ses correspondants à chanter avec lui le Magnificat : « Songez que j'ai prêché à près de 4 500 prêtres et 500 grands séminaristes. C'est l'époque la plus heureuse de ma vie : tirer les dernières cartouches de cette bataille pour le Roi d'Amour et cela en prêchant à l'État-Major de l'armée, au clergé indigène et aux missionnaires en cinq langues. Même avec le martyre, je ne pourrais jamais payer une si grande grâce et un si grand honneur. Je ne saurai jamais assez remercier le Cœur de Jésus qui, au déclin de ma vie, a voulu me lancer sur la route mouvementée et glorieuse du missionnaire. Quelle belle parenthèse de jeunesse apostolique que cette tournée. Merci, Cœur de Jésus, merci ».

Une parenthèse. Le Père ne croyait pas si bien dire. Tout un continent l'appelait encore et peut-être l'étape la plus féconde de sa longue carrière.

XII

1940 – 1947

L'ovation des États-Unis

Les premières invitations à venir prêcher en Amérique du Nord remontaient à deux ans. « Trouvez-moi cinq ou six évêques qui consentent à m'accueillir au Canada et autant aux États-Unis, et ma décision est prise », avait-il écrit au supérieur des Pères des Sacrés-Cœurs à Fairhaven. Aux Bénédictines de Clyde qui le pressaient également de venir, il expliquait que l'invitation des évêques était nécessaire. « Car d'après le Droit Canon et l'esprit de l'Église, on ne peut rien entreprendre sans la permission et la bénédiction de l'évêque. Toutefois, elles pourraient préparer les voies de l'Évangile du Sacré-Cœur, en alertant un certain nombre de communautés, qui à leur tour demanderaient à leurs évêques la permission de l'inviter. Ces invitations indirectes, il souligne le mot, lui ouvriraient autant de portes. Le reste serait l'affaire du Roi ». Chez le Père, le zèle et le respect accompagnent un sens aigu des affaires, du business. Le mot y est: *The King's own business*. L'adaptation à la mentalité yankee, on le devine, sera aisée.

Le Père Mateo arrivait à San Francisco le 24 octobre 1940. Puisqu'il ne peut atteindre d'emblée les prêtres par les retraites, il va emprunter la voie oblique des communautés, sûr de gagner par elles les élites et le clergé. Il s'en explique à Mère Renée :

« Une heureuse et longue expérience m'a enseigné que pour faire un apostolat solide et durable, il faut s'appuyer sur les élites. Ce sont ces groupes d'âmes bien trempées que je recherche en arrivant dans une nouvelle contrée. Une terre riche de ces groupes d'élite est déjà, ou sera un jour, une nation entièrement chrétienne ».

« J'appelle élites ceux qui font le don généreux d'eux-mêmes à Notre-Seigneur, sans marchander avec le Roi des rois, sachant s'oublier eux-mêmes et oublier leurs petits intérêts. Les âmes choisies aiment passionnément l'Eucharistie. Avec une foi éclairée, elles apprécient la plénitude du don que nous possédons dans la messe et la communion ». Il ajoutait : « Je peux trouver ces élites en Amérique ».

L'accueil fut chaleureux. L'archevêque de San Francisco l'avait chaudement recommandé aux communautés, qui se montrèrent enthousiastes.

Il put ainsi pénétrer dans de nombreuses paroisses et y rencontrer l'élite. Il y parla cent-trente-deux fois. Avant de quitter la ville il fit une splendide réunion de trois-cents religieuses représentant une trentaine de communautés.

Il rayonna aussi dans les environs. Sur l'invitation du recteur de Los Gastos, il parla quatre heures à une centaine de Jésuites. Il regretta et eux aussi, assure-t-il, de n'avoir pas le don d'arrêter le soleil pour prolonger toute la nuit cette pieuse causerie de toute une journée inoubliable.

Son projet était de rester jusqu'au printemps dans les parages. Le mot doit se prendre à l'américaine, c'est-à-dire tout le territoire qui est en deçà des montagnes Rocheuses.

De San Francisco, il passait à Tucson dans l'Arizona, distant de 1 200 kilomètres et revenait sur la côte de Californie à Los Angeles et à San Diego. Il refaisait le chemin si souvent parcouru à dos d'âne deux siècles plus tôt par le fondateur de cette chrétienté, le franciscain espagnol Junipère Serra, qu'Omer Englebert l'a appelé le dernier des Conquistadores. C'était du reste un Père des Sacrés-Cœurs qui avait été le premier curé de Los Angeles, alors simple bourgade, en attendant de pouvoir retourner aux îles Hawaï, d'où il avait été expulsé. Au début de l'année 1941, le Père pouvait écrire :

« Je suis excessivement satisfait des trois mois d'apostolat en Californie. Le succès du Cœur de Jésus a été épatant. Souriez en lisant ce mot, mais il est très éloquent. C'est une ovation dans les Heures saintes et les conférences publiques, dans les réunions des communautés et des élites. Je revis les plus beaux triomphes du Cœur de Jésus, il y a vingt ans, en Europe. Faites célébrer une ou plusieurs messes en action de grâces ».

Et en août : « La tournée apostolique devient de plus en plus une grande apothéose de gloire pour le Cœur de Jésus. Si je reste deux ans dans le pays, la conquête semble assurée, Dieu aidant. À Los Angeles j'ai prêché cent-cinquante fois. Il y a une vraie faim spirituelle d'entendre prêcher le Sacré-Cœur ».

« Des âmes assoiffées de la doctrine du Sacré-Cœur »

Avec les Pères des Sacrés-Cœurs qui ont préparé sa tournée et l'accompagnent, ses meilleurs soutiens sont les Bénédictines de Clyde. Placées au centre dans le Missouri, elles rayonnent sur tout le pays par leur secrétariat et leur revue *Tabernacle and Purgatory*. Le Père suit attentivement leur propagande, conseille, approuve, rectifie avec humour mais fermeté. L'Imprimatur, leur dit-il, vous garantit des erreurs doctrinales, mais non des petites déviations qui surchargent inutilement une œuvre ou même en faussent l'esprit. Pourquoi remplacer le premier vendredi par le premier dimanche ? Pourquoi fractionner l'heure sainte en plusieurs tronçons que se partagent les membres d'une même famille ? Ce n'est pas conforme à la demande divine, c'est vouloir mettre de l'eau bénite dans le précieux sang ».

Il rectifie leurs comptes-rendus et leur suggère d'ajouter que le Père Mateo serait heureux de prêcher des retraites aux prêtres. C'est là sa mission spéciale, celle qu'il a reçue des Papes et qui l'a conduit en Extrême-Orient où il a parlé à plus de 3000 missionnaires. Il leur demande d'écrire un article sous le titre : « Dix mois d'apostolat pour le règne du Sacré-Cœur », en le faisant précéder de la pastorale de l'archevêque de Los Angeles.

« Mettez-y une flamme de charité et de zèle, comme d'habitude. Il donnera l'impulsion à de nombreuses âmes qui sont impatientes de savoir si notre croisade est en train de conquérir votre pays, comme elle a conquis l'Europe et l'Extrême-Orient. Je rencontre partout une grande docilité. Les âmes sont assoiffées de sainteté et de doctrine du Sacré-Cœur. Vous avez été depuis de longues années mon haut-parleur, ma radio en Amérique : J'ai encore besoin de vous, parce que le feu brûle ici et là et menace de brûler d'une sainte conflagration ».

Si l'idéal de l'apôtre est, suivant saint Paul, de se faire tout à tous, dès son arrivée sur le nouveau monde le Père Mateo s'est mué en Américain. Dans un pays où la publicité est reine, il ne dédaigne pas de faire discrètement valoir sa mission. Cette publicité est efficace. Il n'est pour s'en convaincre que de lire ce qu'il écrit de son ministère à Louisville.

« Je n'aurais jamais cru un tel succès possible. C'est vraiment extraordinaire : retraites sacerdotales, récollections aux communautés, prédications trois, quatre fois le jour aux élites. La vague de feu monte toujours, ainsi que l'assistance quotidienne à la messe ».

Le Père s'attarde au diocèse de Louisville. Après avoir prêché quatre retraites sacerdotales à la Trappe de Gethsémani, il doit en donner une cinquième aux cent-quarante-cinq moines de l'abbaye. Elle se clôture par l'Intronisation solennelle du Sacré-Cœur à la salle du chapitre. La jeunesse des trappistes le frappe : la plupart ont de trente à cinquante ans. On assiste en effet à une véritable floraison de la vie contemplative au pays des affaires. Les aspirants sont si nombreux que les monastères doivent essaimer. On sait le succès du livre du trappiste Thomas Merton : *La nuit privée d'étoiles*. Ce long séjour à la Trappe en cette seconde guerre mondiale lui rappelle cet autre séjour à Sept-Fons, lors de la première guerre.

« Un travail fou »

Le Père Mateo montait au début de 1942 sur Chicago, où l'attendaient déjà cinq mois de prédications, dont une dizaine de retraites sacerdotales. On le signale à plusieurs reprises à Mundelein « splendide pépinière de vocations ecclésiastiques ». Sa santé, qui s'était beaucoup améliorée pendant son séjour en Californie, recommençait à fléchir. Le diabète le rongeait tout comme avant son départ pour l'Extrême-Orient. Il craignit même d'être obligé de renoncer à la prédication. En février cependant il prêchait aux cent-soixante prêtres-étudiants de l'Université catholique de Washington.

« Quelle inoubliable retraite ! lit-on dans son rapport. Je me sentais malade à être au lit, mais l'esprit sacerdotal de cet auditoire sacerdotal de jeunes et de vieux me donna du ressort ». Un témoin a laissé ce croquis : tout emmitouflé dans son pardessus, son écharpe, sa barrette, le Père descend le bas-côté de la chapelle. Lourdement appuyé sur sa canne, buttant souvent, il offre l'image d'un homme dont la santé est à jamais ruinée. Chacun se demande s'il pourra tenir toute une retraite. Parvenu à l'estrade, il murmure des paroles à peine audibles : il demande de prier pour qu'il ait la force de prêcher. Il récite ensuite les prières d'ouverture toujours à faible voix et commence. Peu à peu sa voix prend de l'assurance. Le voici maintenant qui retire son écharpe, dégrafe son pardessus. Une heure après on aurait pu l'entendre à travers la campagne.

Certains des assistants avouèrent par la suite n'avoir pu se défendre d'un certain malaise. Cela sentait quelque peu le théâtre, la recherche de l'effet. Cette impression s'évanouit vite. L'assistance était si empoignée qu'avant chaque instruction, toute la faculté, Mgr Fulton Sheen en tête, volait littéralement à qui serait le premier à la chapelle. De longues années plus tard les images-souvenirs de cette retraite trônaient avec honneur dans les presbytères.

Le Père s'était présenté à l'Université avec une petite valise et une grande malle. Comme le directeur spirituel s'informait de ce qu'elle pouvait contenir, « des images pieuses », lui fut-il répondu. Le savant professeur pensait à ces images-souvenirs qu'on glisse dans son bréviaire et il calculait qu'elle devait en contenir assez pour tout le clergé américain. L'énigme s'éclaira quand il vit le Père en tirer d'immenses gravures de l'Élévation de l'Hostie et écrire sur chacune d'elles : Qualis missa, talis sacerdos, talis apostolus. – Diliges. Y ajoutant parfois : Mysterium fidei et amoris. (Telle messe, tel prêtre, tel apôtre – Tu aimeras. Mystère de foi et d'amour).

Le rythme de travail s'accélère.

« Je n'arrive pas à faire le quart du travail qu'on me demande. Très nombreuses sont les communautés qui prennent une large part au mouvement. J'y prêche et on y organise l'Intronisation et l'Adoration nocturne. Celle-ci est un succès inouï. Il a fallu faire des éditions de brochures et d'images pour répondre aux besoins urgents ».

Le Père Mateo n'a garde d'oublier les congrégations qui l'ont si bien accueilli en Extrême-Orient. « J'ai un travail fou. En quelques semaines j'ai prêché à près de mille prêtres, cinq heures par jour, sans compter les confessions et le reste », écrit-il le 17 juillet. Le docteur intervient et d'autorité annule les trois retraites promises à Maryknoll.

Il doit faire l'invalide pendant près de trois mois, soumis à un régime rigoureux et prenant tous les jours des injections d'insuline. Malgré toutes ces mesures le progrès n'est pas fameux. Le diabète, l'âge, l'usure par la fatigue ne sont pas pour multiplier les forces.

« J'ai tant prêché la croix: Jésus m'y cloue »

Le Père Mateo reprenait en novembre ses prédications à Milwaukee, grand centre industriel sur le lac de Michigan. « Il prêche modérément », ce qui veut dire que « malgré le diabète et la neige il prêche presque chaque jour. Le merveilleux succès compense de beaucoup la fatigue. Le premier dimanche de l'année, 3 janvier 1943, il a prêché l'Heure sainte à la cathédrale. Malgré la neige et les rafales de vent il y avait près de 2000 personnes. La docilité des élites est admirable. Nous comptons déjà 40000 adorateurs et nous irons très loin ».

À peine a-t-il achevé son apostolat à Dubuque, archevêché situé sur le Mississipi, et commencé celui de Chicago qu'il doit s'arrêter à nouveau.

– Changement radical dans ma vie : de prédicateur mondial, je passe au rang de contemplatif souffrant. Je suis sérieusement malade. J'ai dû biffer de mon programme huit retraites sacerdotales.

« Ma santé est une ruine et je pense sérieusement renoncer à toute prédication. Je prends cette épreuve comme une grâce, si telle est la volonté du Cœur de Jésus. Je me traîne. Il m'est de plus en plus difficile de voyager et de prêcher, surtout des retraites. J'ai tant prêché l'abandon. Le temps arrive où il faudra que je le pratique. J'ai tant prêché la croix : Jésus m'y cloue. Fiat !

« Il y a des jours où je ne pourrais pas écrire une ligne ». Il n'y paraît guère à feuilleter sa correspondance.

C'est d'abord un appel aux Adorateurs nocturnes à qui il demande d'offrir aux intentions du Pape une heure d'adoration supplémentaire, le jour même de la fête du Sacré-Cœur. Aux légionnaires de Marie il rappelle que, selon leur manuel, l'Intronisation rentre parmi les principaux moyens d'apostolat familial. Ainsi imitent-ils Marie allant frapper de porte en porte à Bethléem pour y mettre au monde le Prince de la Paix. Qu'ils n'oublient pas que l'image du Sacré-Cœur est aussi le rappel de son amour eucharistique et que l'Intronisation doit conduire à l'Hostie.

Il écrit aux archevêques de chacune des capitales de l'Amérique latine pour leur soumettre un projet qui lui tient à cœur. Il propose que l'année suivante tous les diocèses se consacrent au Sacré-Cœur, le jour même de sa fête, et que cette consécration soit ratifiée par les paroisses et les familles. Ce geste devrait être précédé d'une intense préparation, dont une lettre pastorale pourrait préciser les modalités. À titre d'ébauche, il se permet quelques suggestions : au mois de juin, une sorte de mission serait donnée qui soulignerait la portée eucharistique et réparatrice de la fête, non moins que la nécessité d'une vie profondément chrétienne. On y associerait étroitement toutes les œuvres qui constituent spirituellement le diocèse. On y prierait spécialement pour les vocations. Le Père adressait la même demande aux Nonces, notamment à Mgr Cento et à chacun des évêques du Pérou. La gravité de l'heure n'est-elle pas une invitation providentielle à crier ensemble : sauvez-nous, nous périssons ?

Une campagne magistralement menée

À peine était-il remis sur pied qu'un ministère d'envergure lui était confié à Chicago. Ce diocèse fêtait le centenaire de sa fondation, et son archevêque, Mgr Stritch voulait que le point culminant des solennités en fût la consécration au Sacré-Cœur.

À cet effet il lit appel au Père Mateo qu'il connaissait pour l'avoir vu à l'œuvre. Nous avons pour suivre cette campagne, modèle du genre, la lettre où il lui donne des directives et un état détaillé du diocèse, de ses activités et de ses besoins.

Vu le nombre considérable des prêtres (1 200 diocésains et davantage de religieux), on les a divisés en quatre groupes ; une conférence est prévue pour chacun. Mais une retraite de trois jours réunira les prêtres qui ont les responsabilités les plus importantes.

Plusieurs centres ont été établis pour les associations des hommes et des femmes catholiques qui groupent respectivement 250 000 et 350 000 personnes. Ainsi sera-t-il plus facile d'atteindre les cadres. Il conviendrait d'insister auprès des femmes sur la messe quotidienne et les retraites.

L'archevêque énumère ensuite les organismes à toucher : catéchistes, action catholique, préposés aux retraites, étudiantes, étudiants, professions libérales et hommes d'affaires, employés, nurses des hôpitaux, hommes de couleur, jeunes dames, jeunes filles. Il y en aurait encore beaucoup d'autres, mais il craindrait de le surcharger. Il aimerait cependant qu'il atteigne les supérieurs des écoles secondaires et des hautes écoles. Les Mexicains le préoccupent beaucoup : des conférences en espagnol seraient bienfaisantes.

Le Père Mateo a fait lui-même le récit de sa campagne dans la revue *Tabernacle and Home*. Avec ses 1 600 000 catholiques, le diocèse de Chicago est le plus important des États-Unis.

Le triduum aux trois-cents grands séminaristes, à raison de cinq conférences par jour, s'est clôturé par l'Intronisation et la procession le soir dans le parc illuminé par la lune et des centaines de flambeaux. L'archevêque a présidé nombre de réunions, notamment celles des prêtres (568 et 485 présences). « La famille est une forteresse de l'Église, leur a-t-il dit. Nous devons sauver la famille et par elle sauver la société et la nation. C'est mon désir formel que la croisade de l'Intronisation soit organisée en chaque paroisse ». À l'issue d'une réunion qui groupait six-cents représentants de cette armée colossale, connue sous l'appellation de *Catholiques du Saint Nom,* chacun a donné des instructions écrites aux groupements dont il avait la responsabilité pour que soient établies l'Intronisation et l'Adoration nocturne. « Avant une année, nous aurons 100 000 adorateurs », a déclaré avec assurance l'aumônier de ce mouvement Il en a été de même pour les huit réunions des femmes.

Tous les rassemblements se font à l'échelle américaine. Tel celui qui atteint plus d'un millier de religieuses enseignantes. Et surtout cette Heure sainte suivie par 125 000 hommes, dans un camp militaire. Quel spectacle émouvant que cette multitude suppliante à genoux dans une fervente prière !

Enfin, au terme de cette campagne magistralement menée, le 14 novembre 1943, Mgr Stritch, entouré de cent archevêques et évêques, lisait à l'issue de la messe pontificale l'acte de consécration du diocèse au Sacré-Cœur. Ce même jour, les fidèles ratifiaient publiquement cet acte devant l'autel de leur paroisse respective.

Les faits parlent d'eux-mêmes. On comprend ce jugement porté par le Cardinal Meyer, le successeur de Mgr Stritch à Chicago : « J'ai toujours considéré comme une des grâces spéciales de ma vie d'avoir connu le Père Mateo. J'écris cela avec un sentiment de profonde gratitude envers Dieu tout puissant pour le don d'une vie comme celle du Père Mateo et pour l'influence incalculable que son apostolat a exercé pendant de nombreuses années ».

« Nos prédécesseurs ont reconnu le zèle exceptionnellement fécond... » (Pie XII)

Cependant le Père Mateo écrit la veille de la consécration: « Si je prêche encore, c'est en faisant un gros effort, un petit miracle. Tout craque chez moi: la maison tombe en ruine. Mais vive le Roi adorable! Que son règne arrive ! Allons et mourons pour Lui : c'est la grâce des grâces, c'est la gloire des gloires ». Sa lettre commençait par ces mots: « Je suis dans un hôpital, mais bien que malade et à l'hôpital, je ne suis pas un invalide ».

Il tient en effet à remplir le programme que lui a fixé l'archevêque. S'il songe à prendre du repos, il le recule jusqu'en septembre de l'année suivante. Ce sera d'ailleurs un repos tout relatif. « Je ne suis pas en mesure de travailler en grand. Mais je puis encore prêcher et je tiens à tomber sur la brèche ».

Il proteste avec force contre l'Intronisation du Cœur de Marie que d'aucuns veulent introduire subrepticement.

« L'Intronisation est un hommage de latrie, c'est-à-dire d'adoration et d'adoration sociale. L'Intronisation est un hommage au Roi Dieu. Elle dit avec l'Église : *Tu solus Dominus, Tu solus Altissimus*. Pesez les mots : Vous seul, parce que Dieu. L'Église ne permettrait jamais de changer les termes du Pater et de dire : Notre Mère, qui êtes aux cieux, que votre Règne arrive. Elle est Reine, certes, mais dans un autre sens et dans un tout autre degré. La prière doit être doctrinale ou elle n'est plus prière catholique ».

Sa santé s'améliore au début de 1944. En janvier, il prêche une retraite de huit jours à sept-cents Mères supérieures, provinciales et générales, appartenant à une centaine de congrégations. Il n'oublie pas les siens tant Pères que Sœurs de Fairhaven, qui l'ont aidé, ni les Bénédictines de Clyde et de Mundelein. De nouveau, c'est le rythme accéléré. On signale sa présence dans huit villes épiscopales et une quinzaine d'autres, à l'Université des Jésuites de Chicago où il parle à un millier d'étudiants. Les retraites succèdent aux retraites pour terminer en juin avec une retraite d'ordination à Rochester (215 participants) et deux autres auxquelles prennent part quelque cinq cents prêtres à Saint-Paul, capitale du Minnesota.

Comme il a dû à plusieurs reprises interrompre ses tournées et modifier ses plans, et que d'autre part la guerre ne lui a pas permis de correspondre avec ses ports d'attache de Braine et de Picpus, il est assez difficile de le suivre au jour le jour. On peut compter cependant une cinquantaine de villes évangélisées, dont sept villes épiscopales les plus importantes du pays.

Lorsque quatre ans plus tôt il abordait non sans appréhension les États-Unis, il aurait souri si on lui avait affirmé qu'il y trouverait les plus grands succès de sa carrière.

Il s'en est ouvert, on l'a vu, au Pape Pie XII : « Les résultats de grâce ont été extraordinairement consolants. Je dois en toute loyauté déclarer que j'ai été frappé des grandes, des rares qualités de la race ; je veux dire, des dispositions peu communes de vertu solide et d'esprit surnaturel, qu'on nie souvent aux Américains, les jugeant légèrement par la surface.

« Tout en acceptant qu'ils ont une certaine mentalité, il faut leur rendre justice en reconnaissant qu'ils ont un trésor extraordinaire de simplicité, de docilité et de sincérité, vertus avec lesquelles on peut ciseler de saints prêtres ».

À cet éloge des auditeurs, le Pape répondit par celui du prédicateur : « Nous savons, et Nos vénérés Prédécesseurs l'avaient eux-mêmes volontiers reconnu, le zèle exceptionnellement fécond avec lequel vous avez, au cours de ce demi-siècle d'Apostolat exercé le *ministerium verbi*, tendant surtout à l'Intronisation du Sacré-Cœur dans les familles.

« Inlassable Apôtre de cette pieuse pratique, si propre à étendre dans les foyers et parmi les nations le Règne d'amour, de miséricorde et de paix du divin Sauveur, vous n'avez eu de cesse qu'elle ne soit connue, appréciée, adoptée dans les divers continents où la Providence conduisit vos pas et jusqu'en ce grand pays qui bénéficie actuellement de votre ardent ministère, surtout à la faveur des retraites sacerdotales. »

Zèle exceptionnellement fécond, Ministre de la Parole, inlassable Apôtre : on ne pouvait mieux définir le Père Mateo ni l'encourager à porter toujours plus loin ses pas.

« Ouvrir une dernière brèche... »

Dans la nuit du 30 juin 1944, le Père Mateo franchissait sa vingt-deuxième frontière. Dès le lendemain, il ouvrait sa première retraite sacerdotale chez les Pères de la Résurrection à Kitchener. D'où lui venait cette hâte ? Les alertes de plus en plus fréquentes lui donnaient-elles conscience que ses jours d'activité étaient comptés ? Ou plutôt en vieux routier de la prédication recherchait-il ces démarrages foudroyants qui faisaient choc et lui gagnaient d'emblée l'audience d'un nouveau pays ?

Il tenait beaucoup à œuvrer au Canada. Il le savait terre de chrétienté par excellence et de surcroît sa croisade y avait été particulièrement bien accueillie. Dès le mois de mai 1916, elle avait reçu l'approbation du Cardinal Begin. De nombreuses congrégations s'en étaient faites spontanément les apôtres. Et si le secrétariat national de Chambly ne remontait qu'à 1936, depuis longtemps l'Intronisation et l'Adoration nocturne étaient regardées comme faisant partie de la pastorale ordinaire. Le Congrès eucharistique de Québec, en 1936, avait émis le vœu que « tous les efforts soient faits pour transformer les foyers catholiques en vrais sanctuaires vivants, en y introduisant l'Intronisation et l'Adoration nocturne ». Celle-ci en 1944 comptait déjà 20 000 membres.

Au début de son séjour, le Père Mateo se reconnaît à plusieurs reprises dérouté. C'est que le Canada est en pleine révolution industrielle. En cette fin de guerre, il est en passe de devenir l'une des premières puissances économiques du monde. Mais en même temps qu'il découvre sa puissance, il ressent sa fragilité : une douzaine de millions d'habitants pour un territoire vingt fois grand comme la France. De là cette réticence devant toute influence extérieure. Rien d'autre qu'une crise de croissance.

Il vaut donc la peine d'examiner comment ce nouveau conquistador s'y prit pour gagner le pays à son idée et à son œuvre. Car si l'apôtre compte avant tout sur les moyens spirituels et sur ce qu'il faut bien appeler son charisme, il ne dédaigne pas pour autant les habiletés humaines. L'on peut estimer qu'en cette fin de carrière sa technique de pénétration dans un nouveau pays est au point.

Six mois plus tôt, il a conduit ses premiers sondages. Saisissant l'occasion du nouvel an, il insinue à la Supérieure des religieuses des Sacrés-Cœurs de Chambly, que cette année pourrait lui réserver une surprise : ce serait sa visite, si toutefois elle voulait bien l'accueillir en qualité de frère et de malade. Comment l'évêque verrait-il cette installation ? L'autoriserait-il à prêcher ? La maison ne perdrait rien à lui rendre service. Elle s'attirerait les bénédictions du ciel et y gagnerait un grand crédit social. L'exemple des États-Unis est encourageant : en deux ans, la Congrégation des Sacrés-Cœurs y a été plus connue que depuis sa fondation. Au Canada, le terrain semble encore plus favorable. Son impatience se trahit. À peine la Supérieure a-t-elle pu prendre connaissance de la lettre qu'un télégramme demande une réponse urgente. Le consentement obtenu, il lui pose la question de confiance : « Vous m'acceptez comme hôte : pourriez-vous faire davantage et être mon précurseur ? Pour la gloire du Grand Roi, laissez-moi vous mettre un peu à contribution. Vous ne le regretteriez ni dans la vie ni dans la mort. Je vous mets dans mon calice ».

Et sans même attendre cette fois la réponse, il dresse pour elle une petite liste « de personnalités à voir » : les Oblats dont il a apprécié l'activité à Ceylan, tel Franciscain qu'il a connu préfet au Japon, les instituts missionnaires canadiens visités en Chine. Y a-t-il des Dames du Sacré-Cœur ? Elles l'ont partout invité avec empressement, etc. Il tient surtout à ce qu'elle prenne contact avec l'ancien Supérieur du Grand Séminaire de Montréal : « Ce serait une brèche qui pourrait devenir une royale porte d'entrée ».

Quelques semaines après les premières ouvertures, il peut écrire : « Le travail qui m'attend est lourd : le Cardinal de Québec demande pour commencer rien que quatre retraites. L'archevêque d'Ottawa m'invite pour son clergé. Avec cela, j'ai plus qu'il n'en faut pour ouvrir une grande brèche. Magnificat ! »

Ce mot qui revient à plusieurs reprises dans ses lettres est révélateur. Il peint l'homme. À 69 ans, tout diabétique et familier des infirmeries qu'il soit, le Père Mateo ne pense qu'à ouvrir une brèche, à mourir sur la brèche.

« Les plus hauts et les plus beaux secrets de l'Église militante »

Le Père Mateo donnait coup sur coup au début d'août deux retraites sacerdotales à Québec : « La retraite va excellemment grâce à vos prières. Mais priez plus fort encore. » « Il me faudra agir comme si j'étais jeune et fringant et plein de santé ». Il ne craint rien tant que les crises de diabète. De là, la plaisante demande : « Si vous avez des pommes rouges ou rougeâtres, envoyez m'en : car celles d'ici sont des caricatures de pommes ».

De Québec, il passait à Montréal, puis à Sherbrooke. Dans un bulletin de vie sacerdotale, un des retraitants donne ses impressions :

« Son expérience est mondiale. Plus que nul autre sans doute à l'heure actuelle, il connaît les plus hauts et les plus beaux secrets de l'Église militante, et plusieurs des plus tristes.

« Et c'est la narration lente, sentie, de ces tranches de vie qui nous pénètre, nous émeut non seulement à la surface de notre sensibilité religieuse, mais jusqu'au plus intime de notre âme humaine, chrétienne, sacerdotale. Beaucoup de doctrine vivante, vécue et vivifiante passe dans ces belles et tristes histoires. Déroulées comme des drames, avec des reprises et des répétitions (répétitions qui reviennent trois fois avec un accent qui les grave à jamais dans la mémoire), avec des mots suaves comme ceux des mamans ou puissants comme ceux d'un maître fort et sûr de ce qu'il sait ; avec des gestes qui scandent les phrases, des sourires, des regards qui illuminent les idées ; avec une psychologie naturelle et surnaturelle qui a un grand air.

« Avec sa canne, son paletot, son dos voûté, son épaisse chevelure blanche, ses traits tirés, un peu tristes mais doux, il fait l'effet d'un vieillard complètement usé. Il monte avec peine sur l'estrade, dépose son grand cahier de notes et commence la récitation de ce fameux chapelet du Saint-Esprit, qu'il nous apprendra à dire et à vivre par sa manière si pénétrante de le réciter.

« Quand il parle le Père semble rajeunir de plusieurs années. Et il paraît heureux. C'est une contemplation qui déborde. C'est Jean et Paul. C'est un apôtre. C'est l'apôtre ».

Avait-il dans ce démarrage intensif trop présumé de ses forces ? Le diabète en sommeil depuis quelques mois se fit à nouveau menaçant. Vers la mi-novembre il devait être hospitalisé et soumis à un examen rigoureux. Le docteur ne lui cacha pas la gravité de son état et exigea la suppression de toute prédication en dehors des retraites.

Malgré ce handicap, cette fin d'automne marque le point culminant de son apostolat au Canada. Le 26 novembre il prêchait une première retraite épiscopale à Montréal et le 4 décembre, une seconde à Québec. Elles étaient suivies à bref délai des retraites aux six-cents séminaristes de ces deux métropoles.

« Vous imaginez tout ce que cela signifie comme succès de grâce et comme avenir pour l'œuvre. Mais je ne puis me faire illusion : je suis blessé à mort, tout en gardant une certaine dose encore de résistance physique et surtout de volonté et de résistance morale ». Et quelques jours après : « Je suis malgré tout content, puisque cette usure est en grande partie le fruit des fatigues endurées dans l'apostolat. Que Jésus les prenne comme un suprême effort pour étendre son règne. Et alors mon impuissance deviendra une puissance d'amour souffrant. Si je puis célébrer la Sainte Messe et prêcher aux prêtres, je suis déjà sans plus un privilégié ».

À en juger par sa correspondance et ses divers articles, ces premières années au Canada sont pour le Père Mateo un temps de plénitude. Après quatre ans de silence forcé il peut renouer avec ses collaborateurs de Braine et de Picpus. Son expérience s'est enrichie, sa vision s'est élargie, sa pensée s'est mûrie. Elle jaillit impétueusement comme une source longtemps contenue.

« Nous nous sommes trompés quand nous avons fait de la chère œuvre un autel à notre guise et à notre mentalité. Elle n'a pas été vivante et vécue, du moins toujours ; elle n'a pas été un esprit et une âme d'amour. Elle n'a pas été assez un souffle de forte doctrine. Sans le vouloir elle s'est en partie figée et ankylosée. Trop de formules, pas assez saint Paul.

« Que de prêtres (et d'évêques) qui ne savent vraiment pas ce que c'est que le Cœur de Jésus et qui en conséquence ne peuvent pas faire l'œuvre de l'Intronisation. C'est le clergé, ce sont les communautés et les élites que nous devons instruire et former dans la grande doctrine de l'amour. Voilà ce que j'ai vu de mes yeux et touché de mes mains absolument partout.

« C'est par la tête qu'il aurait fallu commencer, sans quoi nous ferons un échafaudage orné de fleurs et c'est tout. Nous n'aurons qu'une boutique et pas une œuvre tant que nos prédicateurs et directeurs ne viseront pas le clergé ».

À un autre correspondant : « J'insiste beaucoup sur le Saint-Esprit que nous avons mis sous le boisseau, ce grand inconnu. Lui, l'Amour substantiel ! C'est Lui qui produit toute cette évolution en moi et je désire être très docile.

« Donnez une grande importance à l'adoration nocturne. Elle est le nerf de la guerre de notre œuvre. Les 90 % du succès de l'Intronisation aux États-Unis et ici sont dus à cette merveilleuse veillée d'amour, organisée partout. Le feu prend et se développe partout d'une manière vraiment extraordinaire. Tenez-y, soufflez sur cette flamme, multipliez les lampes ».

Ce sont les thèmes qu'il reprendra dans *Portail de Béthanie*, qui devait servir de préface au recueil de ses circulaires.

« Sanctifier les prêtres, ma plus grande mission… »

En septembre 1954, il prêchait à 110 prêtres du Saint-Sacrement, puis à 125 Dominicains adonnés aux hautes études. « Avec une liberté toute apostolique il ose leur dire que les très belles spéculations théologiques du merveilleux saint Thomas ne suffisaient pas, qu'elles n'étaient que des éclairs dangereux quand on ne vivait pas, par l'amour et la charité, la doctrine de saint Thomas. Il leur affirme qu'il pourrait y avoir en enfer des docteurs aussi grands et plus grands que saint Thomas, parce qu'ils n'avaient pas aimé comme le docteur angélique. Le préfet des études vint lui dire les larmes aux yeux : "Prêchez cela sans relâche. Qu'on vive sa théologie par l'amour, qu'on s'efforce d'être saint, et vous aurez renouvelé le clergé et les communautés" ».

Le Père Rondeau O.P. analysait longuement dans la revue « Le Séminaire » l'empire extraordinaire du Père sur ses auditeurs : « Une véritable Pentecôte que cette retraite du Père Mateo. Chacun sentait que le coup de vent divin qui le frappait avait aussi ébranlé son voisin. Chacun comprenait qu'un feu identique brûlait toutes les âmes apostoliques. Le Seigneur avait eu pitié de nos incessants *Veni Sancte Spiritus* et nous avait envoyé le Paraclet promis à ses Apôtres et à ses amis. Les Apôtres n'étaient pas plus attentifs à écouter leur Maître que nous l'avons été à boire ce message divin de fécondité par la sainteté et de sainteté par l'amour ».

Citons encore ces phrases qui l'ont frappé : « On est prêtre avant tout pour la Messe. Vivre sa Messe, c'est vivre la vie du Christ. La Messe devrait opérer deux grands prodiges : la transsubstantiation du pain et du vin, et figurativement la transsubstantiation du prêtre, c'est-à-dire sa sanctification. Dévorer le Christ et se laisser dévorer par Lui. Si un prêtre n'est pas un saint, ou bien il faut qu'il le devienne, ou bien sa théologie le damne. Cette retraite marqua si profondément qu'il n'y eut guère dans la suite de retraite qui ne comptât quelque frère prêcheur dans l'assistance ».

Quelques jours avant, il écrivait à Mère Renée : « Aidez-moi à sanctifier les prêtres, ma plus grande mission de loin. Tout le reste, si beau soit-il, est petit à côté de cette vocation. Le Règne véritable du Cœur de Jésus n'est au fond que la multiplication des Curés d'Ars.

« Bien souvent je répète à mes auditeurs une belle phrase que j'ai lue il y a longtemps : la plus belle gaffe qu'un prêtre puisse faire, c'est de mourir en constatant qu'il n'a jamais travaillé à devenir un saint... Ne faites pas cette gaffe : la seule qu'on peut toujours éviter avec la grâce d'état qui surabonde ».

Les retraites au clergé allaient bon train puisqu'après seulement quinze mois de présence au Canada, il en avait déjà prêché trente-six.

« Apprenez à vos jeunes sœurs à monter, monter… »

Tout en se consacrant aux prêtres, le Père n'exclut pas totalement les religieuses. Mais il leur demande de se grouper. Au mois d'août 1945 il réussissait ce tour de force de réunir à Outremont les états-majors de cinquante-huit congrégations, soit deux-cent-cinquante participantes, dont une quarantaine de supérieures générales. Le tiers des Instituts du Canada était donc représenté. La répercussion en fut profonde, car la plupart tinrent à faire bénéficier leurs filles de ces leçons.

Le Père commence par leur apprendre à réciter le chapelet du Saint-Esprit. On se sert du chapelet ordinaire. On récite sur la croix le Credo ; sur les gros grains des dizaines la prière *Veni Sancte* : Venez, Esprit Saint, remplissez le cœur de vos fidèles et enflammez-le de votre amour ; sur les petits grains, on dit : ô Père, envoyez le Paraclet que Vous avez promis, par Jésus-Christ Notre-Seigneur. À la fin de la dizaine on récite le verset et l'oraison du *Veni Sancte*.

Il prend pour thème général : les grandeurs et les exigences de la vocation religieuse. « Je vous demande au nom du Cœur de Jésus, d'apprendre à vos jeunes sœurs à monter, à monter, à monter au-delà des étoiles. Vous êtes des reines, non des servantes. On n'a pas le droit de s'habiller en reine, si on ne vit pas en reine. Le Roi vous a appelées non pour être bonnes, vous l'étiez déjà, mais pour être saintes ».

Ce sont naturellement les histoires qu'elles ont retenues et qu'elles colportent plus volontiers. Interrogeant une sœur sur les motifs qui l'ont déterminée à entrer au couvent : pour sauver mon âme, lui répond-elle. La riposte vient, cinglante : Vos parents seront donc damnés ? – Oh ! Père, vous n'y pensez pas – Non, je ne le pense pas, c'est vous qui le dites. Si vous n'êtes venue ici que pour sauver votre âme, c'est que les gens dans le monde ne peuvent pas faire leur salut. Et la conclusion jaillit pittoresque : « Si une novice se présente au couvent pour sauver son âme seulement, adressez-la à l'Armée du salut. On gémit sur le manque de vocations. Ce n'est pas le nombre qui fait défaut, ce sont les saintes ».

Une sœur s'adresse à lui, désemparée : « Mon Père, priez pour moi. Je souffre terriblement. Ma supérieure ne me comprend pas. – Vous êtes donc venue au couvent pour être comprise de vos supérieures. C'est drôle, moi je suis venu pour comprendre mes supérieurs ».

À une sœur qui déclarait : « J'ai bien mes droits », il donne cette réponse à l'emporte-pièce : « Une religieuse qui a fait des vœux est morte au monde. Un mort n'a qu'un droit, celui d'être enterré ».

Nulle trace de mièvrerie dans sa doctrine du Sacré-Cœur, mais bien amour viril et éclairé.

À sa secrétaire canadienne qui venait d'être élue vicaire générale de sa Congrégation, il traçait ce programme d'action : « Réalisez de tout votre pouvoir cet idéal : plus, bien plus de vie contemplative. Pour être active, pour bien travailler, il faut prier encore davantage. Notre vocation d'adorateurs et de réparateurs, nous en fait un devoir transcendant. On l'a négligé en partie. Nous sommes trop Marthe, pas assez Marie, pas assez priants, orants, contemplatifs. Nos échecs viennent de là. L'adoration au prie-Dieu n'est qu'une génuflexion de toute notre vie ».

« Vous savez si j'ai du caractère à aller jusqu'au bout »

La grippe le surprenait au début de 1946 « après trois semaines très chargées de prédications au clergé, aux communautés, à l'élite de Trois-Rivières, mais très glorieuses pour le Grand Roi. Une bronchite se déclarait qui tournait en pneumonie et le retenait trois mois à l'infirmerie. Il devait décommander une trentaine de retraites et de récollections ».

« Ni vous ni moi n'avions prévu cet apostolat dans nos plans, écrit-il au secrétaire général, si ce n'est par accident. Et il est devenu substance. *Deo gratias* ! Je peux vraiment dire qu'on me traîne par une route que je n'ai pas choisie, où je ne pensais aller que de passage. Aujourd'hui c'est 90 % de mon activité. Je mourrai en prêchant l'amour et la sainteté aux prêtres ».

Il reprenait la route en avril. Les retraites succèdent aux retraites : à Saint-Hyacinthe, à Sherbrooke, à Québec, chez les Franciscains, les Oblats, les Jésuites, les Dominicains. À 3 heures, il en termine une de quatre-vints prêtres pour en commencer une autre à 8 heures du soir pour une cinquantaine de professionnels : avocats, médecins, ingénieurs. Et c'est à ce moment qu'il composait *Portail de Béthanie*. En juillet, il prêchait deux grandes retraites qui groupaient près de trois-cents prêtres. Il en commençait une troisième aux supérieurs franciscains. Il ne put l'achever. Il en était à sa 62e en deux ans, « la plus sublime des missions qu'il ne pourrait jamais payer ».

À nouveau, il devait rentrer en clinique et supprimer huit retraites. Il donnait fin septembre ce bulletin de santé : « Prisonnier dans une chambre à prier, aimer, souffrir pour aider les apôtres actifs. Sera-ce pour longtemps, pour toujours ? Comme Lui le voudra. J'ai souffert de laisser des centaines, des milliers de prêtres qui m'attendaient. Mais je n'en pouvais plus et vous savez si j'ai du caractère à aller jusqu'au bout ».

Quoi qu'il dise, son moral est plus atteint qu'il ne le pense. En Europe, le Supérieur général a pris à cœur de réorganiser l'œuvre de l'Intronisation. Des équipes de jeunes ont pris la relève. Soucieuses d'efficacité, elles cherchent à reprendre l'œuvre et à l'adapter aux situations et aux mentalités nouvelles. S'il y eut parfois des outrances et des incompréhensions, le bilan était loin d'être négatif.

Fort pertinemment, Mère Renée lui conseille de venir en Europe, de se rendre compte sur place du travail effectué et des principes qui l'inspirent, d'entrer en contact direct avec les nouveaux responsables de l'œuvre. Sa tâche inachevée, son état de santé ne le lui permettent pas. Sans doute est-il trop tard.

Le vieux lutteur se réveille : « On me prend pour une réclame, mais de loin et en portrait. Ils pourront bâtir plus grand, plus beau, mais l'œuvre née en 1907 sera un fossile de musée. J'ai envoyé ma démission au Père général. Et je lui ai dit pourquoi. Le prétexte est ma santé. La raison : ce qu'on veut faire de l'œuvre. C'est la plus grande déception de ma vie ».

Il a achevé ce billet amer par ces lignes prophétiques : « Il est sage de mourir avant de mourir. C'est une pénitence dont j'avais besoin. *Bonum mihi quia humiliasti me*. C'est pour mon bien que vous m'avez humilié ». (Psaume 118).

Il est sage de mourir avant de mourir : la formule est frappante dans sa concision. Elle se révélerait non moins exacte dans sa vérité.

XIII

Aux sources de la pensée du père Mateo

Le haut-parleur de Paray-le-Monial...

Le Pape Pie XII a défini le Père Mateo : l'apôtre mondial de la dévotion au Sacré-Cœur. Si telle est l'envergure de son action, une question se pose. Quelle place le Père Mateo occupe-t-il dans l'histoire de cette dévotion ? Le mouvement qu'il a créé s'est-il développé au gré des circonstances et des succès ou a-t-il obéi à une logique interne ? Peut-on parler d'un apport personnel ? S'est-il contenté d'être le haut-parleur de Paray-le-Monial, comme il s'est appelé lui-même ?

À maintes reprises, le Père Mateo s'est proclamé l'héritier de sainte Marguerite-Marie. « L'idée dominante et exclusive de l'Intronisation, écrit-il le 28 avril 1914, je l'ai prise directement des révélations de Paray. C'est dire que j'ai voulu donner corps et forme concrète au désir manifesté par Notre-Seigneur à sainte Marguerite-Marie ». Il définit l'Intronisation : « L'œuvre providentielle qui réalise dans toute son intégrité et les demandes et les promesses faites à Marguerite-Marie ».

Ses circulaires rappellent souvent les demandes de Jésus : célébration solennelle de la fête du Sacré-Cœur, communion réparatrice des premiers vendredis, heure sainte. Elles s'appuient volontiers aussi sur ses promesses : « Je bénirai les familles où l'image de mon Cœur sera exposée et honorée. Je donnerai aux prêtres le talent de toucher les cœurs les plus endurcis. Je règnerai malgré mes ennemis ». Il emprunte beaucoup à Paray. C'est pour lui un bien de famille où il puise librement. Mais qu'il mette l'accent sur tel point, qu'il développe tel autre, il se veut et il se croit fidèle à la pensée de sainte Marguerite-Marie.

... et des Encycliques pontificales

Mais il est d'autres sources auxquelles il puise. Le Père appartient à la Congrégation des Sacrés-Cœurs. L'article 6 du chapitre préliminaire de la Règle prescrit aux religieux « de faire tous les efforts qui dépendent d'eux pour propager la dévotion envers le Sacré-Cœur de Jésus et le très doux Cœur de Marie, suivant qu'elle est approuvée par le Saint-Siège apostolique ».

Qu'il ait pris pour guide de sa pensée et règle de son action les documents émanés du Saint-Siège, on se rappelle le témoignage des Papes Benoît XV (27 avril 1915) et Pie XI (20 décembre 1928). Voici celui de Pie XII. Il lui fait écrire le 13 juin 1956 : « Au lendemain d'une encyclique par laquelle il a voulu rappeler au monde chrétien la place incomparable du culte du Sacré-Cœur dans la vie chrétienne, il est particulièrement agréable au Chef de l'Église de féliciter et de remercier celui qui pendant tant d'années et avec un zèle infatigable s'est fait l'apôtre mondial de cette dévotion. Sa Sainteté se plaît donc à penser qu'il aura été d'un doux réconfort pour vous au soir de votre vie de vous sentir pleinement en accord avec les plus hauts enseignements du Vicaire de Jésus-Christ ».

Au cours de son long ministère, le Père a vu paraître trois encycliques sur le Sacré-Cœur : *Annum Sacrum,* de Léon XIII, *Miserentissimus Redemptor,* de Pie XI, *Haurietis Aquas,* de Pie XII. Les deux dernières sont plutôt une consécration de son action, et ce n'est pas son moindre éloge. Par contre la première est à l'origine de son œuvre. Le Père Mateo a été ordonné prêtre le 17 décembre 1898. Cinq mois plus tard, le 25 mai 1899, Léon XIII publie *Annum Sacrum.* C'est la première fois qu'un Pape aborde ce sujet. Or il présente le Sacré-Cœur comme un Roi, et l'hommage qu'il préconise est la consécration. Toute l'encyclique roule sur les titres de Jésus à la royauté, droit de naissance, droit de conquête, sur l'affirmation et l'exercice de cette royauté, ainsi que sur les bienfaits qui découleront sur l'Église et sur la société de la reconnaissance officielle et publique de cette souveraineté. Le Pape lance en terminant cet appel : « Dans le Sacré-Cœur doivent se placer toutes nos espérances. C'est à lui qu'il faut demander, de lui qu'il faut attendre le salut de l'Humanité ». Trois idées ressortent de ce document : le Sacré-Cœur est Roi et Roi d'amour – la consécration est l'acte qui reconnaît le mieux sa souveraineté – la dévotion au Sacré-Cœur répond aux besoins de notre temps. Il y a là en germe tout le programme du Règne social et de l'Intronisation. On discerne fort bien le cheminement de la pensée du jeune prêtre dans ses premières fondations. Le Centre Social et le Cours des Lois s'inspirent certes de la fameuse encyclique de Léon XIII sur la question sociale, mais déjà ils se proposent explicitement d'établir le Règne social du Sacré-Cœur, avant même qu'il soit question d'Intronisation.

« Faire découvrir l'Évangile à ses auditeurs »

La pensée du Père Mateo a des racines plus lontaines et plus profondes encore. On lisait beaucoup l'Écriture sainte dans la congrégation. La Règle, article 184, recommande d'y consacrer au moins une demi-heure chaque jour. On se rappelle aussi qu'on lui donna quelque temps comme collaborateur à l'École de Droit le Père Calmes, un des meilleurs exégètes de son temps, qui avait été le disciple et le collaborateur du Père Lagrange et que le Père de Grandmaison estimait fort : ses travaux sur saint Jean faisaient autorité. Le Père Mateo a beaucoup lu l'Évangile et il a su le lire. Il en fait la base de sa prédication. « Fondons-nous sur l'Évangile pour réaliser l'Évangile et les demandes de Paray ». Ce texte de la fin de sa vie est déjà sa maxime. Comme le fait remarquer le T.R.P. Systermans : « Il veut faire découvrir l'Évangile à ses auditeurs. L'Évangile lui suffit. Rarement il fait appel à d'autres sources ».

Le Père ne fait que passer de ville en ville. Souvent il ne reverra plus ses auditeurs. Il court donc à l'essentiel. Il cherche moins à porter la lumière sur un point déterminé qu'à obtenir une adhésion entière à la personne et à l'œuvre de Jésus. Il place donc son auditoire en face du mystère total de Jésus. Il ne démontre pas, il affirme avec force, il proclame la Bonne Nouvelle : un Dieu vous aime, un Dieu vous sauve, un Dieu veut partager votre vie, un Dieu demande votre concours.

Ce fut la nouveauté et l'attrait de cette prédication. Il apportait aux hommes de son temps ce qui leur manquait, ce qu'ils attendaient sans le savoir, ce que le Seigneur était venu annoncer d'abord, avec l'expérience de quelqu'un qui l'annonce parce qu'il le croit, qui l'affirme parce qu'il l'a vu » (Armida Barelli).

Le Règne social du Sacré-Cœur : idée centrale de sa vie

L'Évangile n'est en somme que le reflet de la prédication première des Apôtres. Le Père Mateo en reprend les thèmes. Or le mot-clef de cette prédication est le mot royaume de Dieu. On le retrouve un peu plus de cent fois dans les évangiles, dont cinquante fois en saint Mathieu, son patron. La prédication du royaume de Dieu renferme tout le message chrétien. Jésus entre dans le monde comme un Roi, ainsi qu'il est annoncé à Marie : « Tu concevras et enfanteras un fils. Le Seigneur Dieu lui donnera le trône de David et son règne n'aura pas de fin » (Lc 1,30). Jésus quitte ce monde comme un Roi : « Tout pouvoir m'a été donné au ciel et sur la terre. Allez donc. Je suis avec vous pour toujours jusqu'à la fin du monde (Mt 28, 18).

Le royaume de Dieu a un aspect intérieur : il poursuit avant tout le changement des cœurs, la conversion, sous l'influence de cette double conviction, que Dieu est notre Père et que nous sommes tous frères. Mais il a aussi un aspect social. Le retournement des âmes n'est possible que si le changement porte également sur tout ce qui conditionne la vie humaine, si les relations, les milieux, les institutions sont à leur tour pénétrés de ce double amour de Dieu et du prochain. Le règne de Dieu conduit logiquement à la transformation de la société selon le plan sauveur de Dieu. À cette condition seulement pourra se faire le rassemblement de tous les hommes autour du Christ pour aller ensemble vers le Père.

Voilà ce que signifie le mot Règne social sur lequel on s'est parfois mépris. C'est une épithète de nature, comme lorsqu'on dit le soleil brillant, la nuit noire. Il n'ajoute rien, mais il souligne vigoureusement qu'une royauté qui s'étend sur les âmes doit s'exercer sur toute la vie, doit imprégner tout ce qui influe sur les esprits, les cœurs, les volontés, le comportement de tous les jours. Sans cela, elle serait illusoire et même inintelligible.

Le Père Mateo s'attaque ainsi aux grandes erreurs de notre temps : au laïcisme qui affecte de ne voir dans la religion qu'une affaire privée, sans incidence sur la vie sociale, au matérialisme qui exclut des relations humaines toute influence surnaturelle.

Il résume tout son programme dans sa devise qu'il emprunte au *Pater* : *Adveniat regnum tuum.* On comprend que devant l'ampleur de l'entreprise, il ait pu parler de croisade. Ce n'est pas assez de dire que le Règne social du Sacré-Cœur est une de ses idées-forces : c'est l'idée centrale de toute sa vie, de laquelle tout procède, autour de laquelle tout s'organise.

Le moyen de choix : la famille, cellule constitutive de la societé

De cet objectif qui peut paraître lointain, chimérique même, il tire des conséquences pratiques, immédiatement réalisables. Pour imprégner le monde de l'esprit de Jésus, pour le convaincre de mener une vie conforme aux critères de l'Évangile, il est un moyen privilégié : le mettre en contact permanent avec Jésus. C'est le rôle qu'il assigne à l'Intronisation. Puisque le Sacré-Cœur nous donne l'image la plus exacte et la plus attrayante de Jésus, il place cette image à la place d'honneur, comme sur un trône, et il invite les hommes à se consacrer à Lui. Il ne s'agit pas d'une cérémonie passagère, mais selon un mot qu'il emprunte à saint Paul d'une convivance, c'est-à-dire d'une vie partagée avec Jésus.

Le Père Mateo insiste pour qu'on intronise le Sacré-Cœur non à l'écart, mais là même où se rencontrent les hommes, où s'élabore la vie de société : places publiques, parlements, mairies, ateliers, bureaux, afin que Jésus puisse avoir une réelle influence sur la marche de la société et lui donne l'impulsion.

Le risque est grand de voir ces beaux gestes sans lendemain. On vit dans un monde de péché. Il faut construire sur l'élément le plus stable, le plus influent. À nouveau l'Évangile vient à son secours. Le Père est frappé de cette leçon qui se dégage des premières pages du Livre sacré. Sur trente-trois années environ dont dispose le Fils de Dieu pour sauver le monde, il en passe trente dans la Sainte Famille de Nazareth. C'est par la famille qu'il commence son œuvre rédemptrice et c'est à elle qu'il consacre le plus de temps. L'Évangile montre la voie à suivre. C'est la famille d'abord qu'il faut gagner au Christ pour faire œuvre méthodique, solide, durable.

Sa méditation rejoint son expérience personnelle. Au début de sa carrière, le Père Mateo s'est lancé, comme tant de jeunes prêtres de son temps, dans les œuvres sociales d'apprentis et d'étudiants. Il ne tarde pas à comprendre que pour avoir quelque efficacité, son apostolat devait s'appuyer sur la famille comme sur l'enseignement du Droit et de la Doctrine sociale de l'Église. Dès qu'il a découvert l'importance de la famille, il oriente son action dans ce sens. Il écrit en 1912 : « Comme le foyer est le fondement nécessaire et la source originelle de la vitalité sociale chrétienne, j'estime qu'il n'y a pas une œuvre qui assure aussi bien le Règne du Seigneur sur les individus et les collectivités que celle qui l'intronise en qualité de Roi de la famille ».

Nombreux furent les prêtres qui en cette fin du XIXe siècle dépensèrent dans les patronages le meilleur de leurs forces et de leurs talents. Combien y en eut-il qui, de l'apostolat auprès des enfants, passèrent à l'évangélisation des familles, non occasionnellement mais de manière à créer une institution durable ? Chez le Père Mateo, l'apôtre se double d'un sociologue. Rechristianiser la famille par l'Intronisation devient dès lors un de ses principaux objectifs. Mais on ne doit pas s'y méprendre. Le Père Mateo ne s'arrête pas à la famille pour elle-même. Il ne voit en elle qu'un moyen, moyen de choix, il est vrai, parce qu'elle est la cellule de la société. À travers elle et par elle il poursuit l'établissement du Règne social du Sacré-Cœur.

Chemin faisant, il fait une autre découverte. Il perçoit l'*affinité* qui existe entre le Sacré-Cœur et la famille. Par son symbolisme, le mariage qui la fonde est appelé à imiter et à continuer l'amour du Christ pour son Église. Il a jailli, comme les autres sacrements, du Cœur de Jésus transpercé sur la croix. Quelle image sera plus apte à l'aider à réaliser son idéal, à lui rappeler son éminente dignité et les exigences de sa mission que celle même qui lui a donné naissance ? La famille, expression achevée de l'amour humain, ne prend toutes ses dimensions qu'à travers le Cœur de Jésus, source et modèle du véritable amour et avec lui remonte vers la Sainte Trinité, famille divine d'amour. Sous cet angle, le Père Mateo est un des précurseurs de la spiritualité familiale élaborée de nos jours.

Sa pensée est exprimée avec bonheur dès son premier appel de 1908, au retour de Paray : « La dévotion au Sacré-Cœur est restée ordinairement réduite aux cérémonies de l'Église et les fêtes se sont déroulées exclusivement ou à peu près à l'ombre des autels. Unir les deux sanctuaires, le temple et le foyer, dans cet incomparable amour – joindre aux cérémonies de l'église celle de la famille – serait en vérité un idéal divin qui réaliserait le triomphe social, but final de cette sublime dévotion ».

L'appel au laïcat organisé

Ce transfert de lieu du culte du Sacré-Cœur, qui passe de l'église à la famille, conduit à la recherche de nouvelles méthodes et à l'appel de nouveaux apôtres. Se trouvant seul pour une œuvre de pareille envergure, dans un pays qui souffre du manque de prêtres, le Père Mateo était amené par la force des choses à prendre ses collaborateurs parmi les laïcs : les enfants d'abord, les dames et les jeunes filles plus libres alors de leur temps ensuite. La formation de secrétariats est l'un de ses premiers soins. Un secrétariat c'est une équipe d'apôtres laïcs qui, avec l'approbation de l'évêque, sous l'impulsion du prêtre et souvent avec l'appui d'une communauté, visite les familles, les instruit, les prépare, les groupe, les suit. Ce sont donc des tâches proprement évangéliques qu'il confie aux fidèles. Pie XI utilise son expérience et sa compétence pour lancer l'Action catholique en Italie. La visite méthodique des familles, leur évangélisation et leur groupement sous l'action du prêtre et des laïcs mandatés à cet effet renouvellent la pastorale.

L'autre visage de l'amour : la réparation

Cependant même rénové et amplifié, l'apostolat est impuissant à assurer le triomphe du Règne social de Notre-Seigneur. Il se heurte aux refus, aux retards, à toutes les défaillances de la liberté humaine. L'action apostolique doit se doubler de réparation, c'est-à-dire offrir à l'amour méconnu et rejeté une compensation d'amour, donner en plus de sa part la part des autres. Chez le Père Mateo la réparation prend volontiers l'orientation que lui a donnée Marguerite-Marie : consoler le Cœur de Jésus en revivant par la pensée ses souffrances, celles surtout de son Cœur pendant son agonie au jardin des Oliviers. De même que le péché, cause de la Passion, se déploie dans le temps, de même aussi notre réparation peut, elle aussi, se dérouler dans le temps : les offenses et les consolations que Jésus reçoit de nos jours ont retenti alors dans son Cœur. Du reste Passion et réparation se poursuivent dans le Corps mystique, où Jésus continue d'être crucifié, mais aussi soutenu comme durant sa vie mortelle.

La réparation est encore la meilleure préparation à l'apostolat : pour toucher une âme, il n'est rien de tel que de payer ses dettes. Apostolat et réparation sont comme les deux visages de l'amour. De là encore sa préoccupation de doubler les apôtres actifs d'une légion d'âmes, notamment les enfants, les communautés, les malades qui prient et souffrent pour le succès de sa croisade. Le prodige de sa prédication ne s'explique que si on place à l'arrière-plan toute une armée priante et souffrante.

Le Père appartient à une congrégation active, où cependant la vie contemplative joue un rôle important sous une forme originale. La prière qui y est en honneur est une prière prolongée, une prière nocturne, une prière communautaire aussi, conçue non pas comme ailleurs sous la forme d'une assemblée qui récite l'office divin, mais comme une chaîne continue, dont les maillons se succèdent les uns aux autres. À l'imitation de ces phalanges d'adorateurs et d'adoratrices qui se succèdent d'heure en heure devant le Saint-Sacrement, l'idée lui viendra de lancer l'adoration nocturne à domicile qui groupera un million de fidèles.

L'accent mis sur la victoire du Christ : élément d'équilibre

La dévotion au Sacré-Cœur, telle que la prêche le Père Mateo, évite-t-elle les reproches qu'on lui a si souvent adressés ?

Elle serait sentimentale, dit-on, puisqu'elle repose sur une révélation privée et exalte l'amour sensible. Certes personne n'a mieux chanté le moment privilégié de l'histoire de l'Église que constituent les révélations de Paray. Mais le Sacré-Cœur de Marguerite-Marie, il le voit à travers les encycliques de Léon XIII et de Pie XI, dont on sait la solidité et la vigueur, et plus encore à travers l'Évangile. Il est remarquable de voir l'évolution de sa pensée au cours de sa vie. À l'Évangile il ajoutera saint Paul, du Sacré-Cœur il remontera au Saint-Esprit, amour substantiel du Père et du Fils, et à la Trinité, évolution que consacrera l'encyclique de Pie XII. Dans les douze dernières années de sa vie active, il se spécialisera dans l'apostolat auprès du clergé et centrera ses prédications sur la messe.

Cette dévotion, affirme-t-on encore, serait trop larmoyante, victimale. Elle chercherait trop à nous apitoyer sur un Christ qui ne peut plus souffrir, maintenant qu'il règne à la droite du Père, et dont on souligne les échecs plus que les victoires. Assurément tout le mystère du Christ n'est pas renfermé dans la Passion : celle-ci n'en est pas moins un élément essentiel. La compassion pour les douleurs du Christ et de la Vierge, le *Stabat Mater,* le chemin de la croix sont un patrimoine cher à toute âme chrétienne. Ce sont ces richesses que la dévotion au Sacré-Cœur reprend sous une forme renouvelée et approfondie : la passion du cœur est plus douloureuse et significative que la passion des sens. Une dévotion qui conduit à une compréhension plus juste et à une participation plus étroite à la rédemption ne peut être prise pour une dévotion à l'eau de rose.

Si le Père Mateo appuie beaucoup, trop même, dans ses Heures saintes sur les larmes du Christ, dans ses autres œuvres et ses prédications il met fortement l'accent sur l'aspect glorieux de la rédemption. Avec un sens liturgique très sûr, le Sacré-Cœur est pour lui le Roi de gloire. Son plan, certes, peut être mis en échec momentanément et parce qu'il y consent, par respect et amour pour nous qu'il ne veut contraindre que par amour. Mais il est assuré du triomphe final. Bien plus ce triomphe est commencé. La cérémonie de l'Intronisation, comme du reste l'institution de la fête du Christ Roi, dont il fut l'un des artisans, est une réplique terrestre de « sa glorieuse Ascension ». Il aimait à répéter l'acclamation du gloria de la messe : « Nous Vous rendons grâce à cause de votre grande gloire ».

En insistant si fort sur la royauté de gloire, comme sur la confiance qui repose sur la victoire du Christ, le Père Mateo a tenté et réussi à donner une dévotion équilibrée qui recouvre tout le mystère du Christ et en livre le secret.

L'apport du Père Mateo à la dévotion au Sacré-Cœur se situe donc sur un double plan, celui de l'action et celui de la pensée. Sur le plan de l'action, il s'est acquis un rayonnement soit auprès des foules soit auprès des élites et des prêtres, dont le mot « mondial » souligne l'étendue et dont d'innombrables témoignages attestent la profondeur.

Sur le plan de la pensée, il ne faut certes pas chercher en lui le maître qui fait autorité, mais plutôt le pionnier qui imprime à la dévotion une orientation riche de possibilités, sinon nouvelles, du moins mises en relief saisissant. Pour lui le Sacré-Cœur est *une doctrine solidement fondée sur l'Évangile et saint Paul,* imprégnant toutes les institutions, spécialement les familles, elle vise à établir le Règne social de Jésus, Roi d'Amour; *une source de spiritualité familiale,* de spiritualité sacerdotale aussi, qui insiste davantage sur les valeurs d'amour incluses dans ces vocations; un appel pressant aux laïcs pour travailler à l'évangélisation de leurs frères, en collaboration avec leurs prêtres; *une synthèse équilibrée,* qui met l'accent d'une part sur le Christ souffrant, dont on honore la Passion du cœur, spécialement par l'adoration nocturne, et sur la Christ glorieux dont on proclame le triomphe par l'Intronisation.

« Moins de musique et davantage de pain de doctrine »

Au soir de sa vie, à la veille d'être arrêté à jamais par la maladie, il faisait un retour en arrière : « Si ceux qui m'entendent prêcher aujourd'hui m'avaient entendu en 1908, ils remarqueraient facilement que si l'obsession dominante de mon discours est absolument la même, le ton du prédicateur a bien changé. Il y a moins de musique et moins de couleur dans son exposition; il donne plus d'importance aujourd'hui au pain de doctrine, qu'il sert d'une conviction non moins sincère, mais bien plus forte et apostolique.

« Personne ne sera surpris si je dis que j'ai appris à prêcher en prêchant. À mesure que j'avançais, j'ai mieux compris que dans cet apostolat du Règne social, il fallait mettre au même diapason la thèse sublime de saint Paul sur la charité et les lumières jaillies du Soleil qui rayonnait à Paray-le-Monial. Si la dévotion au Sacré-Cœur a eu son berceau officiel et principal dans la chapelle de Sainte Marguerite-Marie, la grande théologie du Cœur de Jésus date de Bethléem, de Gethsémani, du Calvaire et du Cénacle, de saint Jean l'évangéliste et de saint Paul ».

On ne peut mieux faire son autocritique. Sans doute en ses années de jeunesse le Père Mateo a-t-il attaché trop d'importance à la décoration, qui, trop liée au temps, passe aussi avec lui, mais dès cette époque l'édifice s'élevait vaste, harmonieux, fortement charpenté, bâti de main de maître.

Cependant certaines pages de cette musique gardent toute leur fraîcheur, telle celle qu'il composa à Montevideo en 1914 et qu'il inséra dans son Heure sainte de janvier.

Qu'ai-je, Seigneur Jésus, que Vous ne m'ayez donné ?...
Que sais-je, que Vous ne m'ayez appris ?
Que puis-je, si Vous ne m'aidez ?... Et que suis-je sans Vous être uni ?...
Pardonnez... Oh ! pardonnez mes fautes qui Vous ont tant blessé !...
Vous m'avez créé sans que je ne l'espère,
Vous m'avez racheté sans que j'y coopère...
Vous avez beaucoup fait en me créant
Et plus encore en me rachetant...
Seriez-Vous moins puissant
Ou moins généreux en me pardonnant ?...
Car tout le sang que Vous avez versé,
Et la mort cruelle que Vous avez endurée,
Ne sont pas au profit des Anges qui Vous adorent,
Mais à mon profit... et à celui des pécheurs qui Vous implorent !

Si je Vous ai renié, laissez-moi Vous louer !
Si je Vous ai outragé, laissez-moi Vous aimer !
Si je Vous ai offensé, laissez-moi Vous servir !
Car vivre sans Vous aimer
Et Vous aimer sans souffrir…
Ô Jésus,… c'est mourir !…

XIV

1947 – 1960

La minute de vérité

En ce dernier jour de l'année 1946 où il entrait à l'Hôtel-Dieu de Montréal, sonnait pour le Père Mateo *el minuto de la verdad,* comme on dit en espagnol. C'est une expression empruntée aux courses de taureaux. Après s'être longtemps joué du taureau avec sa cape pour le connaître, le fatiguer et le dominer, le moment vient pour le torero d'affronter le fauve avec sa seule épée. Il lui faut vaincre ou mourir : en un mot montrer ce qu'il vaut : c'est pour cela qu'on l'appelle la minute de vérité.

Un jour de ferveur, alors qu'il était au mieux de sa forme et dans le plein épanouissement de son activité, le Père Mateo avait écrit. « Lorsque je ne pourrai plus prêcher, j'écrirai ; lorsque je ne pourrai plus écrire, je prierai ; lorsque je ne pourrai plus prier, je pourrai toujours aimer en souffrant et souffrir en aimant ». Le Seigneur allait le prendre au mot.

Il faut avouer que le premier contact avec l'hôpital ne fut pas heureux. Sans doute le Père a-t-il une façon gracieuse de remercier les religieuses des Sacrés-Cœurs de Chambly qui lui ont donné jusque-là l'hospitalité : « Vous étiez un home, un foyer pour moi : vous ne pouvez être un hôpital », qui pourrait donner le change. Et quelques jours plus tard pour s'excuser de ne pouvoir assister aux funérailles d'une religieuse : « Mourir fidèle à sa vocation est bien plus une grâce qu'un deuil. La fête de l'Extrême Onction doit embaumer de paix et de sainte joie ce départ ».

Il est loin d'éprouver pour son compte ces sentiments de paix et de joie. Aussi, voyant son abattement, Mgr Roy, évêque de Trois-Rivières, qui a pour lui la plus grande vénération, lui cède t-il ses appartements de l'hôpital Saint-Joseph, tenu par les sœurs de la Providence, où il ne connaîtra guère de l'hôpital que les soins mais non l'ambiance.

Il est sensible à la mesure et plus encore aux fréquentes visites de l'évêque. Mais il doit confesser pour s'en humilier qu'il ne souffre pas autant et si bien qu'il l'a prêché aux autres. On l'entoure de prévenances. Il est encore pour chacun le grand apôtre du Sacré-Cœur qu'on a connu. L'hôpital reçoit-il en grande pompe la statue de Notre-Dame du Cap ? On dresse un reposoir devant sa porte et on lui demande d'adresser quelques mots à l'assistance. L'apaisement se fait en lui. Il se met à sa table de travail et en quelques jours, durant la semaine de Pâques, il écrit un des articles les plus achevés qui soient sortis de sa plume : *La Trappe du Bon Plaisir Divin.*

« La Trappe du Bon Plaisir divin »

« En sa qualité de membre de la Congrégation des Sacrés-Cœurs, il aurait dû être à la fois un grand orant et un apôtre zélé. Hélas, il a été plus actif qu'adorateur. Et voici que la miséricordieuse Providence rétablit l'équilibre de sa vocation.

« Sa vie a été un tourbillon de courses apostoliques, de travail bruyant, toujours au milieu des foules. Contre toute apparence, au fond de son âme, il est resté, par la grâce de Dieu, un trappiste de cœur et d'esprit. Peut-être cette confidence fera-t-elle sourire certains ? Sans ce lest au fond de sa barque, sans un très grand attrait pour le recueillement et la prière, il n'aurait pu soutenir sa vie d'apostolat. Cette nostalgie de solitude devint parfois si impérieuse qu'il fit la demande d'échanger les routes poussiéreuses de l'apostolat contre le silence des cloîtres. Chaque fois ses Supérieurs l'arrêtèrent. Jamais, toutefois, il ne fut tenté de quitter les routes ensoleillées de l'apostolat sous la poussée de quelque déception ou parce qu'il se sentait les ailes brisées. Tout au contraire, c'est à l'heure des plus beaux succès extérieurs que s'accentuait en lui ce qu'il croyait être l'appel au désert.

« La Providence s'est chargée d'assouvir sa soif d'une vie monacale. Depuis de longs mois, il boit à grands traits aux quatre torrents qui font les délices du bon Trappiste : le silence parfait, la prière intense, la solitude, la pénitence.

« Le silence parfait ! Il n'a fait que parler en public pendant près de cinquante ans. Il a été un haut-parleur vivant, avant l'invention de cet appareil. Il reconnaît avoir parlé beaucoup trop. Il a plus parlé que prêché, car le bruit des paroles étourdit le prédicateur et étouffe très souvent la voix de Dieu. C'est un régal et un repos de se taire.

« Voilà bien une de ces méthodes de la Sagesse Divine, qui, pour nous, semblent des folies : immobiliser et briser un travailleur pour qu'il travaille à merveille ».

La Trappe du Bon Plaisir Divin est sans conteste un document de première valeur. C'est tout à la fois une confidence dont il est heureux de se délivrer, une exhortation qu'il s'adresse à lui-même, une autocritique de ses premiers essais d'une vie nouvelle. L'exhortation ne manque pas de violence, car il sent en lui une sourde résistance aux vérités qu'il proclame. La confidence éclate, comme une évidence trop longtemps voilée. Son imagination comprimée par la solitude d'une chambre d'hôpital s'exalte et donne à sa pensée un somptueux vêtement. Il chante ce qu'il aurait voulu être et ce qu'il n'est pas. On sent le déchirement d'un homme partagé entre deux vocations également impératives et qui sous la pression des circonstances a dû sacrifier l'une à l'autre. Il s'est lancé avec fougue dans la vie active. Mais il a conservé la nostalgie de la vie contemplative. Maintenant que le Seigneur lui ménage la retraite tant souhaitée, il s'y plonge, il en jouit. Hélas ! le pli est pris. Il est prisonnier du passé. L'activité, la pression du public avide de l'entendre et de se confier, la vue du bien réalisé, tout ce qu'il appelle une vie enfiévrée lui manque. Il est comme un oiseau à qui on rogne les ailes et qui se morfond dans sa cage. C'est un beau chapitre des « Confessions » qui peut soutenir le voisinage des plus célèbres.

Une offensive d'envergure conduite par un vieillard

Il y a dans ces pages un accent de sincérité qui ne trompe pas, une profondeur de sentiments qui dévoile une âme d'une rare noblesse, un envol qui empoigne. Aussi leur succès fut-il très vif et l'encouragea-t-il à poursuivre. Puisqu'il avait encore l'audience du monde, il se résolut à frapper un grand coup.

Deux mois plus tard, il lançait « une offensive de grande envergure pour la fête du Sacré-Cœur ».

« Attisez le feu ! Allez de l'avant », écrivait-il à l'un, et à une autre :

« Qu'avez-vous fait pour pousser à la célébration de cette grande fête ? Vous serez bénie dans la mesure où le zèle pour le faire aimer brûlera en vous et loin de vous. Le faire aimer est déjà un grand amour ».

Il s'adresse tout d'abord à Mgr Lebrun, l'évêque d'Autun et de Paray-le-Monial, à qui il soumit un projet d'une lettre pastorale : venant de l'évêque du Sacré-Cœur, sa portée devrait dépasser le diocèse. Puis il écrivit au Père Gemelli, recteur de l'Université de Milan, lui demandant de prendre en charge les Universités catholiques : Paris, Louvain, Washington. Et comme la réponse tardait à son impatience, il réclamait dans la quinzaine un accord de principe par télégramme. Il confia à la Mère Renée de Weymouth la tâche de gagner les pays de langue anglaise, notamment les Indes et l'Afrique du Sud : qu'elle se mette à l'œuvre sans tarder ; aux premiers jours de l'an les évêques, les directeurs, les supérieurs, enfin tous les chefs devront être en possession de l'appel. L'archevêque d'Utrecht en Hollande, le Carmel de Macao, Mère Félicie de Manille, nombre de ceux dont il se rappelle le nom et le souvenir furent alertés directement par lui. Mais avant tout il cherche à atteindre la grande famille de l'Intronisation. L'organe officiel de l'œuvre, *Rex Amoris* qui avait succédé au Règne social, publiait dès janvier un Appel où il traçait un programme précis de préparation et de célébration. Il insistait pour que non seulement dans les cathédrales, mais dans toutes les églises paroissiales et chapelles publiques, on donnât un triduum ou une neuvaine, sous forme de mission : on y rappellerait l'évangile du Sacré-Cœur, le primat de l'amour ; on y insisterait sur la messe et la communion fréquentes et même quotidiennes, la prière familiale des parents et des enfants, l'esprit de pénitence et les droits souverains de la Royauté sociale du Sacré-Cœur.

Un second appel : *Le Roi d'Amour frappe à vos portes* suivit de près le premier, balayant d'un souffle les timidités et les objections ; puis un troisième, *Coup de clairon*. Les uns et les autres furent repris non seulement par les différentes revues de l'œuvre, mais par une multitude de Semaines religieuses, de Bulletins d'œuvres et de Congrégations, par la grande masse catholique de nombreux pays : Hollande, États-Unis, Espagne, Canada... *L'Apostolat de la Prière* en particulier ne marchanda pas son concours.

« Obtenir l'appui autorisé de l'Épiscopat », tel avait été le mot d'ordre du Père. Plusieurs centaines d'évêques donnèrent individuellement leur adhésion motivée. Parfois même l'épiscopat répondit par une pastorale collective comme en Angleterre, aux États-Unis, au Canada, au Chili, en Équateur, au Pérou, au Mexique, en Hollande.

Toutes les espérances du Père, qui étaient grandes pourtant, furent dépassées. Jamais sans doute la fête du Sacré-Cœur ne fut célébrée avec autant d'éclat, le vendredi même, en pleine semaine. Qui aurait pu penser que cette puissante orchestration était conduite par un vieillard usé par la maladie et le travail, et confiné dans une chambre d'hôpital ? On peut regarder cette campagne comme un des sommets de la vie du Père, comme un test de cette extraordinaire emprise sur l'élite de la catholicité qu'avait su conquérir un simple religieux avec la seule ressource de la parole et l'appui de la grâce.

Vitalité de l'œuvre

Dès le mois suivant le Vicaire du Christ lui donnait la réponse du ciel. Renouvelant le geste accompli six ans plus tôt pour son jubilé de profession religieuse, le Pape Pie XII lui adressait le 11 juillet 1948 pour ses cinquante ans de sacerdoce une longue lettre où il définissait la portée ecclésiale de l'Intronisation :

« Pour Nous aussi, comme pour Nos prédécesseurs, l'Intronisation répond à Nos plus chers désirs. Nous souhaitons ardemment que la charité de Jésus-Christ, jaillissant de son Cœur, reprenne possession de la vie privée des hommes et de la vie publique des peuples.

« Mais il est une chose que Nous désirons tout spécialement et qui est d'ailleurs le principal dans l'œuvre que vous avez propagée depuis si longtemps et avec tant de diligence : c'est que les familles chrétiennes se consacrent au Cœur de

Jésus. Mais de telle façon que, son image étant installée dans l'endroit le plus noble de la maison comme sur un trône, Jésus-Christ Notre-Seigneur règne visiblement dans les foyers catholiques. Cette consécration n'est pas une cérémonie vaine et vide de sens, mais demande à tous et à chacun que leur vie soit conforme aux préceptes chrétiens... »

Par une délicate attention, Pie XII avait eu soin de renvoyer à la lettre de son prédécesseur Benoît XV, dont il reprenait textuellement la définition de l'Intronisation. À nouveau donc, le Vicaire du Christ sanctionnait de son autorité la forme et l'esprit que le Père avait donné à son œuvre.

Sa joie ne fut pas sans mélange. Au peu d'épaisseur du courrier provenant de certains pays, il ne put s'empêcher de gémir : « La mémoire du cœur est fragile. Mon jubilé m'en a donné une preuve éclatante. Que d'amis j'ai servis à genoux et qui ne sont pas venus ! Fiat ! Magnificat ! » Le Père jugeait un peu vite : la méconnaissance d'un anniversaire, de soi extraordinaire, n'est pas forcément l'oubli d'une amitié.

Il avait formé le projet de se retirer quelques jours dans la solitude pour se recueillir et se préparer à son jubilé. Il se fit une joie d'enfant de donner à son absence l'allure d'une fugue, recommandant aux quelques initiés le silence le plus absolu. Il ne se doutait pas qu'il dévoilait ainsi à son entourage attristé le fond de sa pensée : l'hôpital était pour lui une geôle. Le pur sang qu'il est renâclera longtemps à la longe qui le retient captif.

La lettre pontificale était une grandiose introduction au *Congrès international de l'Intronisation*, qui se tint en Belgique au mois d'août 1949, sous la présidence du T.R. Père d'Elbée, modérateur général et du Père Eusèbe Rinkes, bras droit du Père Mateo depuis plus de trente ans. L'aggravation subite de son état de santé en la semaine sainte, où il eut sa première crise cardiaque, détourna le Père d'entreprendre le voyage en Europe. Malgré son absence, la forte personnalité du fondateur domina les débats. À la séance d'ouverture, on lut son message où il insistait fortement sur quatre points : l'esprit d'amour, la flamme eucharistique, l'adoration nocturne et le maintien de l'œuvre dans son intégrité originelle, fond et forme.

Sous la poussée du renouveau biblique, liturgique et des mouvements d'Action catholique, on demandait un peu partout en Europe la refonte du cérémonial de l'Intronisation, dont le style et les allusions paraissaient quelque peu désuets, ou tout au moins une certaine latitude d'adaptation. Le T.R. Père d'Elbée avait pris sur lui de présenter la requête au Père Mateo et pensait obtenir son acquiescement. Mais certains, craignant les suites d'innovations faites sans discernement, l'avaient déjà mis en garde, avant même tout examen de la question ; d'où sa position tranchante : *nihil omnino innovetur*.

Cela jeta un certain froid que ne parvinrent pas toujours à dissiper les rapports. Et pourtant, tous attestaient la vitalité de l'œuvre. Jamais les équipes au travail n'avaient été aussi fortes et aussi bien munies. Des méthodes originales d'apostolat avaient surgi çà et là, inspirées directement par l'Intronisation. Telle, en Hollande, la prédication à domicile. Un groupe de missionnaires s'installe pour de longs mois dans une paroisse. Ils visitent méthodiquement les familles rue par rue, maison par maison pour expliquer le sens de l'Intronisation et l'idéal de vie familiale et sociale qu'elle prétend aider à réaliser. Si le besoin se fait sentir, ils reviennent plusieurs fois, apportant la lumière, encourageant les efforts, régularisant les situations. Le clergé paroissial est étroitement associé au travail, spécialement lors de la cérémonie. Ailleurs, comme en Belgique les semaines de l'Intronisation, ou en France les missions de l'Intronisation, centrent tout leur travail sur le Sacré-Cœur et la visite des familles. Il s'en suit un apostolat en profondeur.

Malgré cet effort de toute une partie de la Congrégation pour édifier sur l'Intronisation une pastorale et une spiritualité familiale, il y aura désormais comme une coupure entre les Pères préposés à l'œuvre et son fondateur. Elle s'explique en partie par la différence des générations et la transformation de la société, et de ce point de vue elle était inévitable. Mais sans doute aurait-elle pu être atténuée. Un fait cependant s'imposait : l'œuvre était plus vivante que jamais.

« Purification brûlante et profonde »

Ces divergences de vue n'étaient pas pour l'arrêter. La même année le Père Mateo publiait en souvenir de ce demi-siècle de sacerdoce un opuscule d'une trentaine de pages sur la Messe, où il condensait le fruit de ses prédications dont c'était un des thèmes favoris. Il insistait pour qu'on fît en sa faveur « une campagne de feu ». En quelques mois, le tirage grimpait à 300000 exemplaires. Il diffusait en même temps 100000 feuillets sur son *Chapelet du Saint-Esprit*.

L'année suivante paraissaient les *Méditations sur le Rosaire*.

Il dressait une liste des communautés qui n'avaient pas souscrit : « Secouez-les ! Écrivez-leur un mot vibrant ; et si vous le jugez plus efficace, parlez-leur par téléphone. Devenez éloquentes ». Cependant sa santé ne laissait pas de donner de sérieuses inquiétudes à ses infirmières. Le soir du jeudi saint 1949, on l'a vu, une violente crise cardiaque le terrassait, tandis qu'il faisait l'Heure sainte à la chapelle. « Il s'en fallut de peu, écrit-il, qu'il n'aille chanter l'Alleluia pascal in excelsis ».

Le médecin traitant crut de son devoir de l'avertir de la gravité de son état. Il n'était pas question de l'opérer : son cœur ne supporterait pas le choc opératoire. Quant à la malformation de son dolichocôlon, elle était sans doute congénitale et serait son calice jusqu'à la fin. Le plus à craindre toutefois étaient ses crises cardiaques. Que le malade excuse cette franchise. Ces affections jointes à l'âge et à l'usure de son organisme le condamnaient à une réclusion mortifiante mais salutaire. Il ne trouverait pas de meilleur endroit que l'hôpital. Il avait eu une vie extraordinairement active. Il avait souvent dépassé la mesure de la prudence. Il avait agi en prêtre et en apôtre qui ne ménageait pas ses forces.

Il n'avait pas à le regretter. Mais sa carrière apostolique était à jamais terminée.

Les crises reprenaient en décembre. Elles étaient si fortes en janvier 1950 qu'il demandait et recevait l'Extrême-Oction. À nouveau il était extrémisé en mai au cours d'une crise violente : le lendemain il se levait pour dire sa Messe, ce qui occasionnait une nouvelle crise. En août, le malade a des crises angoissantes presque tous les jours. Les crises sont très violentes. L'une d'elles pourrait être fatale.

Dans sa solitude d'anachorète, le malade se prépare au grand voyage, dit un témoin. Il n'écrit plus, lit très peu et ne reçoit que quelques prêtres qui viennent le consulter ou se confesser. La moindre fatigue, l'effort de parler, de se lever aboutissent à des terribles crises subites et inattendues qui terrassent le malade. Dans un mois, il en a subi plus d'une vingtaine ; en une seule journée il en a eu neuf à un quart d'heure d'intervalle. « C'est, dit-il, son suprême apostolat pour la gloire du Cœur de Jésus, pour la sanctification des prêtres et la conversion des pécheurs ». Le 4 février 1951 on l'administre pour la troisième fois et on récite même les prières des agonisants. Il semble que ce soit la fin. Une heure après, il célèbre la Messe. En mai, à la veille de la Pentecôte, les douleurs de l'intestin sont si violentes que de longues semaines il ne peut célébrer, et c'est sa grande privation. Un infirmier s'établit à demeure à son chevet. Nouvelle alerte en octobre. Il fait une chute après sa Messe. « Une seconde de plus, écrit-il dans la journée, et j'étais dans l'éternité. Comme je regrette d'avoir manqué cette occasion de mourir à l'autel. De l'autel au ciel ».

Survenant au cours d'une crise particulièrement pénible, le Délégué apostolique prescrit en novembre son transfert à l'hôpital Notre-Dame de la Merci, tenu par les Frères de Saint-Jean de Dieu, qu'il juge mieux armé pour le soigner. Le malade quitte à regret sa chère « Trappe » de Trois-Rivières.

Ce transfert qu'on lui a imposé, ces crises répétées ont opéré comme une rupture dans sa sensibilité et son comportement. « Il se fait, dit un témoin, de grosses peines avec de petits riens. Le Bon Dieu le fait passer visiblement par une purification brûlante et profonde ». Il se confie de préférence aux personnes de passage, qui ne peuvent et ne savent pas faire la part des choses. Il donne à penser que sa Congrégation l'abandonne. Un journal du Pérou lance même une souscription en sa faveur. Le gouvernement péruvien s'émeut et demande à son chargé d'affaires d'enquêter. Le Père doit envoyer une mise au point. Il faut avouer qu'il s'en tire avec assez d'habilité. « Non, il n'est pas dans un état d'abandon et de dénuement. S'il a accepté un subside de la municipalité de Lima, c'est comme une pension qu'accepte un vieux soldat blessé et décoré, mais non comme une aumône ».

Ce soudain attachement à l'argent, cette crainte sénile de manquer, cette manie de thésauriser sont le plus sûr indice de son affaiblissement, car toute sa vie le Père a professé le plus total désintéressement et une complète indifférence à l'argent, que d'aucuns parfois ont taxé de désinvolture.

D'autres séquelles de sa vie antérieure remontent à la surface, plus lourdes de conséquences. Spécialiste apprécié des prédications au clergé, il s'était fait une loi de parler avec tact et charité, mais aussi avec la plus entière franchise, comme il sied à un homme de Dieu. Sa délicatesse innée, son zèle éclairé, son talent, le « métier » lui avaient permis de gagner à coup sûr l'audience de son auditoire, au point de pouvoir tout dire sans blesser. Mais voici qu'avec la maladie disparaissent l'art des préparations et l'auréole : il ne reste que la brutale franchise. Il a une façon cavalière de faire la leçon à chacun, qui étonne d'abord et bientôt lasse et fait le vide.

Il a fini par accepter la présence d'un infirmier à son chevet. « C'est indispensable, lui a-t-on dit. La gravité de votre état l'exige ». Le malheur est qu'il prend l'avertissement au mot : il exige une présence de tous les instants. Au fond il a toujours agi ainsi. L'âge ne fait qu'accentuer ce trait de caractère. Un aide lui était-il donné pour ses prédications, il devenait taillable et corvéable à merci. On le supportait alors car il était le premier à payer de sa personne. Maintenant qu'il est confiné dans sa chambre, le joug paraît plus lourd. Cependant chacun s'estime privilégié de servir l'apôtre du Sacré-Cœur.

Quelques éclaircies

Malgré ces misères inhérentes à l'âge et à la maladie, dont il est le premier à souffrir et à s'excuser, son emprise sur les grands pécheurs est aussi percutante qu'autrefois. Au témoignage du Cardinal Léger, il continue à faire des conversions remarquables, dont plusieurs de francs-maçons. Récemment le Cardinal a baptisé la femme et les enfants d'un franc-maçon notoire, converti par le Père Mateo.

De chers amis lui demeurent fidèles. Mgr Roy, qui lui a donné l'hospitalité, continue à le voir après sa nomination à l'archevêché de Québec. Mgr Léger, qu'il a connu au Japon et qui vient d'être nommé à Montréal et élevé à la dignité cardinalice, est lui aussi un fidèle pèlerin de Trois-Rivières, puis de Montréal. Les Cardinaux Piazza et Gerlier tiennent à venir lui apporter leur sympathie, malgré un programme chargé.

Le T.R. Père d'Elbée, son fils spirituel, passe plusieurs jours auprès de lui, ainsi que le Père de Sèze : ensemble ils évoquent les souvenirs de Biarritz et de Louvain. Un de ses plus vieux compagnons de labeur au Chili, le Père Maury s'établit même une quarantaine de jours à Trois-Rivières. Son témoignage est précieux. Il s'étonne de la verve toujours jaillissante et toujours spirituelle du malade. Celui-ci parle avec émotion des grands convertis qui ont été la consolation de son apostolat. Mais, et cela frappe les visiteurs, jamais il ne parle des succès de ses prédications et de ses campagnes apostoliques qu'on pourrait appeler triomphales, comme s'il les avait oubliées. Pas un mot de regret sur le temps de son magnifique apostolat par la parole. Sa seule préoccupation est de vivre l'apostolat de la souffrance, l'apostolat de la croix, après l'avoir tant prêché aux autres. Il est tout à la volonté du Cœur de Jésus ».

Au nombre des rares femmes dont il accepte les visites, il faut signaler à plusieurs reprises l'impératrice d'Autriche Zita, femme de l'empereur Charles, mort en odeur de sainteté. La Très Révérende Mère supérieure générale des Religieuses des Sacrés-Cœurs vient aussi le voir et elle lui fait en 1954, l'agréable surprise de se faire accompagner de Mère Marie-Jacques, qui lui a si longtemps servi de secrétaire à Picpus :

« Sa chambre, note-t-elle, est petite ou paraît petite, tant elle est encombrée de livres, de papiers, de gravures. Le petit autel lui-même est surchargé d'images, de photos, de reliques. Devant la fenêtre, un fauteuil avec son chapelet et son bréviaire, un autre fauteuil pivotant lui sert pendant la Messe qu'il célèbre assis.

« La chambre donne sur un grand couloir qui partage une aile de l'hôpital ». Vis-à-vis du Père, il y a donc des hospitalisés. Ce sont de grands infirmes, béquillards, cul-de-jatte en sa voiture qu'on rencontre dans les couloirs, quelques-uns en pyjama. Cela fait un voisinage attristant.

« Le Père est très vieilli, avec de longs cheveux qui le vieillissent encore et lui donnent un aspect peu soigné. Sa soutane est entrouverte au col. Il est très amaigri. J'avais oublié son accent espagnol que je retrouve. Ces premières impressions sont pénibles. Puis dans la conversation on retrouve le Père de jadis. Il avait une longue liste de choses à demander sur l'œuvre, les secrétariats, les amis de jadis.

« Le jour de Notre-Dame des Sept Douleurs nous avons été entendre la Messe du Père. Le Père célèbre habituellement à 8 h30 (Il a célébré quelque temps à 3 heures du matin, mais on a obtenu qu'il ne recommence pas). Pendant la prose du *Stabat* le Père a pleuré. Au *quando corpus morietur,* il sanglotait. C'était impressionnant. Nous avons communié de sa main. L'action de grâces s'est faite avec lui. Il nous a parlé, ayant pivoté sur son fauteuil, pendant un bon quart d'heure ».

Soudain au mois d'août, le Père Mateo cessait subitement de dire sa Messe. Par contre il assistait debout à celle qu'un prêtre ami célébrait sur sa demande dans sa chambre. Il en sortait plus fatigué que s'il avait célébré lui-même assis comme à l'accoutumée. On craignait donc un affaiblissement de ses facultés. Cependant, à la même époque, il donnait un article sur la Messe qui dénotait une tête lucide. En décembre la crise était surmontée. Il reprenait la célébration de la Messe pour l'Immaculée. Mais il fallait le forcer un peu.

Au début de janvier 1955, il s'était ressaisi et écrivait : « Je deviens de plus en plus un grand malade. Tout me fatigue et je dois nécessairement garder la gamme hiérarchique des devoirs : supprimer du beau qu'un autre peut faire mais garder l'indispensable. Je veux dire : je dois et je veux garder les quelques réserves d'énergie pour ma Messe et mes prières ».

« Trop de flamme pour qu'il n'y ait pas de foyer puissant »

Ces derniers mots invitent à poser la question que s'adressent son entourage et ses visiteurs. Malgré le caractère impérieux, entier, difficile que révèlent l'âge, la maladie, l'affaiblissement de ses facultés, ce prêtre qui inlassablement a parcouru le monde pour prêcher la sainteté aux prêtres, est-il lui-même un saint ?

Sa correspondance, ses notes intimes, permettent de lire en son âme. Juste avant son entrée au Canada, il a consacré selon son habitude la Semaine Sainte à une retraite seul à seul avec Dieu.

« Dans l'impossibilité matérielle de consulter mon directeur, je m'abandonne à Jésus.

1 – Centre et source de ma vie spirituelle, intime et apostolique : l'autel.

– Pour préparer ma sainte Messe, je me lèverai à 4 heures (si je suis couché avant 9 heures), sinon à 4 heures et demi. En aucun cas plus tard à moins d'être malade.

– Mon action de grâces : la Messe de la Trinité.

– Les Jeudi, adoration nocturne au milieu de la nuit en esprit d'amour, de réparation, d'apostolat.

2 – Déraciner le vice de la langue, de la critique en jugement et en paroles. Cela en relation avec les individus, les institutions, les races, les pays. Ne jamais parler de la guerre.

3 – Repas : ni sucre, ni sel, ni condiment, peu de pain. Jamais de friandises. Accepter, oui ; demander, non, sauf pour nécessité.

4 – Petitesses (grandes) : signe de croix, Gloria Patri, Grâces.

Eau bénite.

5 – La question santé totalement abandonnée au Cœur du Roi.

Prudence négative. Aucune préoccupation à ce sujet en matière de climats, de voyages, de changements.

– Gloire au Père brûlant d'amour pour le Fils, gloire au Fils brûlant d'amour pour le Père, gloire au Saint-Esprit brûlant d'amour pour le Père et le Fils.

Un des témoins cités plus haut affirme « que sa meilleure prédication, c'est sa Messe. Rien d'extraordinaire. Une très grande simplicité. Un recueillement total, une intériorité, une suavité que nous ne saurions décrire. On est sur la montagne sainte.

« Le Père s'y prépare pendant des heures. Très tôt le matin il est debout. Après les Petites Heures, c'est le Rosaire tout entier médité en vue de la Messe. C'est autant de Messes que possible entendues, sinon c'est la méditation savourée du texte de la Messe, des prières millénaires du Canon en particulier… "On prépare l'or avec l'or" », dit-il. Une autre Messe en action de grâces. Toute la vie devient alors une Messe ».

On juge un arbre à ses fruits, dit l'Évangile. Le succès extraordinaire, continu, croissant dans tous les pays de ce vieillard usé s'explique sans doute avant tout par la doctrine d'amour qu'il prêche et qu'accompagne la grâce, mais on ne peut écarter son rayonnement personnel. Il parle avec autorité, affirment tous les témoins. C'est le cas de lui retourner l'éloge qu'il faisait de la Supérieure générale de Picpus, Mère Marie-Claire Pécuchet : « Il y avait en elle trop de flamme pour qu'il n'y eût pas de foyer puissant ».

Une dernière joie, inséparable d'une dernière croix, lui était réservée : le retour au pays de sa jeunesse.

Retour au pays de sa jeunesse

En lui envoyant son obédience pour Valparaiso, le T.R. Père d'Elbée l'accompagnait de ces lignes, qui lui allèrent droit au cœur : « Quel beau couronnement à votre vie de juif errant du Sacré-Cœur ! Vous allez fermer le circuit, revenant en ce lieu où vous avez reçu tant de grâces pour en recevoir la pleine mesure. Le Pérou va être jaloux… »

Souvent au cours de ces dernières années, amis et visiteurs avaient manifesté leur étonnement de le voir finir ses jours hors de sa congrégation. Sa justification était aisée. Il était tombé sur la brèche dans un pays où les Pères des Sacrés-Cœurs ne possédaient pas encore de Maison. C'était l'épiscopat canadien en la personne du Cardinal, de l'évêque de Trois-Rivières, puis du Délégué apostolique, qui l'avait recueilli. L'aggravation de son état, ses crises fréquentes l'avaient maintenu à l'hôpital. N'était-ce pas sa vocation de juif errant ? Le Père avait fini cependant par céder aux instances et demander sans trop l'espérer son transfert à Valparaiso.

Sa surprise fut extrême de recevoir par retour de courrier une réponse encourageante : « C'est un plan d'amour du Cœur de Jésus, qui vous a été inspiré par lui-même ». Sa réaction est immédiate. « Il déborde de joie, il est rajeuni de quinze ans, c'est une véritable résurrection », écrit un professeur de l'Université Laval. Son entourage va de surprise en surprise. Il n'accepte pas l'escorteur qu'on lui propose. Il entend voyager seul.

Il prend l'avion à Montréal. Le long trajet d'un jour entier ne semble en rien l'incommoder. Tout à la joie de revoir le pays de sa jeunesse, il demande du champagne, lui qui n'en a pas goûté depuis des années. Il refuse de descendre à Lima, bien que son billet, en prévision d'un séjour en sa patrie, n'ait été retenu que jusqu'à cette ville. En vain lui objecte-t-on que ses sœurs, ses neveux, que les archevêques de Lima et d'Arequipa alertés seront profondément déçus. Il promet de revenir et brûle l'étape du Pérou. Il arrive à Santiago le 14 février 1956. La semaine suivante, il est à Valparaiso.

On ne l'attendait pas, du moins si tôt. À la hâte on lui aménagea deux petites pièces au rez-de-chaussée, où il aura toute facilité de sortir et de recevoir des visites. Le P. Edwards, provincial, craint qu'il ne se fasse des illusions. Il y a quarante-deux ans qu'il a quitté le Chili. Son souvenir s'est bien estompé. La plupart de ceux qui l'ont connu sont morts. « Qui est le Père Mateo ? » interrogent certains familiers de la maison.

La première impression est excellente. Il tient à partager les repas de la communauté, mange avec un appétit qu'il ne se connaissait plus. Il adresse même à ses confrères une émouvante exhortation d'une heure. Il parle de prêcher comme autrefois à l'église des Sacrés-Cœurs, contiguë au couvent et de faire quelque ministère auprès des hommes.

Le Père a trop présumé de ses forces. Les jambes enflent et l'empêchent de se déplacer. Il se confine dans sa chambre. Son euphorie passagère a fait illusion. « Il n'a que les os et la peau. On dirait qu'il sort d'un camp de concentration », écrit le P. Bourgeois. Le docteur estime que l'anémie provient d'une extrême dénutrition. Il ordonne plusieurs transfusions de sang et une médication énergique. Les forces reviennent rapidement.

Le Père partage ses journées entre la prière et le travail de bureau. Le Pape Pie XII lui a octroyé le privilège, pour ses soixante ans de sacerdoce, de conserver le Saint-Sacrement. Après une longue préparation, il célèbre la messe dans son oratoire avec une foi et une dévotion impressionnantes. Il entretient une vaste correspondance et couvre des rames entières de papier de *Mémoires divers*.

Le P. Metzinger, qui a longtemps veillé sur lui au Canada et l'a entrevu dans l'avion à Lima, le visite un an plus tard en février 1957. Il ne cache pas sa stupéfaction devant sa vitalité retrouvée. « Sa conversation est celle de la meilleure époque. Il parle pendant des heures sans la moindre fatigue, évoque des souvenirs récents ou anciens avec une précision étonnante. Après une heure et demie de conversation enjouée, il reprend une lettre inachevée et, comme s'il venait de laisser la plume, sans hésitation écrit une page entière en quelques minutes ».

Les fêtes du Cinquantenaire de l'Intronisation

L'apostolat de la plume le sollicite plus que jamais en cette année 1957, cinquantenaire de l'Intronisation. C'est en effet le 24 août 1907 que le Père Mateo reçut au sanctuaire de la Visitation de Paray-le-Monial la mission de conquérir le monde entier au Sacré-Cœur, famille par famille. Mission accomplie, pourrait-il dire en reprenant les paroles de l'Évangile : « Le royaume des cieux est semblable à un grain de sénevé qu'un homme a pris et semé dans son champs. C'est bien la plus petite de toutes les graines, mais quand il a poussé, c'est la plus grande des plantes potagères. Il devient même un arbre au point que les oiseaux du ciel viennent s'abriter dans ses branches » (Mt 13, 31-32). L'Intronisation, les Ligues auxiliaires, l'Heure sainte, l'Adoration nocturne au foyer se sont répandues dans tous les pays et ont pénétré tous les milieux. Ses œuvres ont été traduites en de multiples langues. On a pu dénombrer dans ce demi-siècle une cinquantaine d'interventions des Souverains Pontifes en faveur de cette croisade : « Preuve qu'ils la considèrent, commente le Père Mateo, non comme une simple dévotion, mais comme un moyen solide et providentiel de sanctifier la cellule sociale ».

La congrégation des Sacrés-Cœurs se propose de commémorer avec éclat ce cinquantenaire d'une œuvre qui lui a mis entre les mains un instrument de travail si merveilleusement adapté à son propre but et aux besoins de l'Église. Sur l'initiative du directeur des États-Unis, le P. Larkin, elle a demandé au Pape Pie XII et obtenu la très rare faveur d'organiser au sanctuaire de Paray un triduum ininterrompu de messes les 21, 22 et 23 août. Prêtres et pèlerins représentent une quinzaine de nations. Cent soixante messes se suivent jour et nuit, que couronne une messe pontificale célébrée par l'évêque d'Autun. « Triduum unique, incomparable », disent les Visitandines auxquelles font écho les pèlerins : « On se serait cru au Thabor ».

À son grand regret le Père Mateo avait dû décliner l'invitation de venir à Paray, en raison de son âge, 82 ans, et de ses infirmités. Il tint cependant à s'y associer étroitement, en convoquant à Valparaiso les directeurs d'Amérique. Mais au lieu du congrès annoncé, il leur réserva la surprise d'une retraite de cinq jours, qu'il leur prêcha lui-même dans sa petite cathédrale, comme il désignait son oratoire. La voix est rauque et faible, mais à l'occasion elle s'enfle, éclate comme aux plus beaux jours. Les thèmes n'ont pas changé : l'amour miséricordieux du Cœur de Jésus, la confiance parce que nous sommes faibles, la sainteté sacerdotale par la messe, la réparation d'amour faite avec le sacrifice du repos de la nuit…

Le soir, après les trois instructions journalières d'une heure chacune, il est exténué. Mais tant qu'il parle il n'y paraît guère. La flamme de l'apôtre maintient constamment en haute tension le petit cénacle. Les témoignages des participants rejoignent ceux de Paray : retraite inoubliable.

Le Pérou ne tint pas rigueur au Père de lui avoir brûlé la politesse dix-huit mois plus tôt. Les plus hautes personnalités s'associèrent aux fêtes du cinquantenaire. Mgr Landázuri, son cousin, célébra une messe pontificale à la Recoleta de Lima. M. Bustamante, ancien Président de la République, rappela avec la sainteté de sa vie son style oratoire si personnel et si neuf, totalement différent de celui de ce temps-là et fait de simplicité et d'onction. M. Belaunde, délégué à l'ONU, replaça l'œuvre du Père dans la brillante tradition christologique du Pérou, dernier anneau d'une chaîne glorieuse qui commence avec la Conquête au seizième siècle.

« Entrer dans la douleur intérieure du Cœur de Jésus »

Il est sans exemple dans la vie spirituelle qu'une vraie dévotion au Sacré-Cœur ne s'accompagne pas d'une invitation providentielle à « trouver sa joie dans les souffrances et à compléter en sa chair ce qui manque aux épreuves du Christ pour son Corps qui est l'Église », selon la forte doctrine de saint Paul (Col 1,24). D'autant qu'un des buts assignés par leur fondateur aux religieux des Sacrés-Cœurs est de retracer la vie crucifiée de Notre-Seigneur, « d'entrer dans la douleur intérieure du Cœur de Jésus ». Plus que tout autre l'apôtre mondial du Sacré-Cœur, le zélé promoteur de l'adoration nocturne et de l'heure sainte réparatrice devait entendre cet appel.

Malgré un stage en clinique au début de 1959, le Père décline peu à peu. Un eczéma très douloureux se déclare à la figure. Un furoncle au talon gauche qu'on ne peut guérir éveille l'attention du docteur, qui diagnostique un cancer du sang très lent. Plus encore que le corps, l'âme et l'esprit sont atteints. Le Père ne peut plus célébrer la messe qui est toute sa vie ; il ne suit qu'avec une grande fatigue celle que l'on dit dans sa chambre. Il cesse complètement de lire et d'écrire. Il ne reconnaît pas les Pères de la communauté.

La même obstination qu'il a mise à rester sur la brèche malgré les assauts répétés de la maladie, il l'emploie, revers de la médaille, à résister à ses gardes-malades et à ses infirmiers. Il congédie brusquement ses visiteurs et s'étonne ensuite de ne plus les revoir. Il refuse même de recevoir ses propres sœurs. L'affaiblissement progressif de ses facultés fait apparaître davantage le côté humain de ce grand homme qui, pour certains, cache le côté surnaturel. Ils oublient que Dieu aime et choisit les hommes tels qu'ils sont avec leurs qualités et leurs défauts, leurs ressources et leurs faiblesses. L'admirable est qu'avec toutes ses misères un pauvre homme puisse construire une belle vie et une grande œuvre. Faisant écho aux paroles de Notre-Seigneur à sainte Marguerite-Marie : « Je t'ai choisie comme un abîme d'indignité et d'ignorance pour l'accomplissement de ce grand dessein, afin que tout soit fait par moi », le T.R.P. Henry Systermans, qui a succédé au T.R.P. d'Elbée écrit : « Le Sacré-Cœur a ses vues sur lui. Sans doute veut-il prouver que les merveilles opérées par l'intermédiaire de son apôtre étaient bien ses œuvres à lui ».

Le Père a repris au début de sa maladie son habitude de se confesser chaque jour ; il a même un confesseur de « luxe », un Père jésuite, qu'il voit de temps en temps. Car si sa vie intérieure est comme en veilleuse, elle paraît à l'occasion. Il a accueilli en pleurant le nouveau Supérieur général. Il l'embrasse avec effusion, le presse sur son cœur sans pouvoir parler. Il prend ses mains dans les siennes : « Dites à tous que le Père Mateo prêche de son lit et qu'il insiste beaucoup sur l'adoration nocturne, le plus beau fleuron de son œuvre. C'est la prière au foyer, en union avec le Cœur de Jésus, en esprit de réparation la nuit, l'heure des ténèbres ». Il ajoute en pleurant : « Au revoir, au ciel ». Sur la réflexion du Père général qu'il ne faut pas pleurer en pensant au ciel, « Je le sais, mais c'est que j'ai un cœur de chair. Au revoir, je vous garde dans mon cœur ».

Le malade s'affaiblit. La leucémie ne peut plus être enrayée. La gangrène se déclare au pied gauche. Ses progrès sont rapides. On voit les ligaments et les os. Le docteur prescrit l'amputation. L'opération presse, si on ne veut pas que l'infection se généralise. Les antibiotiques sont sans effet. Le Supérieur général consulté conseille de demander au Père son consentement, si toutefois il a sa connaissance. On le lui annonce avec ménagement. La réponse jaillit généreuse : « J'offre tout pour la gloire des Sacrés-Cœurs et pour le bien de la Congrégation ». Et avec un humour bien britannique, il ajoute dans un sourire : « On est toujours puni par où l'on a péché ».

Le sens de ce long martyre ne lui échappe pas. Le prédicateur s'est vu retirer toute audience, l'idole des foules vit dans l'isolement et l'obscurité, le globe-trotter doit être amputé. Il est dit dans le livre de la Sagesse : « Les âmes des justes sont dans les mains de Dieu. Il les a soumis à l'épreuve et les a trouvés dignes de lui ; comme l'or au creuset il les a éprouvés, comme un holocauste il les a agréés. » (Sg 3, 5).

L'opération a lieu le 14 janvier 1960. Elle semble réussie de tout point. La plaie toutefois ne se ferme pas. La gangrène gagne l'autre jambe. Le T.R.P. Systermans accourt à son chevet. Le malade retrouve toute sa connaissance. Ses dernières recommandations vont aux prêtres : qu'ils disent posément leur messe et se confessent souvent. Il a ce mot à l'adresse de ceux qui célèbrent trop vite : « Ils ont peur d'ennuyer les assistants et ils ennuient la Sainte Trinité ».

Seules les transfusions de sang le maintiennent en vie. La fin toutefois ne semble pas imminente, tant est grande la résistance du malade. Le P. Provincial écrit : « Il souffre atrocement, mais il prend tout avec un esprit surnaturel admirable ».

Le mercredi 4 mai 1960

Le mercredi 4 mai, vers neuf heures du soir, le Père Mateo appelle la sœur qui le garde, une *sierva* de Jésus, et lui demande de s'installer à son chevet : ainsi sera-t-il plus tranquille. La sœur acquiesce et le malade s'endort paisiblement. Elle s'étonne bientôt de son immobilité qui contraste avec son agitation habituelle. Elle veut lui prendre le pouls, elle ne le sent plus. Elle alerte aussitôt le Père supérieur, P. Aninat, qui le jugeant à toute extrémité lui donne l'Extrême Onction sous sa forme générale. La communauté se rassemble et récite les prières des agonisants. Quand elles s'achèvent, le Père a rendu son âme à Dieu. Il était neuf heures cinquante. Le Père Mateo Crawley-Boevey avait 84 ans, 5 mois, 17 jours.

En lui faisant sa toilette funèbre, on découvrit la cause immédiate de sa mort. Il baignait dans son sang. L'artère de la jambe amputée s'était rompue sous l'action de la gangrène. Il avait perdu tout son sang. Pour cette raison, la mort lui fut douce comme un sommeil.

On le revêtit de cet habit blanc qu'il avait si glorieusement porté dans tant de chaires du monde entier ; on l'exposa dans son petit oratoire, et la foule fut admise à venir prier. Dans la soirée du jeudi, le cercueil était transporté dans l'église du couvent, où eut lieu la veillée funèbre.

Les funérailles avaient été intentionnellement fixées au premier vendredi en souvenir de son zèle à propager cette pieuse pratique. Une première messe permit aux neuf cents élèves du collège et de l'école de lui rendre un premier hommage. La messe solennelle fut chantée à 11 heures par le

P. Edwards, provincial, en présence de la famille, du recteur de l'Université catholique, du corps professoral et des élèves du Cours de Droit, de nombreux Pères venus des différentes Maisons chiliennes et de la foule des fidèles. L'évêque de Valparaiso donna l'absoute et le P. Gumucio, maître des novices, prononça l'éloge funèbre.

L'orateur prit pour thème cette victoire du Christ sur la mort, le péché, le monde que si souvent le disparu avait chantée dans ses discours. Il invita ses auditeurs à méditer sur ces trois faits qui permettent de considérer cette mort comme une victoire : le Père Mateo a été un apôtre fidèle qui par le glaive de la parole batailla pour le règne de Dieu ; il a centré sa vie sur l'Eucharistie en vivant sa messe d'une façon exemplaire ; Dieu l'a marqué de sa croix, imprimant ainsi sur sa vie son sceau authentique.

Dans l'après-midi, le cercueil était descendu dans la crypte. Si son désir de voir son cœur porté en la chapelle de Paray n'avait pu se réaliser, du moins reposait-il dans cette église des Sacrés-Cœurs, la plus aimée de lui après celle de Paray : il y avait fait sa première communion, prononcé ses vœux perpétuels, chanté sa première messe, donné son premier sermon.

Le témoignage de cette vie parle plus haut que les éloges décernés à sa mémoire. Qu'il soit cependant permis de citer celui de Jean XXIII. De son premier contact avec le Père Mateo en 1920 au Cénacle de Rome il avouait avoir retenu, plus que les paroles du prédicateur, l'extase de l'auditoire. Connaissant le rôle joué par le Père Mateo dans la diffusion du culte du Sacré-Cœur, il tenait à s'associer au deuil de sa famille religieuse, compensé par la présence au ciel, il est permis de le croire, d'un nouveau et efficace protecteur. Aussi formait-il le vœu qu'elle suive son exemple et travaille à rendre l'Amour toujours plus présent au monde.

Sources

Bien que commencée quelques mois seulement après la mort du Père Mateo, cette biographie a bénéficié d'une documentation d'une exceptionnelle richesse, amassée à son insu de son vivant par le Père Eusèbe Rinkes. Dès son entrée en fonction, il s'intéresse à la personne du Père Mateo, non moins qu'à son œuvre. Dépositaire de sa pensée, principal exécuteur de ses multiples initiatives, en relation étroite avec ses collaborateurs ou ses amis répandus dans les divers pays, centralisant tous les renseignements concernant la marche de l'œuvre, le P. Eusèbe recueille en quarante ans une masse énorme de lettres, rapports, témoignages, articles de journaux ou de revues. Il en dresse un fichier minutieux qu'il complète et corrige sans cesse. Il remonte dans le passé, s'abouche avec les témoins de la première heure, leur demande des précisions, leurs souvenirs. À la mort du Père Mateo le fichier comprenait plusieurs dizaines de milliers de fiches.

Il n'était pas question pour le biographe de l'explorer à fond. Non content de mettre à sa disposition un premier projet de biographie plus copieuse, le Père Eusèbe poussa la complaisance jusqu'à lui constituer un choix de document, dont voici le relevé :

I. ARCHIVES DE L'INTRONISATION (Villa Senni, Grottaferrata – Roma, Italie).

Lettres du Père Mateo : 2700 environ déchiffrées, retranscrites, annotées.

Mateo-Histoire : documents année par année.

Essai de biographie, inachevé, par le P. Eusèbe Rinkes.

Souvenirs divers : Sœur Marie-Jacques, chargée du secrétariat de Picpus ; Pères Jaffuel, Edwards, Metzinger ; famille De Haene, etc.

Chronologie du fichier.

Les chroniques régulières parues dans *Règne Social du Sacré-Cœur dans les familles chrétiennes.*

Les études parues dans *Rex Amoris* et *annales Congretiationis SS. Cordium.*

II. Œuvres du Père Mateo

A. Imprimés

1) Livres et brochures

Consécration solennelle du foyer au Sacré-Cœur de Jésus par le Cœur Immaculé de Marie, Santiago, après 1911, 12 pp., traduit de l'espagnol en français, anglais, allemand, italien, portugais, arabe.

Manual de los Sagradados Corazones, Herder 1912, XII - 455 pp. (8e éd. 1954)·

Heure Sainte : Douze Exercices pour la veille de tous les premiers vendredis de l'année, Braine-le-Comte 1919, 412 pp. L'original est en espagnol, nombreuses traductions.

Heure Sainte : Vingt méthodes distinctes, Braine-le-Comte 1922, 544 pp. Traduite en allemand, anglais, arabe, espagnol, flamand, italien, japonais, polonais, portugais ; et partiellement en croate, malayalam, singhalais, slovène, tchèque, tamoul.

Heure Sainte pour la Jeunesse (1927) ; *pour la fête du Christ-Roi* (1927) *pour l'adoration nocturne au foyer* (1929, traduite en 17 langues) ; *sacerdotibus* (1929) ; *pour les communautés religieuses* (1946).

Jésus, Roi d'Amour, Recueil de prédications du R. P. Mateo, Braine le Comte 1928, 432 pp. (55 000 ex.), traduit en allemand, anglais (éd. en Angleterre, États-Unis, Indes), chinois, espagnol (éd. à Madrid, Montevideo Lima), flamand, hongrois, italien (100 000 ex.), japonais, konkany, malayalam, polonais, portugais, vietnamien.

Triple attentat sacrilège. Braine-le-Comte 1923. 222 pp. Traduit en italien.

Méditations sur le rosaire, Braine-le-Comte 1950. 62 pp. Traduites en anglais, espagnol, italien.

Retraite Sacerdotale, Tokyo 1936, Grottaferrata-Roma 1959, 184 pp. Traduite en anglais, italien, japonais.

Retraite aux séminaristes, Tokyo 1936, 213 pp. (en japonais).

Nombreux tirés à part : *Au Roi d'Amour par la Reine des Cœurs,* Louvain 1922, 32 pp. – *La Sainte Petite Thérèse de l'Enfant Jésus,* Braine-le-Comte 1923. 24 pp. – *La Trappe du Bon Plaisir divin,* Trois-Rivières 1948, 16 pp. – Le Saint Sacrifice de la Messe, Montréal 1938, 38 pp., traduit en allemand, anglais, espagnol, italien, portugais. – L'*unica felicità*, Milano 1926, 86 pp. – *Apostole nel mondo,* Milano 1926, 92 pp. Réédité sous le titre *Elevarsi per elevare*.

2) Imprimés publiés d'après des notes prises durant les conférences du Père Mateo et souvent parues à son insu.

Le R. P. Mateo Crawley-Boevey à l'abbaye de Sept-Fons. Ses conférences faites au monastère en faveur du Règne Social du Sacré-Cœur de Jésus, 1917, 48 pp. (7e éd. 1927, 200 000 ex.), traduites en allemand, anglais, hollandais, italien, espagnol, japonais, portugais, tchèque, vietnamien ; *à la Visitation de Lyon,* 1917. 40 pp. (200 000 ex.), traduites en anglais, catalan, chinois, espagnol, italien, polonais, portugais ; à *Perpignan,* 1917 ; *au Puy-en-Velay,* 1917 ; *à Orléans*, 1919 ; *à Arnhem.* 1920 ; *à Regina Coeli, Vught* : *Entretiens évangéliques,* 1922. *Triduum de Vught,* 1918, traduit en anglais, allemand, danois, italien, malayalam, portugais, slovène ; *Triduum à Madrid* (Cerro de los Angeles), 1919 ; *Triduum au Bon Pasteur d'Angers,* 1923. *Retraite aux zélateurs de Fribourg,* 1918, traduite en allemand, hollandais, espagnol, italien, japonais, polonais ; *Retraite aux zélateurs de Bruxelles,* 1920.

Vers le Roi d'Amour est une refonte des premières prédications par les Visitandines de Lyon, 1920, 220 pp. Repris par le Père Mateo il deviendra *Jésus Roi d'Amour.*

3) Articles parus dans les organes de l'Intronisation : *Règne Social du Sacré-Cœur de Jésus dans les familles chrétiennes, Rex Amoris, El Primer Viernes* (Valparaiso, Chili), *Reinado Social* (Madrid), *The Tabernacle and the Home* (Weymouth), etc. Notamment les *Circulaires annuelles aux familles et aux secrétariats,* dont on trouve des extraits classés sous 11 rubriques dans *Rex Amoris 29* (1950), pp. 41-112.

B. Manuscrits

Retraites aux zélatrices de Bruxelles, de Picpus ; aux Évêques, aux séminaristes, aux supérieures de religieuses (43 conférences), etc. *Memorias del Corazón.*

Vivat Rex : son croisé le Président Garcia Moreno (en français, anglais, espagnol).

Mémoires divers. Pierreries. Violettes.

Voyages apostoliques du Père Mateo

Amérique

mi-déc. 1913 – fin janv. 1914 : Uruguay Argentine
déb. janv. 1914 – mi-fév. 1914 : Argentine
23 juillet 1914 : départ de Valparaiso
2 août 1914 : embarquement à Montevideo
25 août 1914 : arrivée à Paris

Europe

fin août 1914 – déb. oct.1914 : France (1 = premier voyage)
déb. oct. 1914 – fin janv. 1915 : Espagne (1)
fin janv. 1915 – fin mars 1915 : séjour en France
fin mars 1915 – déb. mai 1915 : séjour à Rome, audience du Pape le 6 avril, lettre de Benoît XV : 26 avril
déb. mai 1915 – mi-janv. 1916 : France (2)
mi-février 1916 – mi-avril 1916 : Hollande (1)
déb. mai 1916 – mi-juin 1916 : Italie (1), audience du Pape : 27 mai
fin juin 1916 – mi-août 1916 : France (2)
mi-août 1916 – déb. nov. 1916 : Suisse (1)
déb. nov. – fin fév. 1917 : France (3)
déb. mars 1917 – déb. juil. 1917 : Espagne (2)
déb. juil. 1917 – fin déc. 1917 : séjour en France, prédications
mi-mai 1918 – mi-janv. 1919 : séjour forcé à Biarritz
mi-janv. 1919 – mi-juil. 1919 : Espagne (3)
fin juil. 1919 – mi-mars 1920 : Belgique (1)
13 fév. 1920 – 20 fév. 1920 :Luxembourg
déb. mars 1920 – déb. mai 1920 : Hollande (2)
mi-mai 1920 – mi-juin 1920 : séjour à Rome, audience 24 mai
mi-juin 1920 – fin oct. 1920 : Angleterre (1)
déb. nov. 1920 – déb. avril 1921 : Espagne (4)
mi-avril 1921 – déb. oct. 1921 : Belgique (2)
déb. oct. 1921 – fin avril 1922 : France (4)
déb. mai 1922 – fin juil. 1922 : Italie (2), audiences de Pie Xl : 17 et 21 mai
août 1922 : séjour à Braine-le-Comte
fin août 1922 – fin mars 1923 : France (5)
fin mars 1923 – fin mai 1923 : séjour à Rome, audience Pape : 5 avril
fin mai 1923 – déb. juil. 1923 : Suisse (2)
fin juil. 1923 – déb. mars 1924 : Angleterre (2)
15 déc. 1923 : Lettre de Pie XI pour noces d'argent sacerdotales
déb. mars 1924 – fin juil. 1924 : Italie (3), audience de Pie X : 21 juin
déb. août 1924 – déb. nov. 1924 : séjour à Braine, puis à Paris
déb. nov. 1924 – fin juil. 1925 : Italie (4)
fin juil. 1925 – fin sept. 1925 : séjour à Braine et à Paris
fin sept. 25 – fin nov. 1926 : Espagne (5)
fin nov. 1926 – déb. nov. 1927 : séjour à Paris
déb. nov. 1927 – mi-juil. 1928 : Portugal (1)

mi-juil. 1928 – déb. nov. 1928 : Braine, Paris, Braine
déb. nov. 1928 – déb. août 1930 : Italie (5), pèlerin à Jérusalem : avril 1930, audiences de Pie XI : 27 juin et 28 juillet 1930
déb. août 1930 – mi-août 1930 : Suisse (3)
mi-août 1930 – déb. janv. 1931 : Braine, Paris
déb. janv. 1931 – déb. août 1931 : Portugal (2)
mi-août 1931 – fin sept. : France (6)
fin sept. 1932 – fin janv. 1935 : séjour à Paris, à Braine : 28 avr.-16 juil. 1934, quelques prédications, Rome, audience de Pie XI : 19 oct. 1934

Extrême orient
25 janv. 1935 – 4 mars 1935 : départ de Marseille, arr. Tokyo
déb. mars 1935 – mi-avril 1935 : Japon (1)
mi-avril 1935 – déb. mai 1935 : Corée (1)
déb. mai 1935 – déb. juil. 1935 : Mandchourie (1)
mi-juil. 1928 – déb. nov. 1928 : Japon (2)
mai 1936 : Corée (2)
juin 1936 : Mandchourie (2)
déb. juil. 1936 – déb. nov. 1936 : Japon (3)
mi-nov. 1936 – mi-déc. 1936 : Hong-Kong (1)
fin déc. 1936 – fin mars 1936 : Philippines (1)
avril 1937 : Macao
avril 1937 : Hong-Kong (2)
déb. mai 1937 – fin juin 1937 : Chine
fin juin 1937 – fin sept 1937 : Hong-Kong (3)
fin sept. 1937 – fin déc. 1937 : Philippines (2)
déb. janv. 1938 – mi-mars 1938 : Indochine (1)
mi-avril 1938 – mi-oct. 1938 : Hawaï (1)
mi-nov. 1938 – déb. avril 1939 : Indochine (2)
déb. avril 1939 – fin juillet 1939 : Malaisie
fin juin 1939 : Indonésie (Banka)
déb. août 1939 : Ceylan (1)
mi-août 1939 – mi-janv. 1940 : Indes anglaises
déb. nov. 1939 – déb. déc. 1939 : Indes portugaises
fin janv. 1940 – fin mars 1940 : Ceylan (2)
fin mars 1940 – mi-oct. 1940 : séjour aux Philippines, Hawaï

Amérique
fin oct. 1940 – fin juin 1944 : États-Unis
déb. juil. 1944 – fin déc. 1946 : Canada
20 déc. 1946 – 14 mars 1947 : Montréal, Hôtel-Dieu
14 mars 1947 – fin nov. 1951 : Trois-Rivières, Hôpital Saint-Joseph.
fin nov. 1951 – 13 fév. 1956 : Montréal, Hôpital N.-D. de la Merci
21 mars 1956 : Valparaiso, Collège Sacrés-Cœurs
4 mai 1960 : mort
6 mai 1960 : obsèques et sépulture

TABLE DES MATIÈRES

OUVRAGES DU PERE MATEO

Heure sainte, 664 p.
L'Adoration nocturne au foyer, 60 p.
Jésus, Roi d'Amour, 468 p.

À NOS ÉDITIONS

Quas Primas (Sur la royauté du Christ), Pie XI, 24 p.
Haurietis Aquas (Sur le Sacré-Cœur), Pie XII
Heure sainte réparatrice, 8 p.
Consécration personnelle au Sacré-Cœur de Jésus, F. Alcaniz, 32 p.
Croire à l'amour, P. d'Elbée, 368 p.
Histoire de deux vocations qui n'en sont qu'une, Comte et Comtesse d'Elbée, 256 p.
Je suis venu allumer un feu sur la terre, Louis de Beaumont, 160 p.
Le livre de l'amour infini, Mère Claret de La Touche, 192 p.
Vie et œuvre de M.-A. Legentil, l'initiateur du vœu national, P. Bony, 428 p.
Le Sacré-Cœur de Montmartre, Hubert Rohault de Fleury, A. Van der Brule, 248 p.
Lexique du Sacré-Cœur, G. de Becker, 390 p.
Le Cœur eucharistique du Sauveur, R. de Gourmont, 72 p.
Un appel à l'amour, message du Sacré-Cœur à Josefa Menendez, 608 p.

ACHEVÉ D'IMPRIMER EN JUIN 2007
SUR LES PRESSES DES ÉDITIONS TÉQUI – 53150 SAINT-CÉNERÉ
DÉPOT LÉGAL : JUIN 2007
ISBN : 978-2-7403-1374-9